Alix Faßmann
Arbeit ist nicht unser Leben

Alix Faßmann

ARBEIT IST NICHT UNSER LEBEN

Anleitung zur Karriereverweigerung

Lübbe Paperback

Das vorliegende Buch beruht auf Tatsachen. Zum Schutz der Persönlichkeitsrechte wurden Namen und Details verändert. Es geht der Autorin nicht um die Darstellung oder Entlarvung bestimmter Personen, Verbände oder Unternehmen, sondern um eine persönliche Erfahrung und ein gesamtgesellschaftliches Phänomen.

Dieser Titel ist auch als Hörbuch und E-Book erschienen

Copyright © 2014 by Bastei Lübbe AG, Köln

Textredaktion: Gerd König, Berlin/Anselm Lenz, Hamburg
Das Zitat auf Seite 241 stammt aus:
Mein Leben als Engländer von Ronald Reng
© 2003, Verlag Kiepenheuer & Witsch GmbH & Co. KG, Köln.
Das Zitat auf Seite 79 ist aus:
Generation Y von Uwe Jean Heuser und Anne Kunze,
in: DIE ZEIT vom 11. 3. 2013.
Umschlaggestaltung: Massimo Peter
Einband-/Umschlagmotiv: shutterstock/luckypic
Satz: Urban Satzkonzept, Düsseldorf
Gesetzt aus der Minion
Druck und Einband: GGP Media GmbH, Pößneck

Printed in Germany

ISBN 978-3-7857-6104-5

5   4   3   2   1

Sie finden uns im Internet unter www.luebbe.de
Bitte beachten Sie auch www.lesejury.de

INHALT

Prolog 7

I. Karriere macht dumm 11

II. Arbeit macht arm 37

III. Ehrgeiz macht krank 67

IV. Moral hält uns klein 92

V. Der freie Markt macht unfrei 120

VI. Die Renten sind viel zu sicher 148

VII. Wachstum macht unglücklich 174

VIII. Ohne Fleiß kein Verschleiß 199

IX. Zusammen sind wir weniger allein 225

X. Denn wir wissen, was wir tun 247

Epilog 268

Dank 271

PROLOG

Der Sauerstoff wird immer weniger hier drin. Es ist verdammt eng. Jede Station verteilt den Raum neu, doch viel Platz hat keiner. Diese U-Bahn-Fahrten von der Arbeit nach Hause saugen immer die letzte Kraft aus mir. Ich blicke in die dunkle Scheibe, hinter der schon wieder der Abend eines Tages vorbeizieht, den ich als vergangenes Leben abhaken kann. Nur mein Spiegelbild bleibt haften. Ich sehe müde aus und irgendwie verbraucht. Dabei bin ich noch nicht mal 30.

Kennen Sie dieses diffuse Gefühl, nie fertig zu werden? Fühlen Sie sich auch oft so verdammt lahmarschig? Werden Sie den Schnupfen manchmal auch einfach nicht los? Oder können Sie Stunden mit Tiervideos auf YouTube verbringen, anstatt mit Ihrer Arbeit weiterzumachen – was natürlich dazu führt, dass Sie abends zu lange im Büro sitzen? Dann wissen Sie, wie ich mich fühle.

Nach der Arbeit falle ich bestenfalls ins Bett, manchmal in eine Bar. Gucke dann zu tief ins Glas und am nächsten Morgen blöd aus der Wäsche. Natürlich ist noch nicht Wochenende, und ich schleppe mich wieder an meinen Arbeitsplatz.

Vielleicht arbeiten Sie nicht wie ich in einem Büro, sondern anderswo. Oder Sie haben gar keine Arbeit. Egal. Zu viele von uns, in Arbeit oder in Erwartung von Arbeit, betäuben sich und ihren Kater mit Kaffee und Tabletten, um ein Leben auszuhalten, das sich über den Job definiert.

Verdammt traurig klingt das? Scheiße, ja. Doch Sie wollen kein

Mitleid. Nicht von sich, und nicht von den anderen. Sie schaffen das. Alle sagen, Sie können es schaffen, wenn Sie nur die richtigen Chancen ergreifen. Machen Sie was draus! Sie wissen, was zu tun ist: Der Aufstieg, das Wirtschaftswachstum – es gibt nur eine Richtung, nach oben.

Und: Sie sind ja noch jung oder noch nah dran. Zwar verdienen Sie zu wenig für ein gutes Leben. Aber dafür ist ja eh nicht genug Zeit. Wer sich lebendig fühlen will, muss in den Urlaub fliegen oder krasse Partys feiern, Achterbahn fahren oder shoppen gehen. Sie haben dafür nicht genug Geld? Egal. Dann machen Sie eben Schulden. Sie haben ziemlich oft irgendwo Schmerzen. Sie haben Ihre Karriere voll im Griff. Sie sind Eins-a-Humankapital ohne Kapital.

Was für ein Leben. Wir nennen es Arbeit. Aber ist das noch ein Leben?

In diesem Buch geht es um die Ahnung, die viele beschleicht, wenn sie sich fragen: Gehört das so? Ist das richtig und sinnvoll, dass ich Arbeit habe und mich trotzdem immer wieder beschwere? Ist allein die Tatsache, dass ich meine Rechnungen und den Konsum von meinem Gehalt bezahlen kann, all das wert? Und vor allem: Wo soll das denn hinführen? Kommt da noch was?

Diese Fragen sind das Lebensgefühl einer ganzen Generation, vom Akademiker zum Schulabbrecher, vom Studenten zum Azubi, vom Stipendiaten zum BAföG-Empfänger, vom Karrieristen zum Aussteiger. Uns allen kommt es so vor, als seien wir verarscht worden. Denn die alten Versprechen von den Früchten der Arbeit, für die sich all die Plackerei lohnen soll, gelten nicht mehr. Sicherheit und Wohlstand durch Arbeit sind zu hohlen Phrasen verkommen.

Dabei wurde den jungen Leuten nie öfter und eindringlicher erzählt, dass sie sich besonders anstrengen müssten, um im Job Fuß zu fassen. Heute sitzen Kinder mit drei Jahren im Englischunterricht, mit sechs pauken sie Chinesisch. Das Abitur muss man jetzt schneller schaffen, das Studium sowieso. In den Semesterferien wird schon mal Berufserfahrung mit unbezahlten Praktika gesammelt, damit der Übergang in den Verwertungskreislauf möglichst schnell und ohne Brüche verläuft.

Doch wir, die Kids zwischen 15 und 35, gehören zur ersten Generation, der es schlechter gehen wird als der Generation davor. Es kursieren allerlei Gerüchte über uns. Man nennt uns die *Generation Y*. Wobei das Y wie das englische Wort *why* (zu Deutsch warum) ausgesprochen wird. Faul sollen wir sein, und anspruchsvoll. Dabei erlauben wir uns nur, die Frage nach dem Sinn von Karrierewahn und Turbo-Kapitalismus zu stellen. Anstatt einer Antwort bekommen wir allerdings nur Floskeln zu hören. Sie demonstrieren einen unerschütterlichen Glauben an Arbeit, unendliches Wachstum und ein sichtbar überholtes System. Echte Antworten auf unsere neuen Fragen scheinen Gesellschaft, Politik, Wirtschaft und auch die Medien nicht zu haben.

Dabei hat sich längst einiges verändert: Geld bedeutet vielen in der jüngeren Generation heute schon weniger. Maßloser Konsum ist ihnen nicht so wichtig. Stattdessen streben sie nach Sinn, Selbstverwirklichung und Glück. Doch was sie auch versuchen, um diesem anderen, besseren Leben wahrhaftig näher zu kommen: Jeden Ansatz deutet das alte Gefüge wieder für seine Zwecke um, die der Effizienz- und Verwertungslogik folgen.

Eines Tages hielt ich diese unbeantworteten Fragen nicht mehr aus. Es war der Moment, in dem ich mich in ein altes, klappriges Wohnmobil setzte und einfach losfuhr.

Für mich gab es damals keinen Mittelweg. Um die Beschwerde zu beenden, brauchte es die totale Verweigerung. Ich wollte mir endlich einmal ganz genau die Widersprüche anschauen, die uns immer wieder in die Ecke treiben: Selbstverwirklichung und Selbstverwertung, Altersvorsorge und Nachwuchs, Rebellion und Gehorsam, Kreativität und Kontrolle. Und natürlich die vielbeschworene Krise, die uns weitermachen lässt, weil sonst alles den Bach runtergehen soll.

Ich bin abgehauen, um im Nichts eine neue Ordnung für mich und die Welt um mich herum zu finden. Ich brauchte diese Flucht, diese Reise, um neue Antworten zu finden, ohne ständig mit den immer gleichen alten Denkmustern konfrontiert zu werden. Und was soll ich sagen? Es gelang. Durch das neue Blickfeld lernte ich, wie veraltet diese Denkmuster wirklich sind, wie starr die Glaubenssätze, mit denen wir immer weiter angetrieben werden. Nach einer gewissen Zeit verschwanden die alten Ideen und neue tauchten auf, die sich echter und freier anfühlten.

Dieses Buch ist voller Geschichten, die ich während der Reise erlebt habe. Es ist ein Reisetagebuch. Gleichzeitig ist es ein Anti-Coaching-Seminar. Denn es kann Sie auf dem Weg in ein neues, in ein echtes Leben begleiten. Ein Leben, das Sie wieder spüren. Weil Sie es selbst in der Hand haben.

Es gibt wahrscheinlich – nein, ganz bestimmt – viele Wege dorthin. Der Anfang einer solchen Reise liegt jedoch immer in der Absage an die ewige Beschwerde und in dem Beschluss, der größten Sehnsucht zu folgen. In meinem Fall war es der Schritt, mit Ende zwanzig die Top-Karriere an den Nagel zu hängen und ins Nichts zu taumeln. Die treibende Kraft für meinen Entschluss war der Wunsch, ein Leben zu entwerfen, dessen Zentrum nicht mehr die Arbeit ist. Wunderbar und unwiderruflich.

I.

Karriere macht dumm

»Gott sprach: Es werde Licht! (Doch er fand den Schalter nicht.)«
Alte Weisheit aus Dänemark

Wenn ich an meinen Beruf denke, dann wird mir ganz warm ums Herz. Denn ich kann in meinem Beruf den Versuch unternehmen, meine Neugierde für etwas zu verwenden, das größer ist als ich.

Meine Aufgabe leuchtet. Es ist der Journalismus, dem Selbstverständnis nach der Geburtshelfer der Aufklärung – von Émile Zola über Kurt Tucholsky, von Hannah Arendt zu Günter Wallraff: beobachten, komplexe Zusammenhänge verstehen und in verständliche Sprache bringen. Und, wenn man ein paar Erkenntnisse gesammelt hat und es sich traut: kommentieren.

Als Journalistin darf ich den Fortschritt fordern – und den Rückschritt zurückweisen. Ich soll zur Mündigkeit der Leser beitragen, indem ich sie ins Bild setze. Ich kann recherchieren, mich der Wahrheit annähern und den Leugnern ein paar rostige Nägel zwischen die Kiemen feuern. Das ist mein Beruf. Vom Dunkel ins Licht, vom Unklaren ins Klare, vom Unwissen zum Wissen: die Aufklärung. Selbst wenn es »nur« um die kleinen Dinge geht: die Wasserqualität von Badeseen oder die besten Frittenbuden der Stadt. Ich kann dazu beitragen, dass etwas besser wird.

Ich bin berufen. Aber von wem eigentlich? Von niemandem. Denn am Ende bin ich nur ich selbst. Der Fakt, dass ich mich zu meiner Berufung nur selbst berufen konnte, das ist eine herbe Bürde: Wer bin ich denn schon?

Ich muss mich also immer wieder überprüfen – und überprüfen

lassen. Von Kollegen, wissenschaftlichen Diskursen, der öffentlichen Meinung – und im Zweifelsfall von Presserat, Gerichten und nicht zuletzt den Lesern.

Der Journalismus hat eine große Macht, denn er stellt seine Erkenntnisse über die Meinungen anderer Leute und verbreitet sie, so gut es geht. Diese Macht ist immer eine Anmaßung, die nie ganz zu rechtfertigen ist. Deshalb gibt es die Recherche, die Unabhängigkeit der Redaktionen und das Korrektorat. Es gibt in den seltensten Fällen nur eine einzige letztgültige Wahrheit oder nie nur eine einzige Form der Darstellung. Aber es gibt mit Sicherheit Dinge, die richtiger sind als andere. Wenn ich das nicht glaube, kann ich meinen Beruf nicht ausüben.

Das alles nennt man die Pressefreiheit, womöglich das einzig zuverlässig nachweisbare Unterscheidungsmerkmal von »guten« und »schlechten« Gesellschaften. Lehrbücher nennen sie die vierte Gewalt in einer Demokratie. Eine Macht der Kritik an den bestehenden Verhältnissen, die mindestens von Logik geleitet werden soll. Und vom sicheren Empfinden, also dem gesunden Menschenverstand, meistens auch, aber nicht immer.

Mein Gefühl sagt gerade: Ich möchte das alles lieber nicht auf mich nehmen. Ich möchte lieber keine Journalistin mehr sein. Ich möchte nicht mehr für die Politik arbeiten. Ich möchte keine Karriere mehr machen. Ich mache nicht mehr mit.

Warum nicht? Weil Karriere dumm macht.

Ich war Redakteurin einer Berliner Tageszeitung. Und dann bin ich in die Politik gegangen. Eine Volkspartei lockte mich mit Versprechungen in ihre Parteizentrale, die man nicht ignorieren kann, wenn man etwas verändern will: »Wir brauchen Parteilose! Wir brauchen dich! Eine junge Redakteurin, die sich ihren freien Geist bewahrt! Veränderung von innen heraus, wir machen's wie Obama! Sagt uns, wie ihr die Welt erkennt – und lasst uns, unsere Mitglieder und Wähler daran teilhaben! Bildet unsere Partei ab, so wie ihr sie seht! Seid fair, aber schonungslos! Das ist eine Chance für alle! Das neue *die-andere-volkspartei.de*!«

>*Manni kommt!*«
Redewendung in der Parteizentrale, wenn der
Große Vorsitzende im Anmarsch ist

Manfred war der große Vorsitzende der Anderen Volkspartei, und man nannte ihn »Manni«, wenn er es ganz bestimmt nicht hören konnte. Der Manni, der uns schnell erfunden, mit Technik und Büro-Etage ausgerüstet – und dann scheinbar vergessen hatte. Der Start von *die-andere-volkspartei.de* war sagenumwoben, viel gepriesen, überall groß angekündigt, doch genauso schnell verpufft. Zumindest bestand diese Gefahr. Aber jetzt wollte er gleich vorbeikommen und gucken, was die neue Einheit im Haus so macht.

Das ist doch was, also das ist doch gut, ein Anfang. Jetzt kann es doch noch so richtig losgehen mit der Aufklärungsarbeit. Endlich persönlicher Zuspruch von oben, dachte ich, mach uns Mut!

Doch Lutz, mein Kollege und Redaktionsleiter, lachte angesichts der Ankündigung so schrill wie noch nie. Das machte auch mich nervös.

Als sein Telefon klingelte, hob er mit Blitzhand den Hörer ab, sagte: »Alles klar« und legte wieder auf.

Was war das denn? Das rote Telefon? Der BND?

»Er kommt«, rief Lutz, »er kommt!« Innerhalb dieser vier Wörter war er bereits zur Tür hinaus.

Ich konnte meine Verstörtheit nicht sonderlich gut verbergen. What the fuck! Wer kommt denn da? Obama?

Es dauerte etwa zehn Sekunden, bis die Schritte eines Trupps aus dem Flur zu uns ins Büro hallten. Einen Moment später sah ich Lutz an der Spitze, wie er die Gruppe in Richtung der Bürotür leitete, ehe er an der Schwelle stoppte, um Manni wie eine junge hübsche Dame als Ersten eintreten zu lassen. Hintan folgte ein Tross aus Henry, dem Chef der Kommunikationsabteilung, und ein paar anderen uns allen bekannten Parteigesichtern. Wir saßen alle an unseren Plätzen, taten so, als würden wir gerade in diesem Moment unsere Arbeit für den Besuch unterbrechen, und betrachteten die Gäste.

Henry, Herr über die Parteikommunikation, hatte rote Wangen und zögerte, als Erster das Wort zu ergreifen. Manni bewunderte nämlich gerade den Mega-Flachbildschirm an der Wand und scherzte: »Ist das hier das Fernsehzimmer?«

Als das dumpfe Hö-hö-hö-Raunen verebbte, begann Henry kurz zu erklären, in welchem Teil der Parteizentrale das Komitee nun gerade eingefallen war. Dabei grinste er uns immer wieder verlegen an, als ob er uns die Botschaft senden wollte: »Bitte glaubt mir kein Wort!«

Der Parteivorsitzende hatte offenbar nicht zugehört, denn das Erste, was er fragte, war: »Und was macht ihr hier so den ganzen Tag?« Ich schaute zu Lutz rüber, der sich mittlerweile wieder auf seinen Platz gesetzt hatte, und rechnete mit seiner Antwort, als Henry von der Seite erneut zu sprechen begann und Lutz sich erleichtert zurücklehnte.

Manni hörte scheinbar weiterhin nicht zu, denn ihn beschäftigte nun eine andere Frage: »Wer seid ihr denn alle? Woher kommt ihr?«, fragte er in unsere Runde. Das war keine Stichprobenfrage, sondern die einzige Frage, die ihm einzufallen schien, weshalb er sie entsprechend ausdehnte.

Und wir? Wir hätten sagen müssen: »Großer Vorsitzender dieser Partei! Wir sind die neue unabhängige Abteilung im Haus, das weißt du doch! Wir sind hier, um fair über die Partei zu berichten, sie von innen heraus abzubilden – und sie dabei zu verändern helfen. Aufklärung, Licht, die Wirklichkeit abbilden! So wie du es uns gesagt hast. Damals, als wir eingestellt wurden, als unabhängige Redaktion, das Korrektiv im eigenen Haus, der Beschleuniger und junge Motor einer sich modernisierenden Partei! Es ist keine zwei

Monate her, dass du uns als große Hoffnung geschaffen und mit allen Freiheiten, technischer Ausrüstung, Assistenten und guten Gehältern ausgestattet hast!« Hätten wir sagen müssen. Sagte aber keiner.

Lutz scharrte stattdessen mit den Füßen unter seinem Schreibtisch. Statt eines forschen Bekenntnisses der Redaktion zu sich selbst begann ein bedrückendes Spiel von einer Viertelstunde, in der jeder Einzelne von uns immer schön der Reihe nach seinen beruflichen Werdegang umriss. Donald Duck hätte gesagt:»Quaaawk, Quawk, Quawk, Quaaawk – Quawk.« Der Auftritt der Autorität in Form eines dicklichen Mannes in seinen besten Jahren reichte aus, um jedes journalistische Profil in diesem Raum in Hilflosigkeit versickern zu lassen.

Das nennt man vorauseilenden Gehorsam. Den Diener machen, obwohl ihn keiner verlangt. Manni hätte uns die Leviten lesen sollen, uns allen, auch mir:»Was seid ihr für Pfeifen? Ihr seid jetzt seit zwei Monaten hier in der Parteizentrale und habt alle Freiheiten, wenn ihr sie euch nehmt! Legt los, macht was! Ich ertrage keine Duckmäuser, ich will Erkenntnisse, Kritik, Stimmen der Basis, eine lebendige und unabhängige Redaktion! Wo gab es das schon mal? Nirgends auf der Welt hat eine Partei sich das getraut! Aber wir tun das! Jetzt übernehmt die Initiative und nicht nur das Gehalt, verdammt!« Hätte er sagen sollen. Sagte er aber nicht.

Manni bedankte sich stattdessen, wünschte uns was und schritt von dannen. Mit ihm gingen die Entourage und meine Freude, mein Optimismus, meine Lust für diese Arbeit an diesem Tag. Manni hatte uns mit großen Worten eingestellt – und sich dann anderen Dingen zugewandt. In den Mühlsteinen der Routine war die frische Redaktion schon binnen weniger Tage zerrieben. Wir waren alle zu schwach, um das zu tun, wofür wir berufen worden waren. Mit unserem Mut sank die Anerkennung aller anderen. Die Abteilung, die sich »Big Bang« nannte, war nicht mal ein Böllerchen. Sie war von Anfang an eine einzige Fehlzündung.

Und das, obwohl wir am Anfang viel und lang arbeiteten. Woran lag's also?

Lange Wochenarbeitszeiten machen dümmer. Das ergab vor ein paar Jahren die Langzeitstudie eines internationalen Forschungsteams unter der Leitung des finnischen Instituts für Arbeitsmedizin. Über einen Zeitraum von sieben Jahren wurden 2214 Angestellte des öffentlichen Dienstes in London befragt und beobachtet. Die Forscher testeten Kompetenzen wie das Kurzzeitgedächtnis, das logische Denken und den Sprachfluss.

Karrieristen, also alle, die mehr als 55 Stunden pro Woche rackerten, schnitten im Vergleich zu Kollegen, die maximal 40 Wochenstunden arbeiteten, bei einem Wortschatz-Test schlechter ab. Darüber hinaus verschlechterte sich bei den Workaholics im Zeitraum der Erhebung die Fähigkeit des logischen Denkens.

Auch nachdem Faktoren wie Alter, Geschlecht, Einkommen und Bildung berücksichtigt wurden, ließ sich weiterhin ein Zusammenhang zwischen Arbeitsstunden und geistiger Leistungsfähigkeit bestätigen. Zum Grund für die schwächelnde Hirnleistung durch Überstunden konnten die Forscher sich nicht belastbar äußern. Allerdings konnten sie auf eine vorangegangene Studie verweisen, die einen Zusammenhang zwischen Überstunden und ungesunder Lebensweise belegte. Den bestätigten nämlich auch die neuen Erhebungen. Die Workaholics klagten durchweg häufiger darüber, weniger zu schlafen, mehr Alkohol zu trinken und Depressionen zu haben, als ihre Kollegen, die Dienst nach Vorschrift schoben.

Menschen, die arbeiten, sind also nicht automatisch dumm. Jedenfalls nicht sofort. In der Regel sitzt man mit intelligenten Leuten in einem Büro. Die Chefin oder der Chef können auch nicht massiv bräsig sein, sonst wären sie unterwegs auf einer der schmierseifigen Stufen der Karriereleiter ausgerutscht. Doch denen, die es auf dieser Leiter weit nach oben schaffen, gibt der Erfolg immer viel zu schnell recht; irgendwann, meist viel zu früh in ihrer Laufbahn, fragt niemand mehr nach dem intellektuellen Wert ihrer Entscheidungen.

Obwohl unsere Büros in der Regel also keine Horde der Unterbelichteten sind, kennt jeder diese Momente aus dem Arbeitsalltag, wenn sich die Dummheit ihren Weg bahnt. Denn: Intelligenz und Dummheit sind kein Gegensatz, wie beispielsweise Psychologen wie Ina Rösing in zahlreichen Studien belegen. Auch intelligente Menschen tun dumme Dinge. Sie versuchen zum Beispiel immer alles rasend schnell zu machen. Denn wer langsam ist, sei dumm, glaubt man in der westlichen Welt. Für die Bataro und Baganda, zwei Volksstämme aus Uganda, ist Schnelligkeit hingegen ein Zeichen von Dummheit, und Langsamkeit gilt ihnen als intelligent. Erst mal hinhören, abwägen, noch mal nachdenken und in sich gehen statt schnell erledigen, um den Eindruck von Geschäftigkeit zu erwecken und mit Überlastung kokettieren zu können.

Bei der Übertragung dieser Feststellung auf die Arbeitswelt kommt der vom amerikanischen Sozialpsychologen Martin Seligman geprägte Begriff der »gelernten Hilflosigkeit« ins Spiel. Ein Ohnmachtssyndrom, das uns demotiviert, dumm macht oder gar depressiv werden lässt. Wer immer wieder die Erfahrung macht, mit Engagement und Ideen nichts bewirken zu können, der resigniert – früher oder später. Bringt ja eh nix. Den Frust will man sich ersparen.

Der erste Schritt in die Hilflosigkeit ist also Passivität und Desinteresse. Hat sich die Überzeugung, dass man eh nix ändern kann, erst einmal festgesetzt, lässt auch die kreative Fähigkeit, neue Wege zu suchen und zu finden, rasant nach. Aus der sich selbst erfüllenden Prophezeiung entwickelt sich eine Lernbehinderung. Der Hilflose wird dümmer. Er hat keinen Bock mehr und wird immer bräsiger. Wer das Glück hat, einen solchen Kontrollverlust über das Selbstvertrauen wenigstens noch zu spüren, bekommt es erst einmal mit der Angst zu tun. Für eine Weile motiviert dieser Bammel zu dem Versuch, sich wieder reinzuhängen. Doch wenn das er-

"Der Hilflose wird dümmer"

neut scheitert und sich als aussichtslos bestätigt, kann man ja nur noch traurig werden. Seligman nennt das die »Hoffnungslosigkeits-depression«.

Die reale Folge, die in den letzten Jahren auch immer wieder statistisch erfasst wurde, ist die sogenannte »innere Kündigung«. Laut des Gallup Engagement Index 2012 hat jeder Vierte der Beschäftigten in Deutschland innerlich bereits gekündigt. Weit mehr als die Hälfte machen nur noch Dienst nach Vorschrift. Und dabei geht ihnen nicht nur ihre Freude an der Arbeit flöten, sondern – so die Gallup-Forscher – auch die Motivation, ihren Job besonders gut zu machen.

>*»Wenn mir hier einer sagt, ich soll die Wand grün streichen,*
dann streiche ich sie grün.«
Lutz, Redaktionsleiter der Abteilung Big Bang!

Nach unserem miserablen Auftritt und dem Abgang von Manni waren da keine schlechten Gags, keine Ähs oder Öhms oder derlei übertünchende Versuche, die ich bislang aus der Berufswelt kannte, um sich die Angst mittels gespielter Souveränität nicht anmerken zu lassen. Ich glaube, es war das erste Mal, dass ich sie so schonungslos und nackt in dem Lebenselixier, das wir Arbeit nennen, zur Schau gestellt bekam: die Angst, die mächtigste Kraft der Nullerjahre.

Statt Zeichen der Unbekümmertheit waren da von einer mikro-dünnen Talg- und Schweißschicht überzogene Gesichter. Ihr Glanz und ihre rote Wangen erinnerten an Luftballons, die bis an die maximale Grenze ihres Fassungsvolumens aufgeblasen im Wind tänzelten.

Die »kleinen Irritationen« zum Start der »unabhängigen« neuen Internetseite schob ich zunächst auf meine Wahrnehmung. Ich musste mich ja schließlich erst zurechtfinden. So ballerte ich alle Energie in die Inhalte, die es zu schaffen galt: Ich schrieb Reportagen,

Blogs, Interviews und drehte Videos. Die anderen arbeiteten auch sehr viel. Scheiß auf die Überstunden, hier geht's jetzt um was. Und doch war, nachdem es sich etwa drei Monate lang angeschlichen hatte, das Gefühl inzwischen unausweichlich: Hier läuft was schief.

Beim Versuch, die Erwartungen zu erfüllen, produzierten wir einen Haufen Dreck. Denn es gab keinen Manni, der uns sagte: »Jetzt seid mal eigenständig und frei, wofür habe ich einen Haufen echter Journalisten eingestellt? Doch nicht, um hier die üblichen Parteimeldungen abzutippen!« Auch einen mutigen Abteilungsleiter gab es nicht, der uns geschützt hätte mit Sätzen wie: »Nein, unsere Mitarbeiter können Sie bei der 20-Jahr-Feier des parteinahen Geflügelzüchtervereins leider nicht besuchen, auch wenn ein Ortsvorsteher der Partei dort im Beirat sitzen mag. Wir wollen weg von diesem furztrockenen Verständnis von einer Redaktion innerhalb einer Partei. Wir sind unserem Berufsethos als Journalisten verpflichtet, und erst dann der Partei, dafür wurden wir geschaffen!«

Und, um ehrlich zu sein: Das Team, die Journalisten einerseits und die medienerfahrenen Fachkräfte mit Parteilaufbahn andererseits, waren auch alle ziemlich verdruckst. Mich eingeschlossen. Warum eigentlich?

Ich will versuchen, der Erklärung näherzukommen. Und ich bin mir sicher, dass es in dieser Geschichte Momente gibt, die jeder junge Berufstätige wiedererkennen wird.

Eines Abends saß ich noch mit meinem Lieblingskollegen Niels und unserem Chef Lutz im Büro. Lieblingskollege nenne ich Niels deshalb, weil ich ihn bis dahin für einen der Aufrichtigsten und Passioniertesten in unserem Team hielt – und er der gleichen Meinung war wie ich: Wir sind nicht auf Kurs, wir blubbern. Und das, obwohl Niels Parteimitglied war. Daran konnte es also nicht liegen, dass uns Lutz mit großen Augen ansah, als wir ihm an diesem Abend unsere Bedenken erklärten.

Ich sagte Sachen wie: »Wir sollten langsam mal anfangen, wie eine Redaktion zu arbeiten. Wir brauchen eigene Strukturen. Wenn wir immer nur auf die Anfragen von Büroleitern reagieren, die scheinbar keine Ahnung von dem Sinn dieses Projekts haben, kommen wir nicht voran« oder: »Wissen eigentlich die Leute im Haus, wer wir sind und was wir hier machen – und vor allem warum?« Mit jedem Wort, jedem vorsichtigen Argument, jedem kleinen Widerspruch wurde die Luft allmählich dicker und die Stimmung gereizter.

Es ging mir nicht um Streit. Ich hatte ganz grundsätzliche Fragen an das Projekt, für das ich angetreten war, und wollte diese meinem direkten Chef stellen. So macht man das doch im Berufsleben, oder? Man sagt vorsichtig, was man will, was man für richtig hält, und dann kommt man zusammen der Sache näher.

Aber das geschah nicht. Ich unterdrückte meine Zweifel und nahm allen Mut zusammen: »Wir sind eine Redaktion. Es ist unsere Aufgabe, unsere Themen selbst zu setzen. Das ergibt sonst keinen Sinn, das ganze Projekt!«

Dieser Satz war eine Bombe, eine große Frechheit. Lutz wurde sofort rot. Gleichzeitig wirkte er irgendwie wie eine japanische Comic-Figur, deren Ausdrucksmöglichkeiten darauf beschränkt sind, große Augen zu machen. Er sagte einfach gar nichts; es schien ihm alles nur irre unangenehm.

Niels kannte die Partei schon einige Jahre und hatte eine klare, aber konziliantere Ansprache als ich. Ich fand, dass wir die Lage realistisch beschrieben hatten – nämlich dass wir unsere Arbeitsweise grundlegend ändern müssten, wenn wir nicht wollten, dass dieses Projekt in der Nichtigkeit versank. Nachdem Niels ihm meinen Vorstoß ins Erträgliche übersetzt hatte, fasste Lutz sich langsam wieder ein Herz und reagierte einsichtig: »Ja, so verstehe ich das.« Doch das war nur Pädagogik. Denn auf jedes »Ihr habt ja recht . . .« folgte für den Rest des Gesprächs ein ». . . aber«.

Und schließlich kam der Satz, den ich wohl niemals vergessen werde. Der Chef hatte im Laufe des Gesprächs immer mehr seiner sonst üblichen Sanftheit abgelegt und sagte plötzlich energisch: »Wenn mir hier jemand sagt, ich soll die Wand grün streichen, dann streiche ich die Wand grün!«

Karriere macht dumm.

Egal, welche Posten in der Hierarchie man genauer betrachtet – überall lauert die Dummheit. Unter den Angestellten ist das Phänomen nicht neu. In einem Experiment testete der amerikanische Psychologe Stanley Milgram Anfang der Sechziger, inwieweit Menschen den Anweisungen einer Autoritätsperson auch dann Folge leisten, wenn die Weisung mit ihrem Gewissen unvereinbar scheint. Es ging um Schmerzen, Angst, gar den Tod. Es war ein bisschen wie beim Improvisationstheater.

»Stellen Sie sich vor, Sie sind Lehrer und haben hier einen Schüler vor sich, der eine Aufgabe auf Ihre Aufforderung hin lösen muss.« Was die »Lehrer« in diesem Versuch nicht wussten: Sie waren die einzig wahren Probanden, alle anderen Schauspieler.

Die »Schüler« sollten Wortpaare richtig zusammensetzen. Machten sie einen Fehler, sollten die »Lehrer« sie mittels eines elektrischen Schlags bestrafen. Der vermeintliche Versuchsleiter gab die Anweisung, mit jedem Fehler die Stärke des Stromschlags zu erhöhen. Wimmern, Schreie, angsterfüllte Mienen, starre Körper, die nur noch zuckten, wenn ein »Lehrer« den Stromknopf drückte. Alles Show, doch das wussten die am Drücker ja nicht.

Drei Viertel der Versuchsteilnehmer taten, was man ihnen befahl – manche sogar trotz Hinweis des »Versuchsleiters«, dass ein »Schüler« bereits dem Tod nahe sei.

Wie Gehorsam zu Intelligenz im Verhältnis steht, zeigten wiederum Peter Burley und John McGuiness einige Jahre später in einer Replikation des Milgram-Experiments mit 24 Studenten. Die ungehorsamen Probanden schnitten bei einem Test zur sozialen Intelligenz weitaus besser ab als die gehorsamen Versuchspersonen. Die Forscher schlussfolgerten also, dass die geistigen Fähigkeiten bei der individuellen Ausprägung des Gehorsams einen Unterschied machen.

Die Folgen dieses Zusammenhangs kann jeder Arbeitnehmer täglich am Arbeitsplatz nachvollziehen: Nicht Intelligenz, sondern Gehorsam ist der Karriere förderlich. Was im Umkehrschluss bedeutet: Wer die Karriereleiter ungehindert hinaufgeklettert ist, hat entweder ein gewisses Maß an Dummheit mitgebracht oder – viel wahrscheinlicher – ein gewisses Maß an Intelligenz bewusst beim Pförtner eingelagert.

> *»There's no Business like Show Business.«*
> *Irving Berlin*

Tjaja, das ist das Leben. Es ist eine große Show. Aber was, wenn keiner das Spektakel mehr sehen will? Die neuen Spielregeln standen in der Redaktion im Raum. Regel Nummer eins: anders und besser! Dafür waren wir jungen »Profis« ja zusammengetrommelt worden. Aber niemand wollte nach den neuen Regeln spielen. Stattdessen wunderten sich alle, dass man auf dem neuen Spielfeld mit den alten Regeln nicht zu Potte kam.

Und damit waren wir bei *die-andere-volkspartei.de* nicht allein. Woher rührt der neue Korpsgeist? Das Anpassertum? Die Angst, diese verfluchte Angst vor der eigenen Courage?

In der Nacht nach dem Gespräch mit Lutz und Niels träumte ich schlecht. In meinem Kopf brüllte ein Widerspruch, die totale Empörung über so viel Resignation: »... streiche ich die Wand grün«. In meinem Traum sah ich, wie der Revolutionsanführer Lutz seinen Überstundenzettel ausfüllte und in die Hauspost warf. Er stellte eine Abwesenheitsnotiz ein: »... erreichen Sie mich in dringenden Fällen montags bis samstags von 06:30 Uhr bis 24:00 per Mobiltelefon 0171...« Dann legte er seinen Hals in die Guillotine und entsicherte selbst das Fallbeil. Sein Kopf fiel, sein Körper aber richtete sich auf und lief Manni nach, doch Manni war schneller. Und dann blubberten mit etwas Blut aus dem abgeschnittenen Kopf seine letzten Worte:»Stets zu Diensten!«

Ein seltsamer Traum, aus dem ich da aufwachte. Mir war heiß. Ich ging auf den Balkon und blickte zu den Sternen. Ja, da funkelte die Aufklärung, die Berufung. Ein jugendliches Gefühl, das ich mir vermutlich abgewöhnen sollte. Alix, du wirst jetzt erwachsen. Veränderungen brauchen Zeit, und in der Welt da draußen, da muss man sich anpassen, weißt du! Man kann nicht mit dem Kopf durch die Wand!

Aber da war gar keine Wand. Diese Wand ist nur eine Einbildung. Da ist einfach kein Kopf. Wir laufen einer Autorität nach, die es gar nicht gibt. Oder nicht geben müsste. Man nennt das: Karriere.

Am nächsten Tag meldete ich mich zum ersten Mal krank.

»Hallo? Sind Sie noch dran?«
Nö.

Der nächste Morgen: Meine Augen rissen auf und mich aus dem Schlaf. Ich blickte in Richtung Fenster. Die Wolken flogen vorbei. Rasant. Auf der Bettkante sitzend schaute ich ihnen eine Weile zu, in der Hoffnung, sie mögen an Fahrt verlieren. Ich war unruhig und deprimiert. Und das nur, weil ich mich am Vorabend per Mail krankgemeldet hatte?

Sei's drum – ich war nun wach und zum Dasein verdammt. Ich aktivierte mich also, begann aufzuräumen. Und ich machte Kaffee, die leistungssteigernde Droge der betriebsamen Mittelschicht, die in Berlin doch alle zu jeder Tages- und Nachtzeit schlürfen, um wie die Belämmerten an ihren Laptops herumzudrücken. Ob sie dafür bezahlt werden oder nicht.

Es dauerte drei Stunden, bis ich es akzeptieren konnte: Ja, ich war schuldig, ich hatte mich für diesen Tag krankgemeldet – ich würde wirklich nicht auf Arbeit gehen.

Das Diensthandy klingelte. Und ich ging einfach nicht ran.

Es klingelte noch einmal. Und ein drittes Mal. Ich war versucht zurückzurufen. Aber irgendwie schaffte ich es, das nicht zu tun. Stattdessen checkte ich die Mails. Großer Fehler.

Mein Posteingang sagte mir, dass ich an diesem Tag einiges versäumen würde. Zum Beispiel einen Fototermin mit der stellvertretenden Fraktionsvorsitzenden, ein Meeting, bei dem unsinnige Aufgaben an diejenigen verteilt werden konnten, die sich ihrer erbarmten, und eine Grundsatzdiskussion über das Anforderungsformular für Büroartikel.

Glücklicherweise durfte ich an diesen wichtigen Aufgaben nicht teilnehmen. Ich lag auf dem Sofa vorm Fernseher. Schnell schlief ich ein.

»Ein Laufrad ist keine Beschäftigung.«
hamsterforum.de

Offenbar war ich tot. An der Himmelspforte verlangte Petrus meinen Lebenslauf. Er befand sich in meiner Multifunktionstasche, die mir lässig über der Schulter hing.

»Moment«, sagte ich, »kein Problem!«

Ich holte meinen Tablet-PC hervor und fragte: »Kann ich Ihnen das PDF per Mail schicken?«

Petrus schien verzückt: »Wir haben auf das papierlose Büro umgestellt! We're online!«

Seine Aussage erschien mir etwas altbacken in ihrer Euphorie, nun im Neuland des digitalen Zeitalters angekommen zu sein. Man war also eingeloggt.

Ich drückte auf Senden, Sekunden später ertönte die Nachricht in Petrus' Gürteltasche. Er zog sein iPhone hervor und scrollte sich durch meinen Lebenslauf.

»Gut ... Frau Faßmann, 1983, Hannover ... gut ... also, wir duzen uns hier im Allgemeinen.«

»Ja, äh, Alix. Mein Name.«

»Petrus.«

»Danke.«

Petrus hob eine Augenbraue und scrollte dann weiter. »Gut …«

»Reicht das fürs Paradies?«

»Gut …« Er schien in seine Aufgabe vertieft zu sein und scrollte weiter. Dann blickte er auf, als habe er an etwas anderes denken müssen. Hinter mir hatte sich schon ein kleiner Stau gebildet. Viele schienen gerade Einlass ins Paradies zu begehren. Petrus schnippte mit den Fingern und winkte den Nächsten heran: »Kann passieren!«

»Was? Was? Darf ich nicht rein? Darf ich nicht rein? Wo – wo – wo …?«, stotterte ich, aber die Himmelspforte öffnete sich und ein goldgelbes Licht erschien. Ich durfte eintreten, aber ich war noch ganz benommen von dem Schrecken. Eine Stimme, nein, viele Stimmen sprachen zu mir, ganz sanft, ganz sacht, in einer wundervollen Harmonie:

»Liebe Alix, du hast ein Leben lang gearbeitet, du hast deinen Herren gedient, das ist gottgefällig! Du hast dich durch Flexibilität, Erreichbarkeit, Online-Kompetenzen und eine Vielzahl an Überstunden ausgezeichnet. Du hast dein Studium mit einer Eins abgeschlossen. Du hast unbezahlte Praktika gemacht, wie es dein Auftrag war. Du hast dich um Fortbildungen beworben und einen Journalistenpreis bekommen. Du hast zwei Kinder in die Welt gesetzt und damit dein Plansoll abgeleistet, auch wenn es ein bisschen mehr sein könnte, aber okay, die Zeiten waren so …«

Ich errötete und schloss die Augen, denn das göttliche Licht war irre hell.

»… du hast nur dann geflunkert, wenn es deiner Karriere nützlich war, du hast für wohltätige Organisationen gespendet, bist auf Ökostrom umgestiegen und hast deinen Hund gut behandelt. Du hattest ein offenes Ohr für Freunde und Verwandte gehabt, das ist alles gottgefällig.«

Eine gewisse Erleichterung stellte sich ein. Ich würde in den Himmel kommen.

»Aber da war auch eine Menge Hass in dir. Du hast deine Arbeit verteufelt, weil du die Anpasserei verabscheust. Es ging dir alles nicht schnell genug. Und du wolltest sogar die Brocken hinwerfen.«

»Jaja, äh, aber ich habe die Zähne zusammengebissen und einfach immer weitergemacht bis zur Rente!«

»Ja, das ist gottgefällig! Komm rein!«

»Danke! Danke!«

»Amen!«

»Gute Mädchen kommen in den Himmel. Böse überallhin.«
Titel auf einem Buchrücken im Regal meiner Mutter

Als ich wieder aufwachte, war es finster, und die Arbeitsministerin blickte mich an. Frau Dr. Ursula von der Leyen nickte mir und allen Zuschauern an den Empfangsgeräten zu und lächelte ein Fernsehlächeln.

Immerhin: Ich war ausgeschlafen. Die fitnessklubschlanke Ministerin erzählte von ihren sieben Kindern, ihrem Medizinstudium und ihrer Karriere in der Politik. Die Moderation leitete zum Thema Jugendarbeitslosigkeit über: »... in Spanien sind fast 60 Prozent der unter 25-Jährigen arbeitslos, in Griechenland noch mehr, in Portugal um die 40 Prozent ohne Job, in Frankreich 30 Prozent, in Schweden 25 Prozent, in Großbritannien 20 Prozent, in Finnland und sogar im reichen Luxemburg haben 20 Prozent kein eigenes Einkommen ...«

Die Ministerin erwiderte, dass in Deutschland »Riesenerfolge« erzielt wurden. Hierzulande seien nur so um die 8 Prozent arbeitslos, viele bereits »in Arbeit« gebracht. Und wer nicht arbeite, nicht »in Arbeit« sei, der werde durch »Arbeitsbeschaffungsmaßnahmen«, »Ausbildungspakte«, »Wiedereingliederungen«, »Fortbildungen«, »Trainings« und »Sofortmaßnahmen« vom Staat schon

»auf den Weg gebracht«; wenn nicht gar zur Strecke, dachte ich still bei mir. Die Arbeitsministerin stellte sich und der Regierung, der sie angehörte, ein hübsches Zeugnis aus: »Die Bundesregierung hat einen guten Job gemacht! Das müssen auch Sie anerkennen!« Arbeit, das Zentrum der Welt. Alles hat Arbeit zu sein. Was nicht Arbeit ist, ist schlecht. Wer gerade mal nicht arbeitet, säuft zumindest literweise Kaffee, damit er schneller denken kann an die Arbeit, die er jetzt gleich machen wird, die Mails, die er checken muss, oder zumindest – das kann doch nun wirklich erwartet werden! – die 30 Bewerbungen, die er pro Monat zu schreiben hat, wenn er keine Arbeit hat.

Von der Leyen betonte die schrecklichen Auswirkungen der Nicht-Arbeit. Menschen, irgendwoher wusste sie das, litten ganz fürchterlich darunter, wenn sie nicht arbeiteten. »Arbeitslosigkeit macht krank!«

Ich spürte: Ich war so ausgeschlafen, ich hätte feiern gehen können und tanzen.

Während die Moderatorin soziale Unruhen in London, Madrid, Paris usw. aufzählte, erinnerte ich mich an ein Bewerbungsseminar in der elften Klasse meines Gymnasiums. Bezeichnenderweise wurde es von einem Mitarbeiter der Krankenkasse für Angestellte durchgeführt, warum auch immer. Er kam für einen Tag an unsere Schule, um zwei Jahre vor dem Schulabschluss schon mal Bewerbungstrainings zu machen. Rot-Grün war wiedergewählt an der Regierung und hatte gerade Hartz IV eingeführt, also die Sozialhilfe für arme Leute halbiert. Der Bewerbungscoach von der Krankenkasse ging zunächst auf das Erscheinungsbild der jungen BewerberInnen ein.

Piercings und Tattoos senken die Aussichten auf Einstellung!, sagte er (das war vor der tätowierten Bundespräsidentengattin Bettina Wulff). Saubere Schuhe seien die Eintrittskarte in die Arbeitswelt! Und so weiter. Opas Kino halt.

Dann brachte der arme Mann uns bei, wie man einen Brief

aufsetzt. Dafür legte er Folien auf den Projektor: »Brigitte Mustermann, Musterstraße 11, 1234 Musterstadt. Krankenkasse der Angestellten AG, Personalabteilung, zu Händen Herrn Mustermann.«

Ich glaube, ich blätterte die meiste Zeit unter dem Tisch in irgendeinem Modeheft rum und sah mir »sportlich-dynamische Looks für Indie-Boys und Indie-Girls« an. Am Rande bekam ich mit, wie der Coach immer wieder repetierte, dass man mit dieser oder jener Maßnahme »bei seinem künftigen Arbeitgeber einen guten Eindruck hinterlassen« würde.

- »Wie kann ich mich besonders gut in die Hierarchie einbringen?«
- »Wo sehe ich mich in 5, 10, 15 Jahren?«
- »Welche Aufstiegschancen habe ich?«

Um sich als zukünftiger Mitarbeiter zu empfehlen sollte man sagen, man sei

- »leistungsbereit«
- ein »Teamplayer«
- allenfalls »manchmal zu ehrgeizig«
- »top motiviert«
- undsoweiterundsofort.

Im Wesentlichen ging es also darum, wie man seinem künftigen Chef kräftig in den Arsch kriecht.

Da sich niemand meldete, um dem bärtigen Coach von der Krankenkasse eine Frage zu stellen, entschloss ich mich, das zu übernehmen.

Das fand er prima: »Ja, bitte!«

»Ich wollte fragen, ob Sie dieses Bewerbungsseminar auch an anderen Schulen machen.«

»Ja, dann fragen Sie es doch einfach!«, sagte er.

Ein ganz schlauer Fuchs, der Bär mit der Folie, aber ein paar kratzige Lacher der pickeligen Jungs konnte er damals tatsächlich damit ernten.

»Also vielen Dank für Ihren Vortrag, Herr, äh ...«

»Brandstätter.« Kein Mustermann also.

»Brandstätter, vielen Dank. Also bringen Sie das, was Sie jetzt uns gezeigt haben, auch anderen Schülern bei?«

»Ja, allen Schülerinnen und Schülern der elften Klassen an Ihrer Schule und allen elften Klassen an den Gymnasien und Technischen Gymnasien im Norden der Stadt und des Umlandes.« Er schien einen gewissen Stolz dabei zu empfinden: Arbeit! Warum auch nicht.

»Und was ist mit den Schulen im Süden?«

»Da macht das ein anderer Kollege.«

»Und der hat auch diese Folien.«

»Äh – ja.«

»Dann sind jetzt alle Schüler der elften Klasse auf dem gleichen Stand und können sich so richtig gut bewerben?«

»Nun, es kommt natürlich darauf an, was der Einzelne daraus macht, aber wir sind bemüht, Ihnen allen das Handwerkszeug mitzugeben, um Ihren Berufseinstieg zu begünstigen.« Seine verschwurbelte Antwort ließ darauf schließen, dass er Lunte roch, dass ich ihm ein bisschen an den Kragen wollte.

»Wenn sich jetzt alle gleich gut bewerben können, und wir jetzt alle richtig toppe Briefe schreiben an unsere künftigen Arbeitgeber, also alle gleichmäßig besser sind und die Adresse genau gleich gut an Herrn Mustermann bei der Krankenkasse adressieren können, keine Piercings, kluge Fragen und so weiter – wo ist dann noch der Unterschied?«

Darauf hatte er keine Antwort. Es gibt ja auch keine.

»Also, verstehen Sie mich nicht falsch. Vielen Dank noch mal für diese Unterrichtsstunde, und ich glaube, es läutet auch gleich, und ich will Sie gar nicht nerven. Aber ich frage mich wirklich, was das bringt, wenn jetzt alle alles genau gleich machen, die gleichen Sachen sagen wie ›Meine Stärken sind, dass ich ein Teamplayer bin und manchmal zu ehrgeizig‹ und so weiter.«

Darauf hatte er noch immer keine Antwort, warum auch, und er erzählte irgendwas von »Top-Chancen« im Berufsleben. Seltsam trotzig, dass ich dann noch einmal nachsetzte: »Aber es gibt doch nicht mehr Arbeitsplätze, nur weil sich alle besser bewerben? Und wenn sich alle besser bewerben, dann bringt das doch auch keine Vorteile für die Bewerber, denn alle bekommen ja das gleiche Bewerbungstraining. Und die Chefs haben ja auch keine Vorteile, denn wenn sie alle gleich gut anlügen, dann sind das ja immer noch dieselben Leute ... oder entstehen vielleicht doch neue Arbeitsplätze, wenn sich die Bewerber besonders gut bewerben?«

»Nein.«

Das war dann der Moment, in dem meine Klassenlehrerin aufsprang, die bis zu meiner Frage selig in der Ecke gedöst hatte, und ganz glücklich war, dass der Bärtige von der Krankenkasse die Stunde schmiss, also die Arbeit machte. Endlich konnte sie mal in der *Brigitte* blättern, die sie über ihrem Schoß aufgeschlagen hatte, auf einer Doppelseite über die tote Lady Diana und ihren letzten Liebhaber Dodi. Lehrer gehören zu den wahnsinnig überarbeiteten Berufsgruppen und brauchen auch mal Entspannung.

Frau Waldspecht bat mich, »diese nickelige Fragerei jetzt zu lassen«. Kein Wunder, denn wie mir später auffiel, hatte ich ja indirekt auch ihren Beruf angegriffen: Was bringt es, den Lehrplan durchzuziehen, damit »alle auf gleichem Stand sind«, »Teamplayer« und »manchmal zu ehrgeizig«, wenn es letztlich nur darum geht, dass sie irgendwo gut in den Job kommen. Heute kann ich verstehen, dass meine Klassenlehrerin meine Fragerei nicht so gut fand, denn damit war der ganze Sinn der Ausbildung für die Ausbildung, für »Chancen, Chancen, Chancen!«, ja infrage gestellt.

Und darauf, auf den Chancen beziehungsweise dem Mangel daran, beruht schließlich das ganze System, das uns nach dem Schulabschluss in die Mangel nimmt: Arbeit ist nicht für alle da. Wer sie bekommt, hat Glück gehabt. Nein, mehr noch, wer keine Arbeit hat, ist ein bedauerlicher Pechvogel. Gelernt ist gelernt. Oder salopp in der Fachsprache der Pennäler ausgedrückt: »Lernen, lernen, popernen.«

»Fortschritt ist tot! Es lebe Neuer Fortschritt!«
Fortschrittlicher Slogan

Arbeit ist heute untrennbar verbunden mit der Angst, sie wieder zu verlieren. Dabei spielt die Arbeit mit dem guten Gefühl, etwas geschafft zu haben, etwas wert zu sein. Gleichzeitig droht sie aber damit, bei ihrem Verlust alles mitzunehmen, was einen zum Teil der Gesellschaft macht: Geld, Anerkennung, Kollegen, Erfolg, Selbstverwirklichung.

Derjenige, der heute keine Arbeit hat, gehört nicht mehr zur produktiven, leistungsstarken Gesellschaft. Er wird ausgeschlossen, er verliert seinen Wert. Da können Politiker und Werbeunternehmen noch so sehr von »Chancen, Chancen, Chancen« schwadronieren. Wer arbeitet, ob nun als Angestellter oder sogenannter Freelancer, begibt sich immer auf dieses seltsame Terrain, bei dem die Angst vor dem Verlust des Arbeitsplatzes stets mitschwingt.

Den Mann von der Krankenkasse mit der Musterfolie mögen die meisten, wie ich damals, noch nicht so ernst genommen haben. Aber spätestens ab dem dritten Semester spricht irgendeine Stimme zum Studenten, er möge sich immer strebend bemühen. Denn nur dann, so wird ihm eingebläut, klappt es am Ende auch mit dem Arbeitsplatz, dem Geld, der Sicherheit und überhaupt, dem ganzen Leben.

In Berufsausbildungen fängt das noch früher an. Da muss man ja schon ein paar Jahre vorher eine Bewerbung an Herrn Mustermann schreiben, oder Dutzende, Hunderte davon. Monate-, teils jahrelang, bis man in einem Betrieb mitmachen darf für ein unbezahltes Praktikum oder eine Ausbildung auf Probe. Für circa 300 Euro monatlich im ersten Lehrjahr. Das reicht gerade mal für Kippen und Alcopops, nicht zum Leben.

Nun, ich hatte es geschafft. Ich bin weiblich, 28, Journalistin, hatte bei dem Folienmann von der Krankenkasse nicht richtig zugehört und mich trotzdem irgendwie durchgeschleimt. Oder sogar vergleichsweise wenig geschleimt, aber vielleicht die richtige sportlich-dynamische Kleidung getragen. Keine Ahnung, es hatte halt geklappt. Ich war eine der wenigen Auserwählten im Top-Job, umworben, abgeworben, aufgestiegen – und relativ gut bezahlt. Nach ein paar Praktika und einem Zeitvertrag sogar in Festanstellung, wenn auch ohne Weihnachtsgeld und mit unbezahlten Überstunden.

Das ist für die meisten meiner Generation schon absolut im oberen Drittel, wenn nicht noch besser. Dazu ein Job mit Renommee und allen Aussichten, durch einen weiteren Wechsel, beispielsweise »in die freie Wirtschaft«, noch einmal mein Gehalt zu verdoppeln und so richtig schön Karriere zu machen, mit Aktenkoffer, Kostüm, womöglich eines Tages sogar mit Fahrdienst. Und was es dann noch so gibt, wenn man erst mal so richtig kräftig drinsteckt, im Arsch der Macht, also der Arbeit, beziehungsweise deren Organisationszentralen, den Chefetagen, Aufsichtsräten, Personalabteilungen, dem Management, der Leitung.

Aber bei aller Coolness und dem zur Schau getragenen Zynismus – die Angst schwang bei mir und meiner Generation schon immer mit. Das ist ja auch kein Wunder. Die Beschäftigungsverhältnisse sind unsicher wie nie, und der Abstieg kann schneller kommen als noch bei unseren Eltern. Deswegen kommt es immer häufiger vor, dass wir den Kopf ausschalten. Nicht nur der Wunsch nach Karriere, auch die Angst davor, sie zu versäumen und ins Bodenlose zu fallen, macht uns zu Dummköpfen. Leidtragende sind paradoxerweise nicht nur wir selbst, sondern in letzter Konsequenz auch die Unternehmen und der »Wirtschaftsstandort« Deutschland. Denn woher sollen die Ideen kommen, wenn uns schon in der Schule beigebracht wird, das Denken abzustellen.

»Ist es ein Fortschritt, wenn ein Kannibale
Messer und Gabel benutzt?«
Stanislaw Jerzy Lec

Ob es nun am Bewerbungstraining in der elften Klasse gelegen hat, an meiner tadellosen Einstellung oder womöglich doch an einem gewissen Talent für meinen Beruf – jedenfalls hatte ich Karriere gemacht. Und nach meiner Krankmeldung musste ich – als verantwortungsbewusste Karrieristin – wohl oder übel wieder hin ins Büro. Am nächsten Tag war ich also zurück in der Zentrale, wieder in Arbeit, wieder auf Arbeit, mittendrin in der Karrieremaschine. Karriere leitet sich tatsächlich etymologisch von der »Karre« ab, dem Vehikel, la carrière, der Fortschritt, das Weiterkommen, aufsteigen. Ranklotzen. Sie verstehen.

Mein Kollege Konrad hatte das zweifellos auch verstanden. Er stand sozusagen mit beiden Füßen auf dem Gas und war durch und durch »kompetent«. Er hatte die Kunst, Informationen zur Partei und seinem großen Vorsitzenden in Plaudereien zu streuen oder elegant das Thema zu wechseln, verinnerlicht. Doch wann begann eigentlich der Wandel, Fachwissen mit Verstand zu verwechseln?

Dieses Missverständnis wurde mir nirgendwo sonst so auf dem Silbertablett serviert wie in der Volkspartei. Einer Vereinigung, der seit Jahrzehnten nichts anderes einfällt, als ihren Wählern »Fortschritt« zu versprechen. Hat denn keiner bemerkt, dass die eigenen Strukturen jenem Versprechen längst nicht mehr gerecht werden? Und was soll dieses ewige Fordern nach Fortschritt überhaupt prophezeien? Wachstum? Noch mehr Überfluss, der sich in unüberwindbaren Bergen zwischen Arm und Reich türmt? So kann das doch nicht gemeint gewesen sein. Ich glaube, die meinen einfach nur noch »Chancen auf Karriere«! Da ist ein prima Los in der Tombola, aber nur, wenn du dich ganz tief bückst! Richtig reinknien musst du dich, Kind!

Fortschritt bedeutet, dass nicht genug für alle da ist. Jedenfalls muss man den Leuten das einreden, denn sonst gäbe es ja keinen Grund, sich immer noch mehr anzustrengen. Fortschritt ist eine Drohung, denn profitieren sollen davon immer nur einige. Die anderen bekommen keine neue Sandschaufel. Und wer keine Schaufel hat, soll sich anstrengen, verdammt noch mal: »Chancen und Fortschritt!« Das ist die Politik der Einen Volkspartei (der Anderen übrigens auch).

Ich kann mich noch gut an diese eine große Sitzung des gesamten Kommunikationskommandos der Partei erinnern, in der es darum gehen sollte, den Leitspruch für das kommende Jahr zu diskutieren. Rund 50 Leute saßen im größten Saal des Hauses beisammen, doch aufgrund der gewaltigen Dimension des Tischkreises empfand ich es mehr als ein Treffen mit meinen Sitznachbarn plus drei. An der Wand des Saals schrie eine Beamer-Projektion in flashigen Farben nach Aufmerksamkeit: »Neuer Fortschritt«. Es murmelte und schmatzte Häppchen. Wenn es Wurst- und Käseschnitten gab, musste es ein wichtiges Treffen sein, hatte ich gelernt.

Fünf Stunden »Klausur« waren angesetzt, um die Strategie zu erörtern und sich zu einigen, ob »Neuer Fortschritt« der Claim der Stunde ist. Etwa viereinhalb Stunden fühlte es sich so an, als ob dies nun ein Gremium sei, das sich ernsthaft inhaltlich, offen und ehrlich am Puls der Zeit über eine Zukunft auseinandersetzte, also in der Lage wäre, eine Entscheidung zu eruieren.

Die Mehrheit, so war mein Eindruck während der Diskussion, war gegen »Neuer Fortschritt«. »Zu technokratisch«, »konservativ«, »langweilig«, »kalt«, »Hatten wir das nicht schon in den 70ern?« Auch mich überzeugten die Alternativvorschläge mehr. Doch erst ein geflüsterter Kommentar aus meiner Sitznachbarschaft ließ mich Dummerchen am Ende verstehen, warum die meisten lieber Kaffee tranken und Schnittchen mümmelten, als auf ihren Standpunkten zu beharren. Ist doch alles schon entschieden, der Vorstand hat »Neuer Fortschritt« doch längst abgenickt, fanden sie super, so sollte es sein und nicht anders.

Warum saßen wir dann dort? Aus dem gleichen Grund, der uns jungen Journalisten einen Arbeitsplatz ganz nahe beim großen Vorsitzenden beschert hatte: wegen der neuen Transparenz. Oder dem, was die alte Tante Volkspartei darunter versteht: Wir beschließen, und dann reden wir mit allen noch mal darüber, die an dem Beschluss hätten beteiligt werden müssen, um ihnen das Gefühl zu geben, dass sie einen Anteil an jenem Beschluss gehabt hätten. Alles fast ganz transparent. Ist das nicht toll? Die, bei denen wir uns beworben hatten, bewarben sich nun bei uns – im Wesentlichen mit Häppchen der Stufe »wichtig«.

Es gibt inzwischen einen Häppchenproduzenten in Berlin, der Vorstands- und Sitzungskekse nach Rangordnung, Prominenz und Wichtigkeit der Sitzung klassifiziert. Wirklich wahr! Bei Häppchen geht's ums Prinzip. Das heißt, um die Wahrung der Hierarchie. Und das hier, das waren Top-Häppchen, nur eins nach Oberklasse!

AUFGABE

Schreiben Sie Ihren Lebenslauf auf und falten Sie daraus eine Schwalbe!

- Tabellarisch nach Jahreszahlen. Unter uns können wir auf die Datumsangaben mit Tag und Monat verzichten; bei Ihrem nächsten Chef müssen Sie die natürlich wieder draufschreiben. Wenn Sie einen haben wollen.
- Legen Sie besonderes Gewicht auf Ihre Abschlüsse. Das sind die Schulterstücke, mit denen Sie einer gesellschaftlichen Klasse zugeordnet werden können. Geben Sie Noten und etwaige Auszeichnungen an.
- Fremdsprachenkenntnisse (was denn, nur Englisch?)
- Online-Kompetenz (geht marginal über Online-Shopping hinaus)
- Erlernte Computer-Programme (nicht: schon mal irgendwie benutzt)
- Praktika (unbezahlt)/Praktika (bezahlt – unbedingt erwähnen)
- Auslandspraktika (Ostdeutschland zählt nicht; Mallorca schon)
- Fortbildungen (einzig sinnvolle Nutzung von Freizeit)
- besondere private Leistungen (Leistungssport, Hauptmann der freiwilligen Feuerwehr usw.)
- Familienstand (nicht: »es ist kompliziert«)
- Kinder (Alter)
- eigene Eltern mit Beruf und Ausbildung (freiwillige Angabe)
- bisher erworbene Rentenansprüche (circa)
- Jahre bis zur eigenen Rente (ausgehend von der Rente mit 67)
- voraussichtliche Rente (ausgehend davon, dass Sie eine bekommen)
- voraussichtlich verbliebene Lebenszeit (falls Sie keine Rente bekommen)
- bewerbungstaugliches Lichtbild (sofern zur Hand)

Und nun lassen Sie's fliegen!

II.

Arbeit macht arm

»Arm, aber sexy – Berlin von seiner authentischsten Seite«
Slogan in einem Berlin-Reiseführer

Bestimmt 28-mal. Wahrscheinlich öfter. Aber mindestens 28-mal war ich an diesem Schaufenster vorbeigegangen und hatte mich jedes Mal über die kleinkindgroße Plastikgans gefreut, die einen anguckte, wenn man hinguckte. Besonders abends, wenn das weiße Vieh am Eingang leuchtete und sein orangefarbener Schnabel rot in die Dunkelheit strahlte. So auch an jenem Abend, als ich Lara zum ersten Mal sah.

Das Licht der großen Gans blendete mich wie immer, als ich ins Fenster schaute. Und so übersah ich fast, dass ein Laptop-Bildschirm den hinteren Raum in ein fahles blaugraues Licht tuschte. Der matte Schein ließ unter einer grauen Kapuze nur ein Gesicht mit spitzer Nase und verkniffenen Augen enträtseln. Der Rest des Körpers verschwamm in der Dunkelheit des Raums. Fast hätte ich in dieser Nacht an die Scheibe geklopft.

Stattdessen lernte ich Lara einige Tage später vor dem Bäcker neben ihrem Ladenfenster kennen. Auch hier war ein Vogel im Spiel. Lara – oder die Kapuzenfrau, wie ich sie anfangs für mich nannte – saß am Nachbartisch bei einer Tasse Filterkaffee für 80 Cent und einer Nussecke für einen Euro. Plötzlich hopste ein Spatz auf ihren Teller und langte mit seinem Schnabel in die Krümel.

Lara war keine Regung anzumerken. Sie beobachtete zwar die Räuberei, schien davon jedoch zutiefst unbeeindruckt. Während sie sich die Nussecke für einen zweiten Bissen in den Mund schob, schaute ich lächelnd dem Spatz zu. Doch mit meinen grinsenden

Augen fand ich keine Erwiderung bei der jungen Frau, die ihren mittlerweile dritten Bissen mit einem Schluck Kaffee hinunterspülte.

»Schmeckt's?«, fragte ich plötzlich und schaute dabei auf den Teller meiner Sitznachbarin. Einige Augenblicke nachdem ich begonnen hatte, mit dem Spatz zu sprechen, bemerkte ich, dass Lara mich ansah. Sie hatte sich mittlerweile die Kapuze ihres zu großen grauen Pullis übergezogen und ich erkannte ihr Gesicht, das ich vor einigen Nächten einsam und gebannt in leuchtende digitale Welten hatte starren sehen, an der spitzen Nase. Ich musste lachen und war erleichtert, als sie ebenfalls zu kichern begann.

»Der Kleene macht es ganz richtig. Reinspringen und absahnen, ehe es die andern tun«, sagte die Kapuzenfrau.

Ich nickte und murmelte ein langes »Mmhmm«, während eine richtige Antwort sich den Weg bahnte: »Scheint nicht nur bei Spatzen so zu sein. Überall nur noch Krümel, um die alle kämpfen. Die fetten Torten liegen hinter Panzerglas. Ein grausamer Vogeltod. Macht auch ein fieses Geräusch.«

»Stimmt. Bestimmt einmal die Woche donnert so ein Blödbatz gegen unser Fenster.« Sie zeigte an meinem Kopf vorbei in Richtung des Ladens, in dem nachts die Gans leuchtete.

»Spatzen sind da ganz schräg drauf. Die flattern wild auf Scheiben los, weil sie in ihrem Spiegelbild einen Feind vermuten. Wahrscheinlich haben die ein Nest in dem Baum vor eurem Laden. Oder einer hat es auf eure Gans abgesehen«, erwiderte ich.

Die Kapuzenfrau lachte. »Die Gans ist tatsächlich zum Fürchten. Und fette Torten gibt es bei uns eh nicht. Wir sind alle nur Krümelfresser.«

»Wer seid ihr denn eigentlich, und was macht ihr in diesem Laden?«, wollte ich von ihr wissen.

»Och, das ist so ein Sammelort für allerlei Leute, denen in ihren WG-Zimmern bei der Arbeit die Decke auf den Kopf fällt. Momentan gehen etwa 20 Leute ein und aus. Zehn haben einen Schlüssel.

Die meisten sind Grafik-Designer. Ich auch. Und wir schrauben da an unseren Projekten.«

»Ist also so etwas wie ein Co-Working-Space, ja?«

»So in etwa. Seinen Stuhl muss man sich allerdings selbst mitbringen. Die Tische haben wir uns über eBay-Kleinanzeigen schenken lassen. Ist also alles nicht so schnieke wie in diesen kreativen Bürogemeinschaften in Mitte. Echt krass, die wollen da teilweise 500 Euro im Monat für einen Arbeitsplatz im Großraum. Und dann ist der noch nicht mal fest. Seine Sachen muss man jeden Tag wieder mitnehmen, weil man nie weiß, welcher Platz am nächsten Tag frei sein wird. Hier haben wir zwar noch nicht mal eine Kaffeemaschine, dafür ist es unkompliziert und billig. 50 Euro im Monat, da kann man nicht meckern.«

»Und an was arbeitest du gerade? Hab dich vor ein paar Tagen mal im Dunkeln dort sitzen sehen. Eine Deadline? Oder warum solche nächtlichen Überstunden?«

»Ha, na ja, nö. Überstunden sind nicht so meine Welt. Also ich meine, das würde ja geregelte Arbeitszeiten voraussetzen. Und die gibt es in meinem Job nicht. Tageszeiten sind da egal. Und das Wort Deadline ist ja echt mal originell, oder? Das Projekt endet mit dem Tod. War damit nicht mal das Leben gemeint? Aber ja, stimmt schon, ich bin da gerade noch an so einer Sache dran, die ich bis nächste Woche fertig haben muss.«

»Und dann? Sterben?« Ich schaue ernst. Füge meiner zynischen Betroffenheit eine Stirn in Falten hinzu. Lara speit einen lauten Lacher aus. Fast ein bisschen zu laut.

»Noch nicht. Ich fliege nächste Woche nach London.«

»Nein. Urlaub?«

»Quatsch. So was kann ich mir nicht leisten. Ich mache dort einen Master. Ein Jahr Industrial Design. Ich stehe total auf Verpackungen. Hast du dir schon mal eine Milchtüte genau angeguckt? Da haben die Kühe oft gar keine Euter. So was will ich ändern.«

Lara zog einen Mundwinkel plus Augenbraue hoch. Ihre Selbstironie war sympathisch. Auch wenn darin eine fette Spur Zweifel zu entdecken war, wirkt ihre Ehrlichkeit entwaffnend.

»Aber sind diese Studiengänge in England nicht wahnsinnig teuer?«

»Und wie! Ich habe einen Kredit über 10 000 Euro aufgenommen. Das deckt genau die Studiengebühren für das eine Jahr. Rumbummeln ist also nicht drin. Für Wohnen, Essen und den ganzen Kram muss ich mir dann noch einen Job suchen. Aber ich hab ein paar Freunde dort, die den gleichen Studiengang machen. Das wird also schon irgendwie alles klappen.«

»Ich heiße übrigens Alix.«

»Angenehm. Ich bin Lara.«

> *»Nimm an, was nützlich ist. Lass weg, was unnütz ist.*
> *Und füge das hinzu, was dein Eigenes ist.«*
> Bruce Lee

Wir saßen noch drei Kaffee und eine Cola lang in der Sonne. Lara erzählte. Sie war 27 Jahre alt und hatte schon zwei Abschlüsse im Kasten. Bachelor in Köln, Master in Berlin. Dass das nicht reicht, um einen Job zu finden, von dem sie leben kann, hätte sie rückblickend auch nicht gedacht. Stattdessen rangelte sie mit anderen Kreativen ihrer Branche um Aufträge, die ihr nicht mehr als die physische Existenz sicherten. Und selbst dafür reichte es manchmal nicht und sie musste ihren Vater anrufen, der ihr die 350 Euro Miete für ein 15-Quadratmeter-WG-Zimmer überweist. Ihr Taschengeld, das ihre Eltern zu Teenie-Zeiten einführten, war bis zu diesem Tag nicht abgesetzt worden.

Prekariat hin oder her, Lara ist am Puls der Zeit, sagt man. Ihre Branche boomt. Das ganze Land schaut ihresgleichen zu, wie sie dynamisch lässig die Arbeitswelt verändern. Berlins Regierender Bürgermeister Klaus Wowereit bezeichnete diese jungen wilden Arbeiter als »arm, aber sexy«.

Lara war also in der sogenannten Kreativwirtschaft gelandet. Berlin ist voll von diesen jungen, immer ein bisschen merkwürdig gekleideten Leuten. In dieser Wachstumsbranche tummeln sich Künstler, Designer, Architekten, Softwareentwickler, Fotografen, Werber. Das Klischee, das sie bedienen, geht so: In einem Berliner Café, dessen Betreiber bei ihrer Planung besonderen Wert auf die praktische Anordnung von Steckdosen nahe der Tische geachtet haben, nehmen auf gewollt verschlissenen 50er-Jahre-Möbeln junge Menschen Platz, klappen ihren Laptop mit Fallobst-Emblem auf und bleiben dort für die nächsten fünf bis acht Stunden in starrender Haltung sitzen. Es wird gearbeitet. Die Café-Betreiber haben derweil eher weniger zu tun. Denn ihre Gäste trinken im Durchschnitt 1,7 Tassen Kaffee und 2,5 Liter Leitungswasser. Den Umsatz macht man mit Touristen aus der Provinz, die etwas ratlos, aber neugierig an den steckdosenfernen Plätzen hocken und schauen, was die Großstadt-Tierchen so treiben. Was das ist, weiß eigentlich keiner so genau. Projekte. So hatte es auch Lara genannt. Kreative Projekte, für die man vielleicht bezahlt wird. Wenn, dann eher schlecht. Aber hey, das ist die Zukunft. Starre Arbeitsformen waren gestern, in der Berliner Kreativwirtschaft geht es hochgradig flexibel und motiviert zu.

»Kultur- und Künstlerförderung ist zugleich auch Wirtschaftsförderung. Länder und Kommunen erkennen zunehmend die Bedeutung der Kultur- und Kreativwirtschaft.« So schreibt es das Bundesministerium für Wirtschaft und Technologie auf seiner Homepage, will also sagen: Die Kreativwirtschaft ist ein Musterschüler für die Industrie von morgen.

Bei dieser Propaganda wird einem angst und bange. Denn in der Tat haben die Kreativen verstanden, dass die Zeit der drögen Fließbandarbeit ausgedient hat. Sie wollen es anders und besser. Dieser Erkenntnis folgend begaben sich viele um die Nullerjahre auf den Weg in ein Leben, in dem Arbeit sogar Freude macht, weil sie die eigenen Talente fordert. Doch heute, so ungefähr eine Dekade später, ist von dem großen Aufbruch in ein selbstbestimmtes Leben nur noch wenig übrig. Denn was die kreativen Idealisten scheinbar nicht auf dem Radar hatten, oder zumindest nicht mit all seiner unbarmherzigen Wucht, war der freie Markt. Allzu leicht ließen sich die Freischaffenden von ihrer spaßigen Arbeit beflügeln, wollten mit ihren hochqualifizierten Fähigkeiten in Verbindung mit ihren individuellen Begabungen Werte erschaffen, die beste Bezahlung versprachen.

Doch nix da.

Die Utopie von so einer Arbeitswelt wurde von einem einzelnen Interesse zerschmettert: dem Preis. Der freie Markt, auf dem sich die Freischaffenden gegenseitig mit Taschengeld-Honoraren unterbieten, macht die Kreativwirtschaftler weniger besonders und wertvoll, sondern vor allem marktkonform und verwertbar. Ohne groß aufzumucken, verschleudern sie ihre Kreationen und nehmen lieber die ungenügende Bezahlung als nichts. Denn Arbeit ohne Geld kriegen vor allem junge Freelancer oft angeboten. Selbstverständlich mit vertraulicher Du-Anrede. »Wir bieten dir hier eine Top-Gelegenheit, dein Portfolio aufzupimpen. Wenn alles passt, merken wir dich außerdem gerne für ein Praktikum nächsten Sommer vor. Deal?«

Das Versprechen von Wohlstand und Sicherheit wird also einfach gegen Selbstverwirklichung und Freiheit eingetauscht – fertig ist die verkehrte Welt, die wir Arbeit nennen.

Entlarvend bis pervers klingt es dann, wenn große behäbige Unternehmen verkünden, sich nun »neue Impulse« vom dynamischen Prekariat der Kreativwirtschaft zu erhoffen. So machte 2012 IBM von sich Reden, als das Unternehmen ein neues Arbeitsmodell mit dem pfiffigen Namen »Liquid« vorschlug. Alles sollte richtig schön flüssig werden im Personalapparat. Viele fest angestellte und damit teure IT-Experten könnten ihre Sachen packen, bis nur noch ein kleines, aber feines Kernteam im riesigen Großraumbüro zurückbleibt. Diese müssten fortan die ganze Arbeit natürlich nicht allein machen, sondern dürften sich aus einem riesigen Pool von Freelancern und Mitarbeitern auf Zeit bedienen – solange es das »Projekt« eben erfordert. Diese projektbasierte Arbeit sei schließlich in den kreativen Industrien schon lange üblich.

Und tatsächlich: Unternehmerisch haben Mitarbeiter, die einen einzig und allein ein läppisches Honorar kosten, nur Vorteile. Keine Krankenversicherung, keine Sozialversicherung, kein Urlaubs- oder gar Weihnachtsgeld, keine Lohnfortzahlung im Krankheitsfall, kein bezahlter Urlaub, keine Elternzeit. Auf dieser Seite liegt alles beim freischaffenden Ich-Unternehmer.

Und was hat der frei Schaffende dann überhaupt von so einem Job? Freiheit und Selbstverwirklichung? Oder etwa dieses Gefühl, »sein eigener Chef« zu sein, von dem alle Selbstständigen immer wieder schwärmen, wenn man sie in einem euphorischen Moment erwischt? In den wenigsten Fällen, vor allem unter den jungen Freelancern, dürfte das ernsthaft jemand unterschreiben. Die Freiheit erfüllt sich allenfalls darin, am Ort und zur Tageszeit seiner Wahl zu arbeiten – solange man an den wichtigen Meetings beim Auftraggeber anwesend ist.

Da Kunden wie IBM und Konsorten in der Regel sehr genaue Vorstellungen davon haben, wie das von ihnen ausgeschriebene »Projekt« verlaufen soll, hält sich die Selbstverwirklichung ebenso im Rahmen wie in einer der eingezäunten Bürowelten mit Kicker-Tisch, in denen sich angeblich alles um die Angestellten dreht. Wer ausbricht, kommt selten wieder rein.

Die einzig wirklich frei geschaffene Leistung, weil unbeeinflusst oder nicht manipuliert, beschränkt sich letztlich bei den meisten Freelancern auf die Gestaltung ihres Briefkopfs für die am Ende zu schreibende Rechnung.

Bei Betriebsräten und Gewerkschaften sollten sich bei solchen Arbeitsverhältnissen doch die Fußnägel hochrollen. Mit wehenden Nelken müssten sie zum Gefecht aufrufen. Doch die wenigen, die darauf heute noch zaghaft hinweisen, nimmt keiner mehr so richtig ernst. Die Zeiten, in denen sogenannte Genossen für eine Massenarbeiterschaft faire Löhne und bessere Arbeitsbedingungen erkämpft haben, scheinen vorüber. Denn die Arbeiterschaft, die mit ihren Verträgen einst vom Einsatz ihrer Lobby profitierte, schwindet, und die Firmen basteln derweil in den Randzonen neuer »Umstrukturierungen« an Modellen, die mittels eigenverantwortlicher Freelancer zu gewerkschaftsfreien Zonen werden. Von einem Betriebsrat ganz zu schweigen.

Doch darauf würden die neuen innovativen Arbeitskräfte ohnehin keinen Wert legen. Arbeitswissenschaftler erklären im Radio: »Wir beobachten gerade in kreativen Bereichen bei hoch qualifizierten Wissensarbeitern, dass die Affinität zu Betriebsräten und Gewerkschaften eher gering ist. Und dass man sich selbst nicht so sehr als abhängige Arbeitskraft begreift, sondern als Unternehmer seiner eigenen Arbeitskraft, der dieser Dinge nicht bedarf.«

Die jungen kreativen Menschen wollen also frei sein in ihrer Knechtschaft. Das klingt nicht nur super, sondern ist auch paradox. Denn in Wahrheit ist diese Freiheit nur ein eingepflanzter Gedanke. Sie ist wie eine Möhre, die uns hingehalten wird, damit wir uns auf die prekären Arbeitsverhältnisse einlassen, mit der wir die Möhre kaufen. In Wirklichkeit befreit sie vor allem diejenigen, die die Arbeit an die Freien verteilen: Die bekommen unsere Arbeitskraft durch »freie Mitarbeit« nämlich ohne jede Verpflichtung ihrerseits, ohne Verbindlichkeiten, ohne Verantwortung und ohne Lohnnebenkosten. Die jungen Kreativen fühlen sich frei, weil sie frei arbeiten. Vor allem frei von geregelten Arbeitszeiten und frei von Sicherheit. Ein Opfer, das viele junge Leute wahrscheinlich gern bringen (mich eingeschlossen), wenn man nicht von ihnen verlangen würde, ihre Fähigkeiten für »Chancen« herzuschenken, anstatt sie angemessen zu bezahlen.

Die Freiheit sitzt also nur als manipulierter Gedanke in den Köpfen derer, die nicht mehr abhängig sein wollen von moderner Lohnsklaverei. Doch mit der Aufgabe der Abhängigkeit vom Arbeitgeber entstehen neue Abhängigkeiten – und die sind größer als jemals zuvor. Dass Freelancer und Selbstständige ihre komplette soziale Absicherung selbst finanzieren müssen, ist nicht neu. Dass sie dabei (besonders in der Kreativwirtschaft) oft so wenig verdienen, dass sich viele keine Krankenversicherung mehr leisten können – das ist neu. Von Altersvorsorge ganz zu schweigen. Die Abhängigkeit von Aufträgen, für die man sich unter Wert verkauft, weil es »irgendeiner immer billiger macht«, macht das Aufkommen für die eigenen Lebenskosten für viele jeden Monat aufs Neue zu einem Kampf.

> *»Das Internet ist eine Spielerei für Computerfreaks,*
> *wir sehen darin keine Zukunft.«*
> *Ron Sommer, Telekom-Manager, Anfang der 1990er*

Lara ist eine von Tausenden jungen Akademikern in Deutschland, die sich ihren Studiengang nicht entlang eines guten Rats ihrer Eltern ausgesucht haben, sondern Lust, Interesse und Begabung folgten. Dass das mit weniger Sicherheit und komfortablem Wohlstand verbunden ist, nimmt sie in Kauf. Denn das Versprechen von Wohlstand und Sicherheit, das sich für ihren Vater einlöste, war nach all der anhaltenden Krisenrhetorik der letzten Jahre eh nicht mehr zu glauben. Die Schäfchen sind verteilt und werden von der mittleren und älteren Generation ins Trockene gebracht. Jetzt tut sie wenigstens das, was sie tun will. Der Gewinn einer »spannenden« Aufgabe im Leben bedeutet mehr als Geld.

Laras Vater ist inzwischen Rentner und geht nun auch gern Kaffee trinken. Mit ihm über ihr Leben zu diskutieren, hat Lara aber längst aufgegeben. Ausgerechnet im Auftrag der Kaffeemarke Jacobs Krönung gab das Institut für Demoskopie Allensbach eine Studie zum Thema »Generationenbilder« heraus. Fast zwei Drittel der über 60-Jährigen haben den Eindruck, dass die Lebenswelten zwischen Jung und Alt immer weiter auseinanderdriften. Strenge

Erziehung, Respekt vor Autoritäten und Leistungsbereitschaft –
davon sehen sich die Alten besonders geprägt. Bei den Teenies zwischen 14 und 17 Jahren waren stattdessen Begriffe wie Kontaktfreude, Freiheit und Genussorientierung ganz vorne.

Für Laras Vater wären diese Daten ein gefundenes Fressen. Als
leitender Angestellter eines großen Unternehmens hat er 30 Jahre
keine Dienstreise ausgelassen. Seine Kinder lernte er in den zwei
Jahresurlauben besser kennen, und für die Rente träumte er mit
seiner Frau von einem Haus in Frankreich. Dieses *savoir vivre* mit
einem Glas Rotwein schon zur Mittagszeit hat ihm schon immer so
gefallen. In seinem gehobenen Posten konnte er sich diese Träume
leisten. Auch als Rentner gehört Laras Vater heute noch zu den
Top-Verdienern. Immerhin besteht die Gruppe der zehn Prozent
mit den höchsten Einkommen in Deutschland zu zwei Dritteln aus
Rentnern und Pensionären, wie das Institut für deutsche Wirtschaft in Köln ermittelte.

Und Laras Vater hat recht behalten, als er sie vor der Verlockung
der kreativen Freiheit warnte. Seine Tochter hat in der Tat nicht
die leiseste Ahnung, wie sie mit ihrer Arbeit eines Tages so viel
Geld verdienen könnte wie er. Zuletzt hatte sie so einen Batzen
am Abend ihrer Konfirmation in der Hand. Fast. Denn damals
waren es noch 5000 D-Mark. Unfassbar viele große Scheine, von
denen sich Lara ihren ersten Computer kaufte. Ein Ungetüm in
Thrombosestrumpf-Beige, das ihr zehn Jahre später die Bezeichnung »Digital Native« einbringen sollte – weil sich die jungen Leute
ja alle so gut mit Computern auskennen.

Laras Vater würde sich von den in der Kaffeemarken-Studie
genannten Attributen Kontaktfreude, Freiheit und Genussorientierung bombig in dem bestätigt fühlen, was er schon immer ahnte:
Diese faule Jugend, den ganzen Tag nur vorm Computer kauern.
Die wissen doch gar nicht mehr, was Arbeit ist!

Doch Lara ist längst kein Teenie mehr, und das, was sich in jener
Alterskohorte andeutet, hat mit Faulheit herzlich wenig zu tun.

Fakt ist, dass die unter 35-Jährigen am häufigsten vergleichsweise niedrige Gehälter bekommen. Da verwundert es nicht, dass mehr als die Hälfte der jungen Leute laut einer Befragung aus dem Jahr 2008 mit ihrer Bezahlung nicht zufrieden sind. Niedrige Einstiegsgehälter sind nichts Neues. Schlimmer ist, dass die Aussicht auf eine schnelle Anhebung des Salärs schon lange nicht mehr so gut ist wie bei den vorhergehenden Generationen.

Ebenso belegt ist, dass die junge Generation sehr wohl »leistungsbereit« und »motiviert« in den Job startet. Doch eher früher als später kommt keiner um die Frage herum: Wofür all der Aufriss? Warum gebe ich mindestens 45 Stunden meiner Woche für die Arbeit her, um mir dann rein gar nichts leisten zu können? Wenn es schon kein Geld gibt, das mir mehr als meine bloße Existenz sichert, dann bitte wenigstens eine Arbeit, die mir einen Sinn gibt. Dann wenigstens meine Kreativität um meiner selbst willen und für meine Freunde einsetzen. Mein Leben will ich in irgendeiner Form genießen, wenn ich schon nicht ans große Geld rankomme. Das Problem an dieser Haltung ist: Laras Vater kann sie a) nicht verstehen und reibt einem b) diese riesige Ungerechtigkeit noch unter die Nase.

»Lara, was soll nur aus dir werden? Du sollst es doch einmal besser haben als wir!«

Wohlwollend könnte man so einen Satz als elterliche Sorge abtun. Ein Clinch, den schon der alte Sokrates trotzig beschrieb: »Die Jugend von heute liebt den Luxus, hat schlechte Manieren und verachtet die Autorität. Sie widersprechen ihren Eltern, legen die Beine übereinander und tyrannisieren ihre Lehrer.«

Doch aus der unerfüllten Erwartungshaltung von Laras Vater spricht nichts weiter als das Stereotyp von der heutigen Jugend, der verklärende Blick auf die eigene und vor allem die Angst vor dem eigenen Abstieg. »Kind, du sollst es einmal besser haben als wir!« Das ist nicht nur eine bodenlose Frechheit, sondern blinder Verrat. Die Sorge ums Kind dient – oft auch unbewusst – vor allem der

Sorge um den Fortbestand der Gesellschaft, wie die Alten sie doch schon so lange kennen, die Solidargemeinschaft, also schlussendlich um den Erhalt des eigenen Lebensstandards: »*Deine* Rente ist sicher, Papa!«

> »*Wenn du ohne Flügel geboren wurdest,*
> *tu nichts, was sie vom Wachsen abhält.*«
> Coco Chanel

Lara flog kurze Zeit nach unserem ersten Treffen mit einem deutschen Traditionsunternehmen in die britische Hauptstadt. Mit Papas Bonusmeilen, die er im Laufe seiner Dienstjahre zuhauf angesammelt hat, war der gehobene Standard tatsächlich günstiger als jede Billig-Airline. Zumal Lara mit ihrem halben Hausstand reiste und jedes Übergepäck den vermeintlichen Billigflug doch noch zu einer Luxusangelegenheit hätte werden lassen.

Während Lara sich auf ihrem gepolsterten Fensterplatz in der Economy Class einrichtete, begrüßte Judith die letzten drängelnden Passagiere mit einem Lächeln und einem Bonbon an der Bordtür. Ihr gepflegt geschminktes Gesicht, ihre Uniform, ihr korrekt geknotetes Halstuch, die kleine Haube auf dem Kopf – Judith war im Dienst und repräsentierte »ihr Unternehmen« gemäß Vorschrift: die deutsche Fluglinie Nummer eins.

Judith strahlte eine Feuerladung an Pflichtbewusstsein und Haltung aus, damit niemand, auch nicht Lara, einen Zweifel daran haben konnte, dass Judiths Job nicht einer von den guten sei. Gut bezahlt, gute Kollegen, gute Arbeitszeiten, gute Sicherheiten, gute Perspektiven. Doch Judiths Disziplin war nur Stolz. Nicht gegenüber ihrem Arbeitgeber, sondern gegenüber sich selbst. Denn ihr Job, die Bezahlung, die Kollegen, die Arbeitszeiten sind Heiratsschwindler. Sie täuschen einem die große Liebe vor, und sobald man ihrem Bann verfallen ist und den Trauschein unterschrieben hat, lassen sie einen wieder fallen. Alles verdunkelt sich in Schmerz und Enttäuschung. Sicherheit und Perspektive gibt es in solchen Verbindungen nie. Unternehmen, die einem jene Treue vorgaukeln, spielen mit der Sehnsucht nach Zugehörigkeit.

Wir nennen es Leiharbeit.

Judith ist eigentlich gelernte Erzieherin und Heilerziehungspflegerin. Zehn Jahre hat sie mit körperlich und geistig behinderten Menschen gearbeitet. Sie hat einen Job gemacht, der stets Bewunderung und Anerkennung in ihrem Umfeld auslöste. »Das könnte ich nie!«, hörte sie oft. Ihre Verträge waren immer unbefristet gewesen, und trotzdem hatte sie alle zwei Jahre den Job gewechselt. Denn was sollte ihr die Sicherheit eines Arbeitsplatzes auf Lebenszeit bedeuten, wenn diese ohnehin nur symbolisch gemeint war? Die Bezahlung war durchweg desaströs gewesen und hatte rein gar nichts absichern können. Wenn Judith sich also eine neue Stelle gesucht hatte, hatte ihr das ein bisschen Entscheidungsmacht zurückgegeben. Beim Jobwechsel hatten sie also rein ideelle oder pragmatische Motive geleitet: das soziale Konzept eines Trägers, jüngere Kollegen mit modernerer Ausbildung oder ein kürzerer Arbeitsweg. Denn bessere Bezahlung hatte ihr kein Arbeitgeber in Aussicht gestellt.

Weil der eine Job sie zwar alle Kraft und Nerven gekostet, aber nicht zum Leben gereicht hatte, arbeitete Judith noch drei Abende pro Woche als Kellnerin und zwei Vormittage (wenn sie Spätdienst hatte) als freiberufliche Betreuerin für einen geistig behinderten Jungen, um dessen Eltern zu entlasten. Für 70 Stunden Arbeit pro Woche, wenn es gut lief und sie nicht krank wurde, waren rund 1500 Euro brutto am Ende des Monats rausgesprungen. Davon hatte sie 300 Euro für die Freiberufler-Steuer, für Rente oder ein wenig Urlaub zurückzulegen versucht. Was eher selten klappte. Als ihr Vermieter mitbekam, dass Berlin-Kreuzberg nun endgültig hip war und die Miete um knackige 200 Euro erhöhte, legte sie endgültig jedes Sparvorhaben ad acta.

Draußen neben dem Aschenbecher hatte sie sich zwischen jedem hastigen Zug das Gezeter ihrer Kollegen anhören müssen. »Wie soll man von so einem Hungerlohn denn leben?« – »Was die Kloppis hier aufgefahren bekommen, würde ich mir auch gerne mal leisten können« – »Und habt ihr gesehen, dass ST (internes Geheimwort für Sklaventreiber, also den Chef) ein neues Auto hat?«

Judith hatte irgendwann nicht mehr gewusst, wem und was mehr ihre Verachtung galt: den in ihrem Hass vollkommen schiefgewickelten Kollegen oder ihrer schlechten Bezahlung. Als ihre Abscheu langsam begann, sich gegen sie selbst zu richten, schrillten die Alarmglocken: »Rette sich, wer kann!« Judith war gerannt. Sie kündigte ihren Job, und ihre Berufung gleich mit. Ihre Liebe war verbraucht. Von ihrer Hingabe für die pflegebedürftigen Menschen, die sie zehn Jahre lang bei der Stange gehalten hatte, war nur noch Bitterkeit geblieben. Zu viele zerknitterte alte Gesichter hatte sie in ihrem Berufsleben schon gesehen, deren Hüllen immer mehr verkümmerten, Herz und Verstand machten die Biege. Die vielen langsam sterbenden Alten sollten ihr eine Warnung sein.

Höchste Zeit also für einen Schnitt in der Lebensplanung. Judith war 29 und hatte den Notausgang einer Boeing 747 als Einstieg in ein neues Leben gewählt: »Ich werde Stewardess!«

Auch wenn Eltern, Freunde und Jobberater die Stirn gerunzelt hatten, Judith war wild entschlossen gewesen. Sie hatte da diese im besten Sinne wunderbar naive Vorstellung von einem Job gehabt, der sie mit allem Schwung in ein neues Leben katapultieren sollte. Sie war den Flur in ihrer Wohnung auf- und abstolziert, hatte ihr künstlichstes Lächeln aufgesetzt und mit größter Lust an der Übertreibung damenhafte Service-Gesten gemimt, die an Pan-Am-Werbespots der 50er-Jahre erinnerten. Ihre Albernheit war ansteckend gewesen, und doch hatte ihre Freude am Spiel nicht klarer machen können, dass sie es ernst meinte.

Kurz zuvor hatte sie sich daher per Online-Formular bei der größten und ältesten deutschen Fluggesellschaft beworben. Sie hatte das volle Programm gewollt und dort einsteigen, wo alles noch wie in den guten alten Zeiten zu sein schien.

Drei Wochen nachdem sie ihre Bewerbung abgeschickt hatte, war die E-Mail gekommen. »Wir bedanken uns für Ihre Bewerbung ... bla ... Sie passen hervorragend in unser Profil ... blub ... Wir würden uns glücklich schätzen, Sie für unser Team zu gewinnen ... bzzz ... Wir möchten Sie gerne an unseren Personalpartner ›Aerodynamics‹ verweisen und freuen uns, Sie bald an Bord begrüßen zu dürfen.«

Das Wort »Aerodynamics« hatte als einziges blau und unterstrichen in dem Text geleuchtet, der ihr Rätsel aufgegeben hatte – ein Link. Judith hatte geklickt, und es hatte sich eine Internetseite aufgetan. »Ah, ja, hier bin ich richtig«, hatte sie mit aufgerissenen Augen gemurmelt. »Starten Sie mit uns in Ihre Zukunft! AERODYNAMICS«.

Eine Weile hatte Judith auf der Seite rumgeklickt und versucht zu verstehen, was sie jetzt machen sollte. Erst nach zwei Zigaretten war sie langsam wie eine Feder wieder in Richtung Boden – Tatsachen – Realität geglitten. Denn beim Googeln hatte sie das Wort gefunden, das in keiner einzigen Zeile auf der Homepage erwähnt worden war: Leiharbeit. Die Feder hatte sich in einen Stein verwandelt und war mit voller Wucht auf der Rollbahn aufgeschlagen.

»Mach schon, Schlampe, arbeite!«
Britney Spears, Weihnachten 2013

Das 1972 in Kraft getretene Arbeitnehmerüberlassungsgesetz soll eine Dreiecksbeziehung im Arbeitsmarkt regeln: Ein Mensch ist nicht bei einem Unternehmen angestellt, sondern bei einer Firma, die diesen Menschen und seine Arbeit an Unternehmen verleiht. Weil das ganze Modell ursprünglich für saison- und nachfragebedingte Produktionsspitzen oder für Urlaubs- und Krankheitsvertretungen bei den Betrieben (Entleihern) gedacht war, wurde die Überlassungsdauer der Menschen (Leiharbeiter) auf drei Monate beschränkt. Damit sollte verhindert werden, dass Unternehmen sich dauerhaft bei den Verleihern bedienten, um so langfristig ihre Stammbelegschaft durch Leiharbeiter zu ersetzen. Ein nobles Ansinnen, diese Begrenzung. Jedem Anfang wohnt ein Zauber inne.

1985 wurde die »Leihfrist« auf sechs Monate verlängert, 1994 auf neun Monate, 1997 auf zwölf Monate, 2002 auf 24 Monate, ein Jahr später wurde schließlich jegliche Befristung aus dem Gesetz gestrichen.

2003 war auch das Jahr, in dem im Zuge der Hartz-Reformen alle Agenturen für Arbeit sogenannte Personalserviceagenturen einrichteten. Der Staat will damit von höchstoffizieller Stelle und mit dem perfiden Titel »Gesetz für moderne Dienstleistungen am Arbeitsmarkt« das Leiharbeitsprinzip befeuern. Dutzende Zeitarbeitsfirmen nutzen die Gunst der Stunde und ziehen in zugigen Gassen ihr Firmenschild an leer stehenden Ladengeschäften hoch. Der Standort wird vor allem von der Arbeitslosenquote in der Nachbarschaft bestimmt. Das Geschäft mit der Armut boomt. Anstatt den armen Arbeitslosen dazu zu verhelfen, mittels der heiligen Arbeit wieder »ein vollwertiges Mitglied dieser Gesellschaft« zu werden, lässt man sie nun zwar Vollzeit arbeiten; arm bleiben sie aber trotzdem. Dazu bekommen sie noch das Stigma »Arbeiter zweiter Klasse« verpasst. Vor allem von ihrer Zeitarbeitsfirma, die ihnen selbstverständlich nicht den gleichen Lohn zahlt, als wären sie direkt und fest bei der Firma angestellt, an die sie verliehen werden.

Vor einigen Jahren nahm sich der Deutsche Gewerkschaftsbund dieser Entwicklung an und verkündete schockiert, dass Leiharbeiter knapp ein Drittel weniger als ihre fest angestellten Kollegen verdienen. Von denen werden sie trotzdem verachtet: aus Angst, sie könnten sie eines Tages ganz ersetzen.

2008 gab es rund 25 000 Zeitarbeitsfirmen, die in Spitzenzeiten knapp 800 000 Menschen beschäftigten. Seit dem Inkrafttreten des

Arbeitnehmerüberlassungsgesetzes im Jahre 1972 ist das eine Verzwanzigfachung von Leiharbeitsverhältnissen.
»Leiharbeit ist die Sklavenarbeit des 21. Jahrhunderts.« Bäm, genau! Die IG Metall gab 2012 ein »Schwarzbuch Leiharbeit« heraus, in dem die Arbeiter ihre Welt schonungslos an den Pranger stellten. Sie sehen sich als »moderne Arbeitssklaven«, bezeichnen sich als »Leihgurken« und fühlen sich von den Unternehmen nur noch als »Stück Fleisch« behandelt. Ein Schlag in den fettleibigen Wohlstandsbauch der deutschen Vorzeige-Unternehmen wie VW, Daimler oder BMW. 6,5 Prozent aller Beschäftigten in der Metallbranche waren um den Erscheinungstermin dieses Buches Zeitarbeiter. Das sind dreimal mehr Leiharbeiter als im branchenübergreifenden deutschen Durchschnitt. Da wird man ja schon mal ein bisschen genauer hinsehen dürfen.

»Zeitarbeit wird nicht zum Abpuffern von Produktionsspitzen genutzt, die Unternehmen planen mit Billigarbeitern, um den Gewinn zu maximieren.« Ein Anonymus aus dem Schwarzbuch trifft den Nagel auf den Kopf. Leiharbeit dient als »externes Flexibilisierungsinstrument« – das räumen sogar die Arbeitgeber ein. Im Klartext – also ohne die unsäglichen Schlinger-Formulierungen jener Manager – geht es natürlich um Lohndumping. Auf lange Sicht sollen einfach alle weniger verdienen. Fürs Protokoll: Ein Prozent von einer Milliarde Euro sind zehn Millionen Euro. Und in diesen Größenordnungen bewegen wir uns, wenn wir die gesamten Lohneinsparungen eines Großkonzerns durch die Leiharbeit aufaddieren.

Anders formuliert: Das Geld, das die Leiharbeiter weniger verdienen, wird nach oben umverteilt. Es landet dann auf den Konten der Manager und Aktionäre. Supi Ergebnis, supi Boni, das hat man sich verdient. Und für die Konten einer regierenden Partei muss natürlich auch etwas übrig bleiben; sie sorgt schließlich dafür, dass auf die Manager-Boni keine höheren Steuern erhoben werden.

Viele Leiharbeiter dagegen zählen zu den sogenannten »working poor« – denen, die arbeiten und trotzdem arm sind. Im Juni 2012 musste etwa jeder zehnte Leiharbeiter sein Gehalt mit Hartz IV aufstocken. Als wäre diese Scheiß-Arbeit mit ihren Scheiß-Kollegen unter dem Scheiß-Chef nicht schon elend genug, muss man sich dann in die Schlange beim Jobcenter einreihen und Freizeit und Freude neben einer 40-Stunden-Arbeitswoche opfern, um einem müden Jobcenter-Mitarbeiter seine Vermögensverhältnisse und sexuellen Vorlieben zu offenbaren, damit der einem Monat für Monat das Vollzeit-Gehalt auf das gesetzliche Existenzminimum aufstockt. Würde, Stolz und Frohsinn liegen endgültig im Rinnstein.

Manch einer fragt sich, ob er sich nicht gleich dazulegen sollte.

Diese Leiharbeiter sind wirklich arme Hunde, können Sie jetzt denken. Sollten Sie. Denn auch wenn gerade einmal drei Prozent aller sozialversicherungspflichtig Beschäftigten zu der Gruppe armer Hunde zählen, ist die »Erfolgsgeschichte« dieses Arbeitsmodells doch ein klares Anzeichen dafür, wo es hingeht: Abwärts! Und die Leiharbeit ist nur eines von vielen Symptomen des prekären Beschäftigungstrends.

»Immer weniger Menschen gelingt der Aufstieg aus den unteren Einkommen in die Mittelschicht«, so die Ausbeute einer Studie der Bertelsmann-Stiftung mit dem Deutschen Institut für Wirtschaftsforschung. Außerdem ist es ein Mythos, dass vor allem Ungelernte und Abgehängte für Billiglöhne arbeiten gehen. Im Gegenteil: Vier von fünf Geringverdienern haben eine abgeschlossene Berufsausbildung. »Selbst eine gute Ausbildung ist heute kein Garant mehr für ein Leben in gesichertem Wohlstand.«

Die dicke Mitte Deutschlands, die Ludwig Erhard Ende der 50er-Jahre mit dem Satz »Wohlstand für alle« in seinen Speckmantel wickelte, schrumpft. Menschen, die über 70 bis 150 Prozent des Durchschnittseinkommens verfügen, gehören zur viel beschworenen Mittelschicht, um die noch heute alle Wahlpropaganda der

Volksparteien kreist. Und die wird laut besagter Studie in den letzten Jahren immer kleiner. Während 1997 noch 65 Prozent der Bevölkerung zur Mittelschicht gehörten, waren es 2010 nur noch 58 Prozent. Die wenigsten der verloren gegangenen sieben Prozent sind aufgestiegen, die Allermeisten abgestiegen. Zwar wurde immer mal wieder von Lohnsteigerungen berichtet, doch die wurden von der Inflation gefressen, sodass die Reallöhne faktisch sanken.

Wohin treibt einen die Angst vor dem Abstieg? Aus der Übermacht erwächst Ohnmacht, die man am schnellsten verdrängt, indem man sich ein Mittelschichtleben auf Pump finanziert. Zur Finanzkrise lockte Media Markt erstmals mit einer Null-Prozent-Ratenkauf-Aktion – angeblich einmalig zu Weihnachten. Unter dem Slogan »Das kann sich jeder leisten« gehört das Angebot mittlerweile zum Standardprogramm in der Adventszeit. Wer die 2000 Euro für die Flachbildglotze nicht hat, tut eben einfach so und lässt für die Illusion im Wohnzimmer bei der Selbstauskunft ein bisschen Würde an der Kasse.

Laut dem Schulden-Atlas 2013 der Wirtschaftsauskunftei Creditreform sind 6,58 Millionen Menschen in Deutschland überschuldet. 33 000 Euro Schulden hat eine Privatperson durchschnittlich. Das ergibt einen Schuldenberg von knapp 221 Milliarden Euro. Überzogener Konsum ist auf der Liste der Ursachen für private Verschuldung auf dem Vormarsch. Immer mehr Leute finanzieren Urlaub, Handy oder Computer auf Pump. Dabei können vor allem Menschen der unteren und mittleren sozialen Schichten ihre Schuldenlast langfristig nicht mehr stemmen.

Es ist also ein perfider Kreislauf, in dem es allzu vielen Leuten schwindelig wird. Arbeit verspricht, dass man mitmachen darf beim Konsum. Doch wenn Arbeit zu wenig abwirft, um mitzumachen, halst man sich Schulden auf. Denn nur wer konsumiert, äh, arbeitet, zählt als vollwertiges Mitglied der Gesellschaft.

»Geld allein macht nicht glücklich, aber es ist besser,
in einem Taxi zu weinen als in der Straßenbahn.«
Marcel Reich-Ranicki

Judith lag mit offenen Augen im Bett. Es war 3:30 Uhr. In einer halben Stunde würde ihr Wecker klingeln. Drei Wecker, um genau zu sein. Einer direkt neben ihrem Kopf, einer am Fußende und einer auf dem Schreibtisch außer Reichweite. Jeder Alarm klingelte mit fünf Minuten Zeitversatz. Wenn Judith auch nur einmal verschlief, würde sie fliegen. Beziehungsweise dann eben nicht mehr, sondern ihren Job verlieren.

An diesem Tag ging ihr letzter Flug für die deutsche Fluglinie Nummer eins. London und zurück. Aerodynamics hatte sie und 30 andere Kollegen für den Sommerflugplan an die Konkurrenz verliehen. Wer nicht wollte, konnte gehen, brauchte dann aber auch nicht wiederkommen. Die Aussicht auf eine Festanstellung war, seitdem Judith den Vertrag unterzeichnet hatte, nahezu monatlich in einer überaus freundlichen E-Mail des zuständigen Airline-Mitarbeiters verkündet worden. Ein ebenso netter Sachbearbeiter der Leiharbeitsfirma hatte das regelmäßig mit Eifer bestätigt. Derweil machten Judith und ihre Kollegen ihre Arbeit mustergültig, verinnerlichten die »Procedures« (also die Arbeitsabläufe im Flug) in Perfektion, ordneten sich den Vorgaben und Hierarchien vorschriftsmäßig unter, wurden nicht krank und repräsentierten das Unternehmen aufs Loyalste. Wenn auch leihweise, lebte Judith ein Stück weit die Sehnsucht nach jenem Leben aus, das sie einst fidel in ihrem Flur geprobt hatte. »Das war doch alles eine große Verarsche«, rief Judith in den dunklen leeren Raum.

Als Judith wenig später in ihrem klapprigen Ford Fiesta saß, den sie sich extra für diesen Job mit seinen nahverkehrsfeindlichen Arbeitszeiten gekauft hatte und für den sie sich die 500 Euro von ihrer Mutter hatte leihen müssen, zogen Gedanken in Formel-1-Geschwindigkeit an ihr vorbei: Sie würde jetzt erst einmal an die

Konkurrenz verliehen werden, weil dort der Bedarf war. Danach gab es Chancen auf eine Festanstellung bei der deutschen Fluggesellschaft Nummer eins – allerdings auch nur bei ihrer Billig-Tochter. So weit, so na ja. Ob sie dann auch in Berlin würde bleiben können, entscheidet das »Senioritäts-Prinzip«: Die älteren Flugbegleiterinnen dürfen zuerst wählen, wo sie arbeiten möchten.

Immer wieder flatterte dieser Begriff gegen die Schädeldecke wie ein Spatz gegen die Fensterscheibe, der sein Spiegelbild als einen Feind attackiert. Die ältere Generation ist für die Jüngeren Feind- und Spiegelbild zugleich. Im Kontext Arbeit geht es dabei immer auch um das damit einhergehende Versprechen auf Wohlstand und Sicherheiten. Die Fragen, die die Jüngeren sich stellen, sind Fragen nach Gerechtigkeit: Wie hat es die ältere Generation geschafft, ihren Wohlstand zu erreichen und zu sichern? Sie haben sich lebenslang anstellen lassen, verrichteten mindestens pflichtbewusst ihren Dienst. Das Gehalt wurde mit dem Alter immer mehr und die Jahrzehnte an Dienstjahren versprachen im *worst case* eine fette Abfindung, doch im Ideal- und Regelfall eine üppige Rente.

Dass es so nicht mehr läuft, dass die Arbeitswelt sich radikal gewandelt hat und die alten Versprechen in ihrer Auflösung begriffen sind, wissen die Jüngeren aus schmerzlicher Erfahrung. Doch die Alten sind immer noch da. Bei Judith und ihren Kollegen laufen diese Stewardessen unter dem Namen »Jurassic Parks«. Der Spitzname ist weniger auf eine – wenn auch ebenso treffende – Analogie zurückzuführen, die wie in Spielbergs Abenteuerfilm eine alte vergessene Insel beschreibt, auf der Reptilien aus der Steinzeit immer noch ihr Unwesen treiben. Der Titel beschreibt eher das Gehabe der alten Damen, die aus Fressneid und Gier ganz und gar angsteinflößende Geschöpfe geworden sind. Übrigens nicht nur gegenüber den jüngeren Kollegen, sondern ebenso im Umgang mit den Passagieren. Und sie kommen damit durch. Erstaunlich in einer Branche, in der es doch vor allem um den »Service am Kunden«

geht, also dem Bedienen von Passagieren. Das wurde Judith jedenfalls in zahllosen Lehrgängen beigebracht.

Wenn man also heute als junger Mensch in den Spiegel und dann in diese alten, satten, müden Gesichter guckt, kann das daraus resultierende Fürchten einen eigentlich nur zur Flucht auffordern. Doch wohin? Endlich frei sein von der Lohnsklaverei? Die Freiheit wird zunehmend durch immer mehr Freischaffende abgeschafft, weil sie der Industrie ein neues Modell billiger Arbeitskräfte geliefert haben.

Arbeit macht arm. Ja. Besonders im weltweit geachteten Fortschrittsland Deutschland. Denn hier ist der Niedriglohnsektor in den letzten zehn Jahren so rapide gewachsen wie in keinem anderen Land Europas. Fast jeder vierte Arbeiter gehört zur Schicht der Niedriglöhner. Nur in Litauen ist die Lage laut einer Studie noch mieser.

Mit der häufig zitierten Null-Bock-Mentalität und einer daraus resultierenden mangelnden Qualifikation der Betreffenden hat das herzlich wenig zu tun. »Strengen Sie sich an! Machen Sie was aus ihrem Leben!« Diesem Mantra nicht gefolgt zu sein, könnte man allenfalls einer Minderheit in den mies bezahlten Jobs vorwerfen. Mehr als vier von fünf Geringverdienern in Deutschland haben eine abgeschlossene Ausbildung – mehr als in jedem der anderen in der Studie aufgeführten Länder.

Dass sich die Politik schwer damit tut, den zehn Prozent Superreichen im Land ans Vermögen zu wollen, die zwei Drittel des deutschen Gesamtvermögens horten, ist das eine. Die Lobby ist nun mal groß. Ein Prozent Erhöhung des Spitzensteuersatzes? Das können wir nicht machen, die rennen uns hier die Bude ein oder hauen ab nach Russland, wie Gérard Depardieu … Dass der Staat allerdings zulässt, dass Unternehmen die alte Arbeitswelt abschaffen, indem sie diese gegen eine neue aufhetzen, das ist das andere. Mit Verlaub: An Unfähigkeit kaum zu überbieten. Was ich damit meine?

Die alten Angestellten haben Angst um ihre Privilegien, weil sie mitkriegen, dass ihre neu eingestellten, meist jüngeren Kollegen zu viel schlechteren Konditionen arbeiten. Die Neuen finden das natürlich ungerecht. So sind zwei Lager entstanden, die keinerlei Interesse daran haben, zusammen für bessere Arbeitsbedingungen zu kämpfen. Und die Politik? Die beschäftigt sich mit Kosmetik. Ihre Forderung eines gesetzlichen Mindestlohns von 8,50 Euro brutto die Stunde offenbart nur ihre Ohnmacht gegenüber der freien Wirtschaft. 8,50 Euro bei einer 40-Stunden-Woche bringen dem Single rund 1000 Euro netto im Monat. Die Diskussion der Politiker, ob nun alle, also flächendeckend, mindestens existieren dürfen, wenn sie schon arbeiten gehen (denn mehr ist mit diesem Gehalt nicht drin), oder doch nur manche, könnte würdeloser nicht sein.

Es sind einzig und allein Interessen, die unsere Arbeitswelt leiten und zu dem ungerechten Gefüge machen, was es derzeit ist. Denn das Interesse der Unternehmen, die Gewinnoptimierung, setzt sich in diesem Ränkespiel am Ende immer durch. So wie die Drohung immer mitschwingt, dass sonst ein Arbeitsplatz in Gefahr sei. Und jeder Arbeitsplatz, sei er noch so schlecht bezahlt, ist schließlich eine Wohltat in diesen Krisenzeiten. So die perfide Rhetorik der Wirtschaft, die die Politik dankbar für Volk und Arbeitslosenstatistik übernommen hat.

Was kann man dagegensetzen? Es geht darum, das Mantra »Wohlstand durch Arbeit« zu durchbrechen. Es geht um die Interessen der Arbeitenden, die keine Rolle mehr spielen. Es geht darum, in jeder Hinsicht als Agent seiner selbst diese Interessen zu vertreten und durchzusetzen. Es gab Zeiten, da haben das die Gewerkschaften mehr oder minder erfolgreich für die Arbeitenden übernommen. Leider ist der einst angriffslustige Rottweiler zu einem Chihuahua mit kupiertem Schwänzchen zurechtgestutzt worden, der nur mehr aus Geltungsdrang kläfft. Wirft Herrchen ein Leckerli in seine Richtung, ist auch schon wieder Ruhe.

Egal, wie unterbezahlt, unbefriedigend und ätzend ein Job sein mag: Immer noch schwingt das Versprechen von Wohlstand, Unabhängigkeit und Sicherheit mit, das längst nichts mehr gilt, sobald die Gewinnmaximierung eingaloppiert. Wer arbeitet und sich ehrlich anstrengt, verdient nicht automatisch genug, um davon gut leben zu können. Im Gegenteil: Aus Angst vor dem Abstieg oder aus Hoffnung für den Aufstieg können Unternehmen ihre Schäfchen an den Ohren packen (Schäfchen haben keine Hörner) und sie dahin treiben, wo sie sie haben wollen: Klappe halten und arbeiten – sonst bist du raus!

Vor der Welt »da draußen«, außerhalb der gewohnten Qualzone, fürchten sich viele so sehr, dass ein Widerwort nicht infrage kommt. Stattdessen wird der Feierabend damit verplempert, sich zu beschweren, für Konsum zu verschulden und immer trauriger zu werden. Und warum? Weil man weiß, dass man sich unter Wert verkauft. Also klagt man darüber, kauft sich Dinge, die man sich eigentlich leisten können sollte, um eine Weile nicht mehr so traurig zu sein. Eine Rotation, die auf Dauer unerträglich sein kann. Der erste Schritt kann also nur sein, den eigenen Wert nicht nur zu erkennen, sondern auch dafür einzustehen. Und wenn es nicht gleich der totale radikale Ausstieg sein soll, muss man sich dennoch den Szenarien stellen, die eine umfassende Veränderung mit sich bringt. Das Verharren in Frust, Beschwerde und Leid bringt nichts. Wirklich nichts.

Eigentlich müsste der Grad von Selbstermächtigung noch viel weiter gehen, wenn es Ihnen um eine Wende geht. Denn was könnte rechtfertigen, dass man *zu viel* für *zu wenig* arbeitet? Nichts. Als Angestellter in Vollzeit schon gar nicht. Im Gegensatz zum Selbstständigen ernten Angestellte die Früchte ihres Einsatzes noch nicht einmal selbst – die pflückt das Unternehmen. Wer zu viel für zu wenig arbeitet, macht Verlust auf der ganzen Linie – auf dem Giro- und dem Lebenszeitkonto.

Sie müssen also das eine oder das andere Konto ausgleichen, um wieder in ein lebenswertes Gleichgewicht zu kommen. Zunächst kommt es auf jeden Fall auf einen ernsthaften Versuch an, mehr Geld für Ihre Arbeit zu fordern. Verbünden Sie sich mit Kollegen, denen es ebenso ergeht, und tragen Sie sachlich und entschlossen der Geschäftsführung Ihre Argumente vor. Heißt: Sie arbeiten Vollzeit Ihres Lebens für dieses Unternehmen und wollen in Ihrer »freien Teilzeit« gut davon leben können. Das muss der Deal sein! Wenn man sich darauf seitens der Geschäftsführung nicht einlassen will, wiederholen Sie das Argument mit der umgekehrten Logik: Wenn ich mit einer Vollzeit-Arbeit nicht genügend Geld verdiene, um in meiner freien Teilzeit gut davon leben zu können, will ich für das Geld, das Sie mir heute zahlen, Teilzeit arbeiten und Vollzeit gut leben. Alles andere ist Ausbeutung!

Die gewonnene freie Zeit ist unbezahlbar. Pflegen Sie Freundschaften, werden Sie erfinderisch und machen Sie jeglichen Unsinn, der Ihnen gefällt. Und streichen Sie jeden von Ihrer Kontaktliste, der Ihnen erzählt, dass Sie das nicht dürfen, weil »man das nicht macht«.

> »*Champagner für meine echten Freunde*
> *und echte Schmerzen für meine falschen Freunde.*«
> *Tom Waits*

Judith stand aufrecht vor ihrem Raumschiff. Science-Fiction war schon immer das Genre für Utopien. Judith wollte mit ihrem letzten Flug an diesem Tag beginnen, ihren eigenen Film zu fahren. Wenn sie diese Boing 747 heute betrat, würde es ihr Sternenschiff sein, und nicht mehr Spielbergs Echsen-Transporter.

Als Judith die letzten Fluggäste begrüßte, bemerkte sie, wie eine junge Frau sie aufmerksam von ihrem Fensterplatz aus beobachtete. Judith erkannte Fragen in ihrem Blick, die nicht auf ihre Service-Antenne gerichtet waren. Als alle saßen und die Kollegin die Flugzeugtür schloss, griff sich Judith die Passagierliste. Reihe F,

Platz A: Lara. Judith kannte keine Lara und fragte sich, ob sie jetzt schon paranoid wurde. Der Film hatte doch gerade erst begonnen. Sie blickte hastig in Richtung Reihe F, Platz A. Lara lächelte sie direkt an. Das Raumschiff hob ab, und als es ruhig über den Wolken lag und Judith ihren Konsum-Wagen auf Rollen zurechtzurrte, sah man ihrem Lächeln einen Plan an. Keiner sah das.

Außer Lara. Die hatte keinen siebten Sinn, aber eine Sinnkrise. Sie saß in einem Flieger, einer Maschine, die sie für ein Jahr in ein Leben verfrachtete, dass ihr erst einmal 10 000 Euro Schulden ans Bein kettete. Denn ob sie trotz einem dritten Universitätsabschluss in der Kreativwirtschaft jemals ein gutes Leben führen, geschweige denn ihre Schulden würde bezahlen können wird, war ungewiss. Also fragte sie sich, ob sie nicht besser gleich umsatteln und sich einen ehrlichen Job suchen sollte – in einem soliden Traditionsunternehmen, wo die Welt noch in Ordnung ist. So wie diese nette junge Stewardess da. Das war ja sogar noch aufregend. Scheiß auf die kreative Selbstverwirklichung. Arbeit macht arm.

Ein Mann um die 60 in Reihe B fragte Judith, ob er nun seinen Gurt öffnen dürfe. Das Ding würde ihn so am Bauch drücken. Hinter ihm am Fenster tönte ein extralauter Lacher. Der Mann guckte wie ein Bernhardiner, konnte seinen unförmigen Körper allerdings nicht so recht wenden und machte schließlich auch noch Geräusche wie ein Bernhardiner. Judith ortete den Schall des Gelächters und sah Lara, wie sie ihre Hand auf den Mund drückte. Der dicke Alte bestellte drei Packungen Erdnüsse und eine Erdbeermilch. Seine Frau drei Reihen weiter hinten würde das dann mit der Kreditkarte bezahlen, sagte er. Judith juckelte eine Reihe weiter, und ihr künstliches Kunden-Lächeln verwandelt sich in ein echtes Strahlen in Laras Richtung.

»Kaffee oder Champagner?«

»Champagner, bitte!«

»Sehr gerne!«

Judith reichte Lara ein Glas und eine Flasche im Kühler. Die 60 Euro dafür kassierte sie zwei Reihen weiter hinten.

Damals, als ich Lara und Judith begegnete, war ich nicht arm – und doch wollte ich immer öfter lieber frei sein als »nicht arm«. Die Freiheit, von der diese beiden mir berichteten, schien mir jedoch alles andere als erstrebenswert. Tagsüber, während ich in der Zentrale der Anderen Volkspartei saß, fragte ich mich immer öfter, wie eine andere Freiheit wohl aussehen könnte. Über den Wolken und innerhalb eines Freiberufler-Kollektivs würde ich augenscheinlich nicht fündig werden. Wo dann? Was musste ich tun, um mich frei zu fühlen – Vollzeit?

AUFGABE

Rechnen Sie!

Bei 8,50 Mindestlohn ergibt sich folgende Rechnung für einen Single (Steuerklasse 1) ohne Kinder in Berlin, der es »aus zeitlichen Gründen« immer noch vor sich herschiebt, aus der Kirche auszutreten. Er oder sie arbeitet 40 Stunden pro Woche und ist gesetzlich krankenversichert. Ein Monat hat im Durchschnitt 20 Arbeitstage.

Bruttolohn am Tag:	68 Euro
Bruttolohn in der Woche:	340 Euro
Bruttolohn im Monat:	1360 Euro
Sozialabgaben	
– Rentenversicherung (18,9 %)	128,52 €
– Arbeitslosenversicherung (3 %)	20,40 €
– Pflegeversicherung (2,3 %)	17,34 €
– Krankenversicherung (15,5 %)	111,52 €
Summe Sozialabgaben:	277,78 €
Steuern	
– Lohnsteuer	67,33 €
– Soli-Zuschlag	0,00 €
– Kirchensteuer	6,06 €
Summe Steuern	73,39 €
Nettolohn im Monat:	1008,83 €

Und nun tragen Sie die derzeitigen monatlichen Fixkosten für alles ein, was Sie persönlich zum Leben brauchen!

Miete für Ihre Wohnung
inkl. Nebenkosten: _____
Monatlicher Abschlag für Strom: _____
Monatlicher Abschlag für Gas: _____
Durchschnittliche Telefonrechnung
(Festnetz und Internet): _____
Durchschnittliche Mobiltelefonrechnung: _____
Ausgaben für Lebensmittel: _____
Ausgaben für Mobilität
(z. B. ÖPNV-Monatskarte oder
Einzeltickets, Fahrrad etc.): _____

Aus diesen Angaben ergibt sich das Minimum an Ausgaben, die Sie im Monat mit einem Mindestlohneinkommen bewältigen müssen. Kopfrechnen oder Taschenrechner, wie auch immer: Tragen Sie hier nun eine ZWISCHENSUMME Ihrer monatlichen Fixkosten ein: _____

Sollte die Zwischensumme Ihrer Ausgaben Ihr monatliches Mindestlohneinkommen nicht übersteigen, darf ich Ihnen herzlich gratulieren: Sie dürfen existieren!

Die Freude am Leben sei Ihnen jedoch leider nur für einen Moment gegönnt. Zwar liegt das gute Leben gewiss nicht im geistlosen Konsum, doch ein gewisser Ver- und Gebrauch von »Dingen« zählt – bei aller Bescheidenheit – zur »gesellschaftlichen Teilhabe«, nicht wahr? Also sind wir mit unserer Rechnung noch nicht wirklich am Ende.
Sind Sie Autofahrer? Monatliche Ausgaben
für KFZ-Steuer und Versicherung, Benzin
oder Car-Sharing-Gebühren: _____

An-die-Rente-Denker? Monatlicher Beitrag
zur privaten Rentenvorsorge
(Riester und Co.): _____

Und jetzt noch einmal: Kopfrechnen oder Taschenrechner. Tragen
Sie hier nun die tatsächliche SUMME Ihrer monatlichen Fixkosten
ein: _____

Zur Erinnerung: Der monatliche Nettolohn, basierend auf dem pro-
pagierten gesetzlichen Mindestlohn von 8,50 Euro pro Stunde,
beträgt 1008,83 €.

Nur der Vollständigkeit halber: Sie waren noch nicht im Urlaub, den
Sie wirklich, wirklich brauchen. Sie haben kein kaputtes Auto reparieren lassen, damit Sie überhaupt zur Arbeit kommen. Und dieses
Buch hier, oder irgendeinen anderen Quell der Freude, haben Sie
auch noch nicht bezahlt. Wir wollen ja nicht prassen.

III.

Ehrgeiz macht krank

»Some will win, some will loose!«
Journey im Song Don't stop believing

»Gewinne, Gewinne, Gewinne, hier super spannend, Leute Leute Leute! Ein enges Rennen, die Nummer 5 liegt hauchdünn vorn, dicht gefolgt von der 8 und der 2! Das Rennen ist vollkommen offen, die 4 liegt abgeschlagen zurück, das wird wohl nichts mehr. Bewegung im Mittelfeld, die 1, die 3, die 7 machen sich noch Hoffnungen! Kann noch einer aufschließen?« Der Moderator nimmt einen großen Schluck aus der Sinalco-Flasche. Ein heißer Tag.

»Und da ist das Rennen auch schon entschieden, die 8 mobilisiert auf den letzten Metern die letzten Reserven und geht als Erster ins Ziel! Das macht 100 Punkte! Für den Zweiten gibt es 20 und für den Dritten zehn! Hier ist alles möglich!«

Zu gewinnen gab es das goldene Fury-Amulett, den »Super-Soaker 500«, das fünfteilige Steakmesser-Set, den Transformer-Truck »Superbot«, die Friesennerz-Barbie von Mattel, den neuen Lego-Bausatz »Farm«, Truckermützen von *Cap Town* mit aufgedruckten Greifvögeln und zahlreiche andere begehrenswerte Konsumprodukte der frühen 90er.

Diese hochwertigen Preise interessierten mich allerdings weniger – wobei ich zugeben muss, dass die riesige Verpackung der *Playmobil*-Villa wirklich Eindruck auf mich machte. Mich interessierte der orange-pinkfarbene Plüschbär. Zwischen diesen Top-Gewinnen nahm sich der Bär fast bescheiden und klein aus, wobei er für sich genommen eine stattliche Größe hatte. Er war fast halb so groß wie ich!

Um an ihn zu gelangen, mussten Kugeln eine Bahn hinaufgerollt werden. Es gab die Bahnen 1 bis 8, die jeweils mit den Pferden und ihren Jockeys verknüpft waren. Je nachdem, in welches Loch die Kugel fiel, bewegte sich das Pferd auf seiner Rennbahn 1, 2, 4 oder 8 Schritte weit.

»Uuuuund Nummer 5 kann ein gutes Stück zulegen, ja Nummer 5 jetzt mit zwei Pferdelängen vorn!«, raunte die Stimme des Moderators dumpf aus den Lautsprechern.

Nach drei Runden hatte ich eine Beziehung zu dem Bären aufgebaut. Mein Ehrgeiz vermischte sich mit einem heftigen Gefühl von Liebe zum Stofftier. Ich war mir sicher, den Plüschbären aus seinem Schicksal in der Auslage befreien zu müssen. An dieser Mission hatte ich mich festgebissen. Ich musste gewinnen. Für ihn, für ihn! Da war ich mir ganz sicher.

Meine Eltern und meine große Schwester saßen genervt auf der Bank vor dem Saloon. Die Prinzenfontäne ging aus, die Windmühle hörte auf, sich zu drehen, und der Moderator des Pferderennens war müde. »Sechs Spieler! Das Rennen kann nur gestartet werden, wenn mindestens sechs Spieler da sind.«

Es gab aber nur noch mich und einen etwas spackig aussehenden Jungen mit einer Brille, bei der ein Glas abgeklebt war. »Der Park schließt in einer halben Stunde, seid nicht traurig, ihr zwei, geht zu euren Eltern!« Der Master schien sich gar nicht daran zu erinnern, dass ich seit Stunden bei seinem Spiel mitmachte, und dafür auf die Wasserbahn »Splashdiver 3000«, den »Western-Looping«, die »Frau-Holle-Landschaft« und den dänischen Hot Dog verzichtet hatte.

Und: Ich hatte schon über 420 Punkte in meiner stilvollen Wendy-Umhängetasche gesammelt, Plastikmünzen mit Pferdeköpfen in verschiedenen Farben, je nach Wert mit den Zahlen 10, 20 und 100. Diese Punkte hatte ich in Dutzenden von Runden unter dem Einsatz von vier Zwanzig-Mark-Scheinen meines Vaters erspielt und war dabei für mein Alter auch einigermaßen erfolgreich gewesen. Zweimal hatte ich sogar gewonnen und fette Punkte eingefahren. Aber für 420 gab es nur das Steakmesserset (Pfui!), drei Pippi-Langstrumpf-Frisbees (Nö!) oder das Federballspiel (hatte schon eins). Es fehlten 30 Punkte für den Plüschbären.

Es gab nur eine Lösung: Meine Familie musste mitspielen. Wir würden die Plätze unter uns ausmachen und den Bären befreien. Ich sagte »warte hier!« zum spackigen Jungen und sprintete zu meinen Eltern. Ich konnte sie mit massivem Gewissensdruck irgendwie dazu motivieren, die letzte Runde mitzuspielen. Mit dem Brillenjungen waren wir fünf. Der Moderator verzichtete schweigend auf den sechsten Mitspieler und gab das Spiel frei.

Merke: Um den großen Bären zu befreien,
braucht man Leute, die mitspielen.

Am nächsten Tag hatte ich Durchfall. Meine Eltern schrubbten Aufstrich auf den Toast und meine Schwester lernte Vokabeln. »Alix, warum kratzt du dich ständig am Po?«, fragte meine Mutter. Sie ist Erzieherin.

»Weiß nich'. Ich hab Kopfschmerzen«, murmelte ich kratzend. Eltern sind zufrieden, wenn sie eine Antwort bekommen, auch wenn sie keinen Sinn ergibt.

»Sie hat auf dem Bären geschlafen«, warf mein Vater kauend ein.

Schnell einigte man sich darauf, dass ich eine Allergie gegen den Bären haben musste. Oder der Bär war »aus Asien«. Es kursierten so lange Gerüchte über den Bären, bis meine Eltern zur Arbeit mussten und ich – eigentlich – in die Schule. Jedenfalls tat er mir nicht gut, da war sich mein Vater sicher: »Der Bär muss weg, das Ding ist Billigproduktion!« Mein Vater ist Schichtarbeiter bei Volkswagen.

Ich durfte/musste den Montag zu Hause bleiben, aber der Bär unter Giftverdacht musste aus der Wohnung. Er landete auf dem Balkon. So verbrachte ich den Vormittag damit, durchs Fenster auf den Balkon zu gucken und mich am Kopf zu kratzen.

Dabei hatte ich Gelegenheit, über das Spiel nachzudenken. Das Spiel ist doof.

Nicht nur, dass ich dafür einen hohen Preis bezahlt hatte – oder vielmehr meine Eltern –, nein, ich hatte auch noch all die anderen Attraktionen ausgelassen, die ich mit meiner Familie hätte genießen können. Der gerettete Bär war nur halb so schön, wie er in der Auslage aussah, und nach nur einer gemeinsamen Nacht unter meiner Löwenzahn-Bettwäsche auf den Balkon verbannt worden.

Doch nicht der Bär war giftig. Vielmehr war das Spiel in jeder Hinsicht vergiftet, das ich da mit Ach und Krach erfolgreich »durchgespielt« hatte.

Der Lohn dafür war schäbig. Ich musste Mitspieler und Regeln austricksen, anstatt den Spaß mit anderen zu teilen. Ich musste Geld ausgeben, mich vordrängeln und immer dranbleiben. Ich kämpfte, anstatt zu leben und etwas Nettes zu tun. Das Triumphgefühl für den ganzen Quatsch währte gerade einmal eine Nacht – und der aus den Fängen der Spielbahn befreite Plüschbär sagte nicht mal danke. Er sagte einfach gar nichts.

Eine gute Schulfreundin ist vor Ehrgeiz krank geworden. Sie hätte gern studiert, aber ihre Eltern konnten ihr das nicht bezahlen. Der BAföG-Bescheid war so lächerlich gering, dass sie ihr Archäologiestudium nach einem Semester wieder abbrechen musste und noch Schulden aus der Zeit mitnahm.

Stattdessen wurde sie »Sekretärin in einem Pharmakonzern«. Sie nannte den Beruf selbst so, um keine Missverständnisse aufkommen zu lassen: Schreibtisch, Telefon, Computer, bitte, danke, hallo Chef! Offiziell setzte sich die Bezeichnung ihres Jobs aus englischen und deutschen Begriffen zusammen und endete auf »Agent«. Sie bekam im ersten Ausbildungsjahr um die 400 Euro Taschengeld, im zweiten 600 und in den letzten sechs Monaten konnte sie sich davon sogar ein Moped leisten, um damit zum Bahnhof zu fahren.

Danach wurde sie nicht übernommen. Ich glaube, damals begann es.

Die Verletzung, nicht studieren zu können, die erbärmliche Entlohnung als Auszubildende, der Zwang, mit 23 noch bei den Eltern zu wohnen, auf dem Moped im Regen zum Kleinstadtbahnhof bei Hannover zu fahren, um dann bei der Arbeit eben unterbezahlte Sekretärin für einen Multi-Konzern zu sein, das hat ihr sehr wehgetan. Denn sie hatte sich etwas anderes fürs Leben erhofft, und wäre dazu auch in der Lage gewesen. Wie wir alle, oder zumindest die meisten, die zur Generation Y gehören, wollte sie eine Arbeit, der man »etwas Gutes« abgewinnen kann. Es ging ihr um eine Mischung aus »das richtige Tun«, »gut zum Planeten und den Menschen sein« und »Anerkennung bekommen«. Das Geld stand nicht im Vordergrund, so lange, bis keines mehr da war. Das ging ziemlich schnell.

Nach dem Pharmakonzern war sie einige Monate arbeitslos, wohnte noch immer bei den Eltern, fand dann schließlich eine Stelle bei einem Call-Center und wechselte von dort zu einem Online-Wetten-Anbieter. Als das Unternehmen in einem verworrenen Betrugsskandal pleite machte, fand sie eine Stelle bei einer »Vermögensberatung«, deren wesentliches Geschäft darin bestand, alten Leuten teure Versicherungen anzudrehen, die sie nicht brauchten. In dem Unternehmen stieg sie schnell auf, wurde Bereichsleiterin und vermied, mit anderen über ihr genaues Tun zu sprechen.

Wenn wir uns damals Nachrichten schrieben, hatte sie eigentlich immer nur Erfolgsmeldungen. Sie hatte als Erste von uns ein eigenes Auto, inzwischen eine bescheidene Mietwohnung mit neuen Möbeln. Es ging ihr gut, aber sie wirkte auch so seltsam glatt, unzugänglich. Sie war »ein Profi« geworden. Der Kontakt verlor sich.

Nach drei Jahren traf ich sie wieder, durch Zufall. Sie war wieder die Alte, aber sie sah gealtert aus, mehr, als es mit Mitte/Ende zwanzig normal ist. Sie berichtete gleich recht offen von ihrer »Karriere«, wie sehr das Geschäft an ihren Nerven gezehrt habe, und wie schnell sie in einer Welt gelebt habe, für die sie sich eigentlich nie interessiert hat: Erfolg, Möbel kaufen, Kleidung kaufen, Auto kaufen. Aufsteigen, Umsatz, Urlaubsreisen in Holiday Clubs auf Bali oder in der Karibik. Nach den Arbeitswochen mit Überstunden in einem engen Bürogebäude oder im Außendienst seltsam prollige Disco-Besuche mit den Kollegen.

Erst war es »geil«, dass ihr doch etwas gelingt, dass sie doch zu Geld und Erfolg kommen konnte nach den Jahren, in denen sie ihr Studium abbrechen musste und in eine öde Ausbildung kam, wo sie nicht einmal weiterarbeiten durfte. Das Unternehmen, zu dem sie schließlich über Umwege gekommen war, war ihre letzte Möglichkeit, wie sie dachte. Sie nahm alle Bedingungen an, passte sich an, spielte den Job perfekt und stieg im Unternehmensgefüge schnell auf.

Recht bald im Verlauf unseres Gesprächs begann sie davon zu berichten, was ihr daran missfallen hatte und wie sie letztlich daran krank geworden war.

»Erst hatte ich dieses seltsame Druckgefühl im Schädel. Ich hatte ständig Kopfschmerzen, die irgendwann so stark wurden, als hätte jemand mit einem großen Löffel in der Hirnmasse herumgewühlt. Ich ging immer häufiger zum Rauchen aufs Klo und kaute danach sofort ein Pfefferminzkaugummi durch, damit man es nicht riecht. Irgendwann merkte ich, dass ich immer ineffektiver wurde und tagsüber nichts mehr auf die Reihe brachte. Deswegen blieb ich abends immer länger im Büro, weil ich da den Kopf freibekommen konnte. Es fiel mir im letzten Jahr immer schwerer, die Illusion aufrechtzuerhalten, dass ich jung und erfolgreich bin. Das merkte mein Stellvertreter in der Abteilung, der auch entsprechende Andeutungen gegenüber Kollegen machte. Ich war aber immer noch nicht fest angestellt, ich konnte mir also keine Schwäche erlauben, und das tat ich auch nicht. Vier Monate vor dem Ende meines Vertrages bekam ich es mit dem Kreislauf zu tun, mir war ständig schwindelig. Erst dachte ich, ich wäre schwanger, was in der Situation die absolute Vollkatastrophe gewesen wäre. Ich war richtig erleichtert, als ich hörte, ich hätte einen leichten *Insult* erlitten.«

Meine Schulfreundin hatte also mit unter dreißig einen Schlaganfall. Sie musste behandelt werden, fiel bei der Arbeit aus, der Vertrag wurde natürlich nicht verlängert, das Krankengeld lief aus, die bewundernden Kollegen verschwanden – und sie ging von einem Krankenstand quasi direkt in den nächsten. Denn mit dem abrupten Ende ihrer Karriere in dem Unternehmen und dem Verlust ihrer nicht mehr finanzierbaren Mietwohnung kamen all die Fragen zurück. Sie hatte Gedanken an Selbstmord und konnte ein Jahr lang eigentlich gar nichts mehr machen.

Inzwischen arbeitet sie stundenweise in einem Bioladen und hat einen Hund. Ihr Freund ist Kfz-Mechaniker, will aber eine Tierpension aufbauen. Das Ganze wirkt noch etwas wirr, aber die beiden sind sich sicher, dass sie mit Arbeit und Karriere, wie wir sie kennen, nichts mehr zu tun haben wollen: »Zur Not ziehen wir in eine kleinere Wohnung oder in eine WG«, sagen sie.

Merke:
»... die Bäume werden auch von selbst grün!«

Bei der Volkspartei musste ständig jemand mal groß. Andauernd herrschte ein ungeheurer Geruch auf der Damentoilette, der sich zu den typischen Sitzungszeiten noch verstärkte: Montagvormittag, Mittwochnachmittag, freitags. Entscheider sind Ausscheider.

Ich habe keinen Zweifel daran, dass es auf der Herrentoilette keinen Deut besser war. Es muss eigentlich noch schlimmer gewesen sein, denn die Männerquote lag in den Entscheidungsgremien und Entscheiderabteilungen meist über 50 Prozent.

Die Botschaft dieses Geruchs war eindeutig: Ehrgeiz macht krank.

Das große Geschäft ist nicht das Einzige, was auf Toiletten in den Teppichetagen, ja sogar im Bundestag, Spuren hinterlässt. Um nach oben zu kommen oder dort zu bleiben, sind manche Manager oder Bundestagsabgeordnete starken Aufputschmitteln nicht abgeneigt. Drogenabhängige Karrieristen haben sich in den letzten

Jahren immer wieder anonym zu Wort gemeldet und von ihren Exzessen berichtet. Reumütig, versteht sich. »Kokain hat mein Leben beinahe zerstört«, klagte ein Markus B. 2010 in der *Schweizer Handelszeitung*. Im *Handelsblatt* outete sich fünf Jahre zuvor bereits ein Versicherungsmanager mit dem geänderten Namen Stephan Krüger. »Bei der Arbeit hatte ich extremen Druck. Meine Abteilung hatte die Zielzahlen mit 120 Prozent übererfüllt, trotzdem hieß es: Nächstes Jahr noch einmal zehn Prozent drauf! Dann kam diese wichtige Präsentation vor meinen Mitarbeitern – über 100 Leute. Nervlich war ich extrem angespannt. Da hab ich eine Nase Kokain genommen. Die Angst war weg, und ich lief zur Hochform auf«, blickt Krüger in dem Artikel zurück.

Keine Einzelfälle. Alle sollen immer gute Laune haben im Party-Kapitalismus. Alles andere gilt ganz schnell als depressiv.

Der Psychotherapeut Götz Mundle äußert sich als Experte immer wieder zu dem Thema. Der ärztliche Leiter der Berlin-Brandenburger Oberbergkliniken hat regelmäßig ausgebrannte und suchtgefährdete Führungspersönlichkeiten bei sich sitzen. In einem Artikel der *Welt* (»Die Koks-Nasen auf den deutschen Chefsesseln«) erklärte Mundle, dass besonders narzisstisch veranlagte Menschen, »deren Ego extrem auf Anerkennung und eine gute Außendarstellung angewiesen ist«, anfällig sind.

Die Auslöser für eine Sucht bei Karrieristen seien oft die gleichen wie bei der »Volkskrankheit« Burn-out, wie Mundle im Mai 2013 *Focus Online* erklärte. Wer eigentlich schon total überarbeitet ist, rückt mit Perfektionismus, abnormen Erwartungen an sich selbst sowie dem Unvermögen, die eigenen Grenzen noch abschätzen zu können, immer näher an die Klippe. »Kommen dann noch Probleme hinzu – eine zerbrochene Ehe, Misserfolge im Job, Einsamkeit, weil man nie zu Hause ist –, dreht sich die Spirale weiter«, sagt Mundle. Die Rettung liegt einmal und irgendwann immer öfter im Allmachtsgefühl nach dem Kokainkonsum, in der Beruhigung durch Pillen oder im Ganztags-Absacker.

»Ich vermute mal, dass irgendwie jeder, der den Ehrgeiz hat, etwas zu erschaffen und nicht kaputt zu machen, Respekt verdient.«

Kurt Cobain

Weil es immer weniger zu verteilen gibt, der Arbeitsplatz unsicher scheint, tun viele Menschen alles, um ihn zu halten. Um sich dabei zu ruinieren, braucht manch einer nicht mal Suchtstoffe. Manche fallen einfach tot um. In Japan hat der plötzliche Tod am Arbeitsplatz sogar einen Namen: Karoshi. Wörtlich übersetzt heißt es das, was es ist: Tod durch Überarbeitung.

Ein junger Mann von 29 Jahren kippte 1969 in der Versandabteilung der größten japanischen Zeitung um. Der Arbeiter hatte einen Schlaganfall erlitten und wurde zum ersten gemeldeten Karoshi-Fall. In den Medien kam das Thema allerdings erst in den 80er-Jahren an. Als führende Manager plötzlich begannen, in ihren Teppichbüros zu sterben.

Jährlich werden rund 150 Karoshi-Tote von Japans Arbeitsbehörden anerkannt. Die Dunkelziffer dürfte höher liegen. Denn um den juristischen Umgang mit diesen Tragödien wurde immer wieder gestritten. Zwar gibt es ein Entschädigungsgesetz, doch die Angehörigen müssen nicht nur mit dem Verlust eines geliebten Menschen zurechtkommen, sondern auch noch mit Gericht, Unternehmen und Behörden kämpfen. Die Kriterien sind klar und umso zynischer: Mindestens 100 Überstunden im Monat vor dem Tod oder durchschnittlich 80 Überstunden während der letzten sechs Monate – sonst gibt es keinen einzigen Yen für die Angehörigen.

Nach Südkorea kommt Japan weltweit auf die höchste Überstundenzahl, den geringsten Jahresurlaub und die effektiv geringste Anzahl freier Tage pro Woche. Die Regierung kann dagegen nur mäßig viel ausrichten. Denn die Angst und die Moral sitzen beängstigend tief in Japan. So verzichten viele freiwillig auf die Hälfte ihres Jahresurlaubs, um die restlichen Tage für mögliche Krankheiten zu sparen. Wer krank wird, nimmt Urlaub.

Den Begriff Karoshi hat mittlerweile die ganze Welt übernommen. Auch wenn sich Überarbeitung in Europa meist anders äußert, machte letztes Jahr der Fall eines jungen deutschen Praktikanten Schlagzeilen. Moritz, ein 21-jähriger BWL-Student aus Baden-Württemberg, startete voller Ehrgeiz in ein Praktikum bei der Investmentbank *Merrill Lynch* in London. Er war der Beste von allen Praktikanten, verbrachte immer wieder ganze Nächte im Büro und erntete Lob und Anerkennung von seinen Chefs. Schon als Anfänger winkten saftige Gratifikationen, von denen die allermeisten Praktikanten anderer Branchen nur träumen können. Eines Morgens fand dann eine Mitbewohnerin die Leiche des Ehrgeizigen in der Dusche seines Zimmers.

»Sklaverei in der City«, titelte die Tageszeitung *The Independent*. Eine Debatte über die Arbeitszeiten im Londoner Bankensektor entbrannte. Man bekundete Mitleid, Bedauern – und bestätigte immer wieder die herausragenden Leistungen des ambitionierten Praktikanten. Die Spekulationen, dass Moritz an den Folgen eines epileptischen Anfalls gestorben sei, wurden einige Monate später vom Obduktionsbericht bestätigt. Moritz hatte aufgrund vorheriger kleinerer epileptischer Anfälle Medikamente genommen. Doch Schlaflosigkeit und Stress hätten schließlich einen größeren Anfall ausgelöst, der dazu führte, dass er im Duschbecken ertrank.

Auch ohne solche Fälle steht es schlecht um die Gesundheit der arbeitenden Bevölkerung. Für 2011 verkündete die Deutsche Angestellten Krankenkasse (DAK) den höchsten Krankenstand seit 15 Jahren. Im Schnitt fehlten die DAK-Versicherten 13,2 Tage. Abseits von Fehltagen klagten die Befragten über zu viel Stress durch Druck und Arbeitspensum und über zu wenig Anerkennung im Job. 2012 stagnierte die Zahl der Fehltage zwar, doch ein neuer Rekord stand trotzdem in der Statistik: Erstmals rückten die psychischen Erkrankungen mit einem Anteil von 13,6 Prozent an allen Ausfalltagen auf Platz drei der Fehlzeiten vor. Vor 15 Jahren lagen Depressionen, Burn-out und Co. noch auf dem sechsten Platz.

Bei der Generation Y sieht es dabei besonders garstig aus. Was sich über die Jahre wie Kaugummi am Schuh junger Leute ansammelt, ist außerordentlich. Ein allgegenwärtiges Gefühl von Ohnmacht hat sich seit den Neunzigern bei ihnen breitgemacht. Auch weil der Sozialstaat drastisch gekappt wurde. Unisono hieß es in der Politik und bei den Eltern, das sei ein Schritt in die richtige Richtung. Kein Wunder, denn wenn es weniger zu verteilen gibt, fordern die, die noch ein bisschen haben, dass es den anderen an den Kragen zu gehen habe, den Armen oder den Reichen.

In der Folge ging es natürlich den Armen an den Kragen – und denen, die erst noch erwachsen werden sollten. Wie die *Süddeutsche Zeitung* im Oktober 2013 berichtete, besaß noch um 2000 jeder zweite Mann zwischen 18 und 29 in Deutschland ein eigenes Auto; heute ist es nur noch jeder Dritte. Das liegt meines Erachtens kaum daran, dass niemand mehr Freude am Fahren hätte, sondern daran, dass sich nur noch wenige unter 40 ein eigenes Auto leisten können.

Es ist auch nicht mehr selbstverständlich, mit 17 die Fahrschule bezahlt zu bekommen. Das Geld ist in vielen Familien schlichtweg nicht mehr da. Das hat vermutlich auch seine guten Seiten, wer würde dem Blechlawinenmüll schon eine Träne nachweinen? Dennoch ist der Schwund an Automobilität ein plastischer Indikator für den bröckelnden Mittelstand.

In meinem unmittelbaren Umfeld in Berlin gibt es jedenfalls niemanden in meinem Alter, der ein eigenes Auto hat. Und, weitaus bezeichnender, es gibt niemanden, dessen Eltern nicht reich sind und der trotzdem davon träumen könnte, einmal Eigentum zu haben, ein Stück Land, ein kleines Haus, wo er bleiben kann, Nachwuchs zeugen und so lange Radieschen züchten, bis es Zeit ist, sie von unten anzuschauen. In einer Gesellschaft, die allergrößten Wert auf den Schutz des Eigentums legt und ihn mit allen Mitteln durchsetzt, ist es mindestens beachtlich, dass jüngere Generationen daran immer weniger beteiligt werden.

Der Ausschluss trifft auch Leute in sehr angesehenen Jobs. Wer als wissenschaftlicher Mitarbeiter an Universitäten, Staatstheatern oder Forschungseinrichtungen arbeitet, kann sich am Monatsende auf Nudeln mit Ketchup einstellen: Kaum einer bekommt dort mehr als 1000 Euro im Monat raus. Die junge kulturelle und wissenschaftliche Elite lebt großenteils im Job schlechter als in der Ausbildung.

Durch harte Arbeit solle Wohlstand erreichbar sein, sagte man uns als Kinder. Doch etliche, die es versuchen, enden in Kündigung, Bankrott oder im Burn-out, und jene, die im Beruf aufgehen, haben keine Zeit, den bescheidenen Wohlstand auszubauen, und nutzen das bisschen »Freizeit«, um Wellness-Oasen zu besuchen. Man repariert sich.

Das Gefühl, dass es kein Durchkommen gibt, schon gar kein *An*kommen in so etwas wie Sicherheit, dass Wohlstand aus eigener Kraft nicht oder nur durch totale Selbstaufgabe und Preisgabe von Familie, Freizeit und Gesundheit möglich ist, das war und ist allgegenwärtig. Es ist geradezu das Lebensgefühl einer ganzer Generation in Europa und Nordamerika. Das hat aber mit dem No-Future-Chique der sogenannten Generation X vor 25 Jahren nichts zu tun. »No Future« ist bei sehr vielen bitterer Ernst.

Es sei hier angemerkt, dass Eigenheim, Autos und teure Hobbys auch nicht für alle erstrebenswert sind. Es gibt junge Leute, die mittlerweile ein minimalistisches Leben aus Überzeugung führen. Sie bloggen dann über ihren gewollten Mangel als Lifestyle und finden viele Anhänger in den sozialen Netzwerken. Wer nichts hat, kann auch nichts verlieren. Der Ehrgeiz nach Besitz fällt einfach weg, eine Last weniger. Aber inmitten der schillernden Möglichkeiten der »freien Welt« gibt es für das alles immer weniger Spielraum. In Deutschland sieht es da nur an der Oberfläche besser aus als in Spanien oder Griechenland. Die Generation Y ist ein gesamteuropäisches Phänomen.

»Diese Generation hat erfahren:
Alles ist möglich, nichts bleibt.«
Die Zeit

Da ich nicht dazu berufen bin, die Welt zu verändern (zumindest nicht mehr als jede andere auch), bin ich nicht in die Politik gegangen, um die Welt zu verändern, sondern um davon zu erzählen, wie Menschen berufen sind, die Welt zu verändern. Menschen, die die Welt ein bisschen besser machen wollen. Ich empfand den Ansatz damals durchaus noch als löblich und vorbildlich. Ich war mir sicher, dass es Menschen gibt, die das ganz ehrlich meinen. Sowohl den Ansatz der Politiker (die Politik ein bisschen besser machen) als auch meinen eigenen (Politik erklären).

Es war ein Mittwoch wie ein Donnerstag. Es war ein regnerischer Tag, an dem ich bemerkte, dass das Lothar-Brennt-Haus (so heißt die Parteizentrale der Anderen Volkspartei), ein Haus ist, das Verrückte macht.

Die Machtkranken versammeln sich bekanntermaßen gern in Politik und Wirtschaft. Sie tummeln sich eigentlich überall, wo es nach oben geht. Sie lieben die Hierarchie. Sie haben große Hoffnungen, darin aufzusteigen.

Ich beobachtete den Eingang von der anderen Straßenseite aus, um zu sehen, wer sich näherte und wem ich beim Eintreten begegnen könnte. Ich sah niemanden, den ich kannte, also sprintete ich in fünf Schritten über die Fahrbahn.

Im Tempo der schweren gläsernen Drehtür trippelte ich vorwärts. Immer hübsch langsam. Wer zur Volkspartei will, sollte es nicht eilig haben. Reinstürmen darf hier keiner.

Meine Beziehung, äh, mein Arbeitsvertrag mit der Volkspartei war auf drei Jahre befristet. Herrje, was war ich verliebt in den ersten Tagen. Doch schon nach wenigen Wochen hatten sich erste Differenzen angekündigt. Auf der einen Seite stand die Abteilungsleitung mit dem Hang dazu, die Verlautbarungen des Parteivorstands unreflektiert herauszuposaunen, auf der anderen Seite mit mir ein paar Kollegen und das Konzept, Politik »von unten« zu erzählen. Nicht nur Partei-Basis, Journalisten oder Vorgesetzte von den eigenen Inhalten zu überzeugen, sondern »echte Menschen«, die die Hoffnung, dass Politik ihr Leben verbessern kann, noch nicht aufgegeben haben. Ich war ehrgeizig, diesem Ziel mit Filmen, Bildern und Texten Stück für Stück näher zu kommen. Anfangs hielt ich diesen Unterschied zwischen Konzept und Realität aus. Es wird eben etwas länger dauern, bis man dahin kommt, das zu tun, was verabredet war. Das war der Fehler: das Aushalten.

Ich habe zwar alles angesprochen, aber nicht darauf bestanden. Denn ich bin ein durchpsychologisiertes Wesen unserer Zeit. Immer mal wieder gehe ich mir damit selbst auf die Nerven, aber diese weichgespülte Ebene der empathischen Phrasen scheint nun einmal unverzichtbarer Bestandteil der Kommunikation zu sein. »Lieb sein« ist letztlich das Schmiermittel der Macht im Zeitalter der Affirmation, der Anpassung. Ich war, mehr oder weniger, lieb, geradezu hoffnungsvoll, anstatt von Anfang an auf Absprachen zu bestehen und sie mit allen fairen Mitteln durchzusetzen, auch wenn es dabei schon früh zu Härten kommt. Später lässt sich nicht mehr viel reparieren, wie ich feststellte.

Als also auch die zugewandten Phrasen im Stil der Lebenshilfe-Ratgeber, »jeden Tag gemeinsam dem Ziel ein kleines Stückchen näher...«, nichts mehr halfen, provozierte ich immer öfter. Dazu musste ich in Anbetracht der mehrheitlich resignierten Haltung der meisten Kollegen nicht fies werden, sondern einfach nur ehrlich. Ich gefiel mir nicht dabei, doch eine Alternative konnte ich nicht ausmachen. Aussitzen, zugucken – ja, das hätte ich machen können. Mich einfach nicht mehr aufregen. Nicht so laut! Hier wird gesessen. Aber das hätte nicht mehr ausgereicht, um mein Unbehagen aufzulösen.

Als dann unerwartet Henry, der Ober-Chef der Kommunikationsabteilung, der mir noch in meinem Bewerbungsgespräch die

Sache mit der »Revolution« erklärt hatte, ging, war das bloß eine Bestätigung meiner Ahnung. Kaum war seine Stelle neu besetzt, gehörten wir blitzartig nicht mehr dem Kommunikationskommando an, sondern der Pressestelle. Eine Zuordnung, die laut des ursprünglichen Konzepts ganz bewusst vermieden werden sollte, weil das Projekt ja ausdrücklich der Entwicklung neuer Inhalte gelten und sich somit klar von der herkömmlichen PR-Arbeit abgrenzen sollte. Bei aller Bescheidenheit und gebotenen Demut: Ich war ja nicht als Journalistin zu einer Partei gewechselt, um dann dort den alten Kollegen den Kaffee zu bringen. Nichts gegen Kollegenkränzchen, aber durch den Wechsel wurden außerdem zusätzliche Hierarchien installiert, die Spielräume weiter begrenzten.

Unser neuer Chef war Konrad, der Pressesprecher des Parteivorstands. Lutz urteilte, dass das »nicht so schlimm« sei. Für die Anhänger des Konzepts war es jedoch der offizielle Bruch. Der endgültige Anfang vom Ende einer progressiven Polit-Plattform à la Obama und der *Progressives*. Und manche sagen, dass damit auch die Abkehr von einer neuen Art der Politik verbunden war. Ein Symptom dafür, dass die Andere Volkspartei offenbar wieder nicht das machen würde, was sie dem Namen nach eigentlich sein müsste: anders, frischer, fortschrittlicher, sozialer. Zumindest das müsste sie doch wieder werden: die etwas *Andere* Volkspartei eben.

Die Eine Volkspartei, bei der letztlich alle möchten, dass es genauso bleibt, wie es ist, insbesondere für reiche Erben, Klein- und Großbürgertum mit und ohne Gartenzwerg oder Goethe-Gesamtausgabe, Bankierssöhnchen, Pharmazeuten, Landwirte, Oberförster und ihre Freunde, und die auch ein paar Nationalisten mit gutem Einkommen abgreift, die hat den Aufbruch nicht nötig. Denn für deren Klientel ist die digitale Welt bekanntermaßen »Neuland«.

Aber die Progressiven, wir, die Andere Volkspartei, die eben das Anderssein im Namen trägt; die von sich selbst behauptet, seit 150 Jahren die Nase immer ein bisschen vorn zu haben; immer ein wenig entwickelter, weiter zu sein; die daran arbeitet, dass es immer ein ganz klein wenig besser wird für die Leute, die Geld, Ländereien, Häuser, Bildung und Privilegien nicht mit der Geburt quasi geschenkt bekommen, die müsste doch das Medium Internet verstehen und Erste sein. Und wenn nicht Erste, so doch zumindest vor der Einen Volkspartei im Internet einen echten Dialog zwischen Menschen, Wählern, Themen und Partei herstellen, wie er eben nur im Internet möglich ist. Ein hauchzarter, aber echter Schritt in Richtung direkter Demokratie. Da wollten wir hin. Und ich bin auch losgegangen.

Merke:
Wer alleine losgeht, steht bald alleine da.

Gut ein Dreivierteljahr reichte meine Liebe noch. Es gab keinen konkreten Tag, den ich heute ausmachen könnte, an dem alles nur noch unerträglich war. Es war ein Verlauf von Dutzenden Bild-Negativen in meinem Kopf, die sich alle nach und nach übereinanderlegten, bis am Ende nur noch ein schwarzer Wust blieb, auf dem kein Detail zu erkennen war. Ich sah schwarz vor lauter Beutelsbach-Observer, Gewerkschaftsehrenmitgliedern vom Ruderverein Ennepetal und Bildern vom Parteivorsitzenden.

Ich ging durch die Gänge dieser Zentrale, die die Politik verändern will. Ich sah Münder vor mir, es kam Schall heraus, der sich in meiner Wahrnehmung hier und da noch zu Sinn verfestigte: »Arbeit«, »Sozialstaat«, »Fortschritt«, »Jugend«, »Finanztransaktionssteuer«. Aber ich konnte das nicht mehr fühlen. Ich glaubte nicht mehr daran. Ich sah niemanden mehr, wirklich gar keinen in dieser Anderen Volkspartei, der das meinte, was er sagte. Und wer meinte, was er sagte, durfte es nicht sagen, oder er wurde zum Vollidioten erklärt und abgeschaltet. Irgendwas roch nach altem Fisch, saurer Milch und Altherrenpups. Gehörte das so? Ist das so in der Welt? Oder war das eine Matrix, eine Fiktion, ein seelenloser Ort, der keine Adresse in der Welt hat? Nur eine Art Standort. Im Standort Deutschland.

Ich konnte sie irgendwann nicht mehr sehen, wie sie verkniffen über einer dpa-Meldung brüteten und den Text mit neonfarbenen Markern ausmalten, um ihre Bausteine zu sammeln. Das schallende Lachen zu biederen Witzen hatte mich zynisch gemacht. »Ich finde, man sollte jedem Text anmerken, dass er durch das Gehirn des Autors gelaufen ist«, sagte ich einmal in einer dieser täglichen Besprechungen des Revolutionskaders. Keiner lachte.

Alles wie immer? So ist nun einmal die Politik?

Ich sehe das anders. Und, ich vermute, Hunderttausende meiner Generation sehen das ähnlich. Ich hoffe es zumindest, aber sicher bin ich mir auch dessen nicht.

Ich berichte hier nicht von meiner Überforderung, zumindest nicht allein, denn das ist nicht der Punkt. Ich berichte davon, dass ich in das große weite Nichts geblickt habe. Und ich weiß, dass auch Sie dieses Gefühl wiedererkennen werden. Zumindest dann, wenn Sie zur Generation Y gehören und Sie sich selbst an einer Karriere versuchen, versucht haben oder damit in Kontakt gekommen sind.

Vielleicht deckt sich Ihre Empfindung mit meiner Erkenntnis darüber, in welches Vakuum mich mein antrainierter Ehrgeiz geführt hat: Ich denke. Also bin ich hier falsch. In der Politik, im Gegenwartskapitalismus und irgendwie auch in diesem altersstarren Deutschland.

Nach einem Jahr Arbeit in der Kommunikationsabteilung der Anderen Volkspartei stand mein Entschluss fest: Ich musste da raus.

»Wie haben sie das getauft? Revolution? Das war keine.«
Theobald Tiger

Um 15 Uhr an diesem Montag trafen wir uns in Konrads Büro. Krummer Rücken hin oder her, Pressesprecher Konrad war letztlich Profi in dem, was er tat, sodass er, nachdem die Sekretärin den

Kaffee gebracht hatte, das Wort ergriff, mich direkt ansah und fragte:»Worum geht es denn?«Ich erschrak kurz. So sehr hatte das lauernde Warten in den Sitzungen dieser Parteizentrale meine Reaktionszeit gelähmt, dass ich für einen kurzen Moment fast vergessen hätte, dass ich selbst dieses Mal den Sinn und Zweck der Zusammenkunft vorzugeben hatte. Ich wachte auf und reagierte:»Ich trage diesen Gedanken schon eine ganze Weile mit mir herum und bin zu dem Entschluss gekommen, dass ich kündigen möchte.«

Lutz rutschte auf seinem Stuhl ein bisschen höher und sagte nichts, weil Konrad sein Vorgesetzter war und nach einem ersten »Oh!« gleich zur nächsten Frage ansetzte:»Warum denn?«Ich hatte mir die folgenden Sätze lange zurechtgelegt und schaffte es, sie vorzutragen wie geplant:

»Das Projekt einer progressiven, ergebnisoffenen, diskursiven Internetplattform hat nie stattgefunden. Dafür bin ich hier aber als Parteilose hergekommen. Das war der Deal. Es ist jetzt aber doch eine Parteizeitung im Internet geworden. Es ergibt für mich als parteilose Journalistin keinen Sinn, daran mitzuarbeiten. Ich glaube, offen gesagt, dass es überhaupt keinen Sinn ergibt.«

»Und man kann dich nicht noch einmal umstimmen, nein?«, fragte Konrad.

Ich schüttelte den Kopf und schaute mir ihre Gesichter an. Ich sah, dass Lutz etwas sagen wollte. In gewohnt sympathischer Art bestätigte er, dass er durchaus meine Unzufriedenheit in den letzten Monaten bemerkt hatte und der Grund dafür sicherlich in meinen grundsätzlich anderen Ansätzen betreffend der neuen Seite liege. Trotzdem fände er es sehr schade.

Er fand es natürlich überhaupt nicht schade, denn sonst würden wir hier nicht sitzen. Aber man sagt solche netten Sachen eben bei der Anderen Volkspartei. Das ist das Einzige ›Andere‹ an ihr. Ansonsten ist eigentlich alles genauso wie bei der Volkspartei, mit der sie inzwischen ja auch wieder eine»Große Koalition«bildet, also ein

Bündnis zwischen Einer Volkspartei, Bayerischer Volkspartei und meiner Volkspartei, der Anderen Volkspartei. Die ersten sind volkstümlich, die zweiten bayrisch und die dritten, meine Ex-Arbeitgeber, dasselbe, bloß ein bisschen sanfter in der Ansprache. Konrad fragte:»Wie würdest du die Seite denn machen, Alix?« Ich hatte damit gerechnet, dass diese Frage aufkommen könnte, und mich zuvor bewusst entschieden, bei diesem Termin keine ausufernde Antwort darauf zu geben. Was nur in einem Zimmer mit Chefs besprochen wird, ändert niemals etwas – und wenn doch, dann geben Chefs die Ideen meist als ihre eigenen aus.

Ich machte deswegen nur ein paar Andeutungen und schlug vor, wenn es die Herren ernsthaft interessieren sollte, wie ich die Lage sehe und was ich ganz konkret anders machen würde, ihnen ein »Exit-Papier« zu schreiben, in dem ich meine Gedanken formulierte, um uns in der Folgewoche noch einmal zu treffen und darüber gesondert zu sprechen. Beide ließen sich auf mein Angebot ein, wobei Konrad tatsächlich interessiert schien. Lutz tat vermutlich nur so, weil er meine Haltung ja bereits kannte und nun wohl eher fürchtete, durch meine schriftlichen Ausführungen schlecht dazustehen.

Nun war es also raus, ich war raus. Nachdem alles gesagt schien und die beiden Männer sich über Augenkontakt verständigten, noch einmal unter sich sein zu wollen, verabschiedete ich mich und taumelte zurück ins Büro. Keiner mehr da. Ich war froh, mein Glück nicht verbergen zu müssen, und den kleinen Auftritt erst morgen, wenn alle wieder für einen neuen Tag antraten, abwickeln zu können.

Denn was auch Lutz und Konrad nicht wussten, war, dass meine Kündigung nicht allein eine Absage an das aus meiner Sicht gescheiterte Projekt, den Job oder die Andere Volkspartei war. Das Jahr in diesem staatlichen Apparat voller Selbsttäuschung und der ewigen Frage, ob sie es nicht besser können oder wollen, hatte mich innerlich radikalisiert.

Ich wollte lieber erst mal mein eigens geschaffenes Nichts ausstehen und sehen, was passieren würde, ehe ich mich in einer nächsten Blase aus Behauptungen und Ansprüchen abmühte, um am Ende doch nur wieder verbrauchte Luft zum Wirbeln zu bringen. Ich wollte mich nicht mehr beschweren, weil es in diesem Nichts auch nichts mehr gab, über das ich mich hätte beschweren können.

Eine Flucht nach dem Lustprinzip ist im Sinne des deutschen Arbeitsbegriffs inakzeptabel. Ich realisierte diese Erkenntnis, die nur die wenigsten offen aussprechen würden, an den Reaktionen am nächsten Tag. Ich sagte: »Ich habe gekündigt!« Sie fragten: »Oh, wo geht's denn hin?« Ich sagte: »Nirgendwo hin. Ins prekäre Abenteuer.« Das Interessante waren die darauf folgenden Entgegnungen. Schon in den ersten Tagen formierten sich zwei Lager: die einen sagten: »Das ist aber mutig!«, die anderen sagten: »Das ist aber riskant!«

Mut und Risiko, das eine bedingt das andere, und doch spalten sie den Umgang mit der Welt. Und damit meine ich nicht allein die Unterteilung in Optimisten und Pessimisten. In der Arbeitswelt geht es um mehr als die eigene Realität. Denn die zählt schon lange nicht mehr. Zwänge, Druck und Angst sind nirgendwo sonst so präsent wie am Arbeitsplatz. Und wenn man keine Arbeit hat, schwingt das Zepter der Bedrohung doppelt so schnell. Wer eine Entscheidung im Berufsleben als »riskant« beurteilt, meint töricht bis bekloppt. Die Aussage »mutig«, bezeugt hingegen ein Verständnis sowie Anerkennung für eine Entscheidung, die man selbst vielleicht aus diversen Gründen nicht so treffen würde, aber durchaus nachvollziehen kann, weil ein Vorankommen sich keineswegs ausschließlich in der nächsten Gehaltserhöhung bemessen lässt.

Die, die 70-Stunden-Wochen ableisten, schauen sonntags genauso traurig drein wie jene, die arbeitslos sind oder sich irgendwie durchschlagen. Die Enttäuschung ist riesig, egal, auf welcher Seite man steht. Da ist dieser traurige Blick, der uns alle verbindet: Es bringt nichts. Egal, ob man einen Juso trifft, einen Handwerker, einen Punker, einen Dandy, eine Karrieristin, ob aus der CDU, der SPD, bei den Linken, den Piraten oder, wie fast immer, ohne politische Zugehörigkeit – in einer Partei sind wir alle. Sie nennt sich: Nö.

Wir sollen steigende Mieten tragen, immer mehr Alte, horrende Krankenversicherungen, den Aufbau Ost, den Abbau West, das gescheiterte Finanzsystem, die kriselnde Europäische Union, den Strukturwandel, die Bildungsreform, die Bundeswehrreform und die Ungleichverteilung von Geld, Land, Eigentum und Möglichkeiten finanzieren. Wir sollen vorsorgen, privat, wir sollen Ehrenämter übernehmen, unbezahlt, die Klimakrise abwenden, die Energiewende schaffen, für den Frieden leben, Sprachen lernen, ja lebenslang lernen, uns immer bewerben, adrett und gesund sein, ins Fitness-Studio gehen, mit Freunden Spaß haben, eine schöne Einrichtung besorgen, viel lesen, ein Herz für die Schwachen haben und Bio kaufen.

Ich finde, das lohnt sich nicht. Verstehen Sie mich ruhig falsch. Denn ich meine das wirklich so. Ich habe gerade einfach genug von diesem Normalitäts-Terror, in dem sich natürlich jeder selbst entfalten kann, wenn er denn genügend Angst in sich trägt. Ich möchte lieber nicht. Ich strebe gar nicht die totale Selbstverwirklichung an, das war ein Traum der 68er, die überall im Weg rumstehen, inzwischen wohlstandsgesättigt mit Volvo und Bayreuth-Flatrate, und einem erzählen, man würde ja nicht einmal mehr richtig rebellieren. Von mir aus. Ich will nur diesen Saftladen nicht unter Einsatz meines Lebens aufräumen.

Deshalb habe ich gekündigt: Ich wollte raus, um mir keine Gedanken mehr zu machen. Denn die Antworten derer, die noch drin sind, also die, die »in Arbeit« sind, die werden immer noch auf alte Fragen gegeben. Doch die Fragen müssen neu gestellt werden, schon lange. Wir haben einen Fragen-Stellen-Reformstau. Ich wollte die richtigen Fragen finden. Aber es war unmöglich, sie zu finden, wenn ich blieb, wo ich war! Deswegen ging ich.

Merke:
Fragen stellen ist der Einstieg in den Ausstieg aus der Komfortzone.

Ich schrieb das versprochene »Exit-Papier« mehr für mich als für die Bosse Lutz und Konrad, vielleicht, weil ich mich ein letztes Mal davon überzeugen wollte, dass ich einen Anteil an dieser Farce hatte. Wir saßen also wieder da wie am Tag meiner Kündigung, und ich fühlte mich schon nach zehn Minuten meiner Erläuterungen wieder wie die Schuldige oder wie ein stures Kind, das einfach nicht verstehen will.

Die erste Nachfrage von Konrad, die klang, als ginge es um die Sicherheit der Nation, genügte, um mir zu bestätigen, dass ich genug hatte. »Aber wir können nicht nur Inhalte bringen, die interessant sind. Wie soll das denn gehen? Es muss vor allem vorkommen, was der Vorstand sagt.« Wie das gehen soll, war bekannt. Es stand in einem teuer in Auftrag gegebenen Konzept, das der Vorstand abgesegnet hatte. Sie stellten sogar junge, »hungrige« Unabhängige wie mich dafür ein. Doch jetzt nahmen sie wieder die übliche Abwehrhaltung gegenüber allem ein, was den Status quo auch nur ein bisschen infrage stellt: »Ja, aber . . .« hieß immer »Nein, das können wir nicht machen.«

So viel zu meinem Exit-Papier. Bitteschön, könnt ihr behalten. Adieu. Ich habe es dann noch an die Generalsekretärin weitergeleitet, die es auch gelesen hat und mir sogar noch in einem persönlichen Gespräch eine Rückmeldung gab: »Das sind tolle Ideen! Wir werden sehen, was wir davon umsetzen können. Schade, dass du nun gehst.« Sehr nett, wie immer. Heute weiß ich, dass nichts passierte. Es gab noch einige personelle Veränderungen, ansonsten machte man haargenau so weichgespült und irrelevant weiter wie bisher.

Mein Ehrgeiz wies mir in diesem Job nur noch einen Weg – Richtung Ausgang. Die Drehtür, durch die ich mit Schwung hinausglitt, liegt – naheliegend – im Erdgeschoss. Und dahin hatte mich mein Ehrgeiz für die Sache auch geführt: auf den Boden der Tatsachen. Hätte ich mich weiter eifrig für dieses gescheiterte Revolutions-Projekt aufgerieben, hätte man mich früher oder später von diesem polierten Boden abkratzen können.

Der Ehrgeiz für den Job hatte mich Aktion für Aktion ins Minus geführt. Jeder hat da im wörtlichen Sinne einen Dispokredit in sich. Doch ist das Verausgabungslimit erreicht, sollte man die Reißleine ziehen. Auf den Anruf vom Bankberater wegen des überzogenen Dispos, im Job also das psychische und körperliche Alarmsignal von Verausgabung, muss man es nicht ankommen lassen.

Dabei muss die Reißleine nicht die Kündigung sein. Manchmal reicht es auch, den Job nicht mehr ganz so ernst zu nehmen. Und mehr auf sich selbst zu achten. Abends Freunde zu treffen, statt Überstunden im Büro zu machen, ist zum Beispiel ein guter Anfang. Dass die Arbeitsleistung deswegen fällt, bezweifle ich. Denn wer mehr Pausen macht, steigert bekanntlich seine Effizienz. Und selbst wenn man von dem einen oder anderen Kollegen überholt wird, gewinnt man dafür Dinge, die mindestens genauso viel Wert sind wie Geld oder Erfolg: Zeit, Gesundheit, Freunde, ja Glück.

Aber in meinem Fall musste es die Kündigung sein, wahrscheinlich die radikalste Form von Veränderung, wenn einem die Arbeit nicht gefällt. Denn für mich gab es keinen Mittelweg. Ich wollte den Blick komplett neu ausrichten und nicht noch mit einem Auge in Richtung Karriere lugen. Die Verwirrung wäre sonst einfach zu groß gewesen. Ich spürte: Eine echte Entscheidung braucht hopp oder top, entweder oder. Alles andere wäre ein fauler Kompromiss geworden. Ich wollte mit dem Job gleich den alten Ehrgeiz mit loswerden.

Meine Kündigung war also eine Verweigerung. Ein Nein zu den Widersprüchen, die uns immer wieder in die Ecke treiben. Selbstverwirklichung und Selbstverwertung, Karriere und Familie, Rebellion und Gehorsam, Kreativität und Kontrolle. In all seinem Irrsinn auch gern als »Krise« zusammengefasst, die uns an den Maschinen halten soll. Ein anderer, kurzzeitig neuer Job hätte das Elend also nur verlagert. Krise und Karriere – ich sagte beides ab. Nun war mein Ehrgeiz plötzlich neuer Natur. Er richtete sich auf nichts Bestimmtes mehr. Eine Herausforderung, weil komplett gegenläufig zu dem, was Ehrgeiz sonst befördern soll: Immer schön weiter, nach vorne, der Weg ist vorgegeben, nur noch Kurs halten. Ich dagegen wollte mich ins Gras legen und dann in eine Richtung abseits der Hauptstraße aufbrechen. Seinen Ehrgeiz auf etwas Ungewisses zu richten und in ein nebulöses Nichts abseits der Arbeit abzutauchen, verlangt auf der einen Seite *Entschlossenheit*, wie ich sie von meinen beruflichen Entscheidungen noch nicht kannte – und auf der anderen Seite *Gelassenheit*, damit man nicht allzu schnell wieder dem alten antrainierten Ehrgeiz verfällt.

Nur wenige Tage nach meiner Kündigung wollte ich sehen, wohin mein Ehrgeiz mich führen kann, wenn er nur meiner eigenen Macht folgt, und nicht einer anderen von außen. Also kaufte ich mir von etwas Erspartem ein schrottiges Wohnmobil, vermietete meine Berliner Wohnung unter und fuhr los.

AUFGABE

Melden Sie sich gesund!

Um sich krankzumelden, müssen Sie nicht krank sein. Sie müssen auch nicht so tun, als wären Sie krank. Es reicht, zum Arzt zu gehen und zu sagen, dass Sie krank sind. Eine Gesellschaft, in der Menschen wegen Arbeit tot umfallen, muss wenigstens diese paar Tage Befreiung vom Zwangsdienst mal aushalten.

Nun wird der Mediziner fragen, wo denn der Schuh drückt. Bisher haben Sie etwas von Verdauungsproblemen, Kopfschmerz, Übelkeit und Fieber erzählt. Das ist ganz richtig, sagen Sie das wieder.

Grundsätzlich stehen Sie kurz vor der totalen Ermattung. Bald scheint gar nichts mehr zu gehen. Sie haben »Burn-out-Gefahr«.

Wenn Sie einen Mediziner aufsuchen, der Sie nicht krankschreiben will, wechseln Sie bitte den Arzt. Nehmen Sie keine Pillen oder Sonstiges entgegen (oder nur, wenn Sie sie wirklich wegen irgendwelcher anderer Leiden benötigen), diesen Krempel brauchen Sie nicht. Das Gesündeste, was man tun kann, ist, nicht mehr zu arbeiten.

Ein Arzt kann Sie für sechs Wochen krankschreiben, danach wird die Krankenkasse auf Sie aufmerksam und Sie werden eventuell zu einem Gespräch mit einem anderen Arzt gebeten. Seien Sie höflich, aber bestimmt, nicht zu weich, dann hat er keine Macht über Sie.

Sie möchten jetzt krankgeschrieben werden, weil Sie nicht mehr zur Arbeit gehen wollen. Ganz einfach.

1. Lassen Sie sich krankschreiben, weil Sie nicht mehr zur Arbeit gehen wollen.
2. Lassen Sie sich erst wieder gesundschreiben, wenn Sie wieder hingehen möchten.

Der Zeitpunkt wird kommen, an dem Sie der Gemeinschaft wieder nützlich sind, aber vielleicht auf neue und schöne Art. Womöglich hat er mit 1. schon begonnen. Nichts wäre gesünder!

IV.

Moral hält uns klein

*»Durch Zweifeln kommen wir zur Untersuchung;
in der Untersuchung erfassen wir die Wahrheit«*
Pierre Abaillard

Alles ist wunderbar fremd. So hatte ich mir das vorgestellt. Die freie Welt ist nicht von hier. On the Autobahn, the radio's playin' my favourite songs. Ich fühle mich wie eine Banditin, free fallin', ein Abschied ins Ungewisse, I'm on a road to nowhere. Da ist kein Ziel in Sicht. Was für ein Start.

Ich sitze in meinem wippenden Fahrerhäuschen, jage mit 80 Sachen durch hügeliges Land wie ein Wildpferd auf der Pferderennbahn. Denn alle sind schneller als ich. Auf ihrem Gas-Fuß sitzt ein Jockey aus Blei. Ich bin vielleicht langsamer ohne diesen Peitschenantrieb. Aber ich bin frei. Meine Mähne weht im Vorwärtswind. Ich will, dass John Wayne ein Foto von mir macht. Denn diese Momente, in denen alles klar, richtig und nur gut erscheint, sind allzu sprunghaft. Wie ein Wildpferd, das vor der Nebelwand scheut.

Die Sicht ist schlecht. Ich mache das Fenster auf, damit der dichte Zigarettendunst hinausziehen kann. Alle Gedanken bitte gleich mit.

Doch noch sehe ich einen Leisetreter aus der Spin-Doctor-Abteilung, der unbemerkt ins Büro kam, flüsterte und beim Verlassen des Raumes Sekunden brauchte, um die Tür zu schließen. Ich denke an einen Staatssekretär mit Anpassungsneurose, wie er sich kerzengerade in die Ecke stellte, das Mäppchen unterm Arm wie ein Soldat der Palastwache oder ein Edel-Kellner. Ich sehe ein Mädel mit kühlem Blick, das wahrscheinlich in diesem Moment von Gleichberechtigung twittert, während sie Plüschtiere auf ihrem Desktop drapiert. Sie werden das so lange tun, bis sie befördert werden. Aber sie kennen es ja auch nicht anders, so wurde es ihnen beigebracht.

Ich denke an das riesige Leinwandbild über dem Tisch im Sitzungszimmer von irgendeinem Design-Künstler aus Berlin. In einer geometrischen Komposition, urban und schick, formiert sich in roten Lettern: »Bäm! Rock it! Talk!« Ich denke an die Sitzungen, in denen alle ganz lieb unter diesem Bild saßen und in ihren teuren Notizheften herummalten. Zwei Stunden jeden Tag. Und nichts kam dabei heraus, wobei alle zum Schluss immer aufzuwachen schienen, einander gratulierten und versicherten: »Es geht vorwärts! Wir knacken die Sache!«

Ich verstehe immer noch nicht, was wir damit gemeint haben. Diese stoische Straße muss schuld sein. Ich trete das Gaspedal durch. Ich weiß, dass mein Abgang wie das Abziehbild eines Roadmovies aussieht. Aber ich brauche es, um loszukommen, ohne traurig zu werden.

Hoffentlich kommt bald eine Abfahrt. Diese deutsche Autobahn macht absonderliche Dinge mit meinem Hirn. Der Motor dröhnt barbarisch, nur mühsam nähert sich die Tachonadel der 100, die Landstraße kann nicht mehr weit sein. Meine Sinne werden von dem Lärm eingesogen, das Beben rüttelt meinen Kopf leer, der Wind trägt den Ausschuss in die planierte Autobahnlandschaft. Erlösung stellt sich ein. Weil dann auch noch das Ausfahrt-Schild aus dem Horizont schlüpft, werde ich wieder fröhlich. Ich schalte einen Gang runter, als ich schließlich die Berge in der Ferne sehen kann. Noch zwei Stunden Fahrt bis zur Grenze. Wenn die Sonne den Tag zurücklässt, werde ich das Land verlassen haben.

Es ist schon tiefe Nacht, als ich irgendwann nur noch grob meinem Orientierungssinn und der größten Straße folge. Die Grenze liegt längst hinter mir. Die Euphorie des Moments, als der grell erleuchtete Posten vorbeizog, ist schon fast vergangen. Die Schweiz umrahmt den Sichtwinkel durch die Frontscheibe als dunkelblaues schwarzes Gewölbe. Ein dunkelblauer Nachthimmel. Ich rätsele eine Weile, versuche meinen Blick in die Ferne zu schärfen, ehe ich erkenne, dass das Schwarz nicht mehr zum Firmament gehört. Die Berge ragen derart hoch hinaus, dass man sie tatsächlich übersehen könnte. Ein Wunderland, spricht das Kind aus der norddeutschen Tiefebene in mir. Doch das Entzücken entspringt längst nicht allein dem Erstaunen. Mein Herzklopfen gilt vor allem einem Gefühl, das größer ist als ich. Das Bergmassiv ist sein Bildnis. Ich bin stolz, groß und mächtig. Ich bin müde. Ich bin raus.

Ich weiß noch nicht, was mich gerade mehr antreibt, die Flucht vor dem Unsinn oder die Suche nach irgendeinem Sinn in dem, was wir Arbeit nennen. Wieso scheint Arbeitsmoral das einzige Sinnkonstrukt zu sein, das uns den Unsinn ertragen lässt?

Eine gute Arbeitsmoral ist der Motor jeder produktiven Gesellschaft. So lautet das Mantra der Arbeitsgesellschaft. Und weil man davon ausgeht, dass es in einer produktiven Gemeinschaft allen besser geht, wird an dem Mythos Arbeitsmoral festgehalten. Vor allem Unternehmer und Politiker schwören darauf. Es ist ein altes Lied und eigentlich in Zeiten einer sich »wandelnden Arbeitswelt«, wie sie sogar die sogenannten Leitmedien besingen, kaum zu fassen. Doch diese alte Marschmusik zieht immer noch. Ein Ohrwurm für die Massen. Alle hübsch im Gleichschritt. Wer zu langsam ist, dem werden die Hacken blutig getreten. Wer aus der Reihe fällt, bleibt liegen. Nur der Weg nach vorne ist frei. An die Spitze der Einheit schafft man es allerdings nur mit Ellbogen- oder Waffeneinsatz.

Das Problem an der Arbeitsmoral ist gar nicht, dass Menschen sich für ihre Arbeit einsetzen. Geschieht das nämlich aus einem inneren Antrieb, für eine Sache und deren Sinn, ist das keine Arbeitsmoral, sondern Begeisterung, Überzeugung oder sogar Leidenschaft. Ein komplett anderer Sound, der inzwischen jedoch auch vermarktet wird.

Die meiste Zeit funktioniert eine »gute Arbeitsmoral« aber mit Unterdrückung und Schuld. Es spielt keine Rolle, was, warum oder wie jemand etwas tut. So lange man etwas und am besten viel davon tut. Die Arbeitsmoral, die uns gepredigt wird, ist von Natur aus tumb und erstickt jede Fantasie im Keim. Denn wer mit Fantasie denkt, dem fällt etwas Besseres ein, als in erster Linie produktiv zu sein. Massenhafte und stete Produktivität bringt nämlich vor allem einen immensen Überschuss hervor. Convenience-Lebensmittel, Autos, E-Mails, Meetings, Überstunden, Kopfschmerztabletten – von allem ist zu viel da.

Ich erinnere mich an die Dutzenden »Vermerke«, die jeder in der Anderen Volkspartei zu wichtigen und unwichtigen Fragen verfassen musste und sie per Hauspost durch die Büros verschickte, um Vorgesetzte und Kollegen auf den neuesten Stand der Dinge zu bringen. Diese Aufsätze kosteten Kraft und Zeit. Viel zu viel davon. Denn zurück kam immer weniger, als man hineingesteckt hatte, oder gar nichts. Man war in der Regel so schlau wie vorher, und der Aufsatz versickerte als Arbeitsnachweis. Mehr wollte wohl auch nie jemand wissen. Was zu viel ist, kommt auf den Müll. Doch wer nicht zu viel produziert, landet ebenfalls dort. Was für ein Blödsinn!

»Glück auf!«
Bergmannsgruß

Wenn man mit der Natur allein ist, wird man schnell mal poetisch. Keine Sorge, ich werde Ihnen jetzt nichts vom Kiefernnadelduft in der Luft, einem drolligen Eichhörnchen oder einer großmächtigen Schneeeule erzählen, um im »Zurück zur Natur« die Sinnfrage nur allzu leicht abzukürzen. Der Raum ohne Zivilisation, den wir Wildnis nennen, hat nur einfach etwas Erhebendes und Erdrückendes zugleich. Ein Widerspruch. Doch genau diese Unvereinbarkeit liegt dem Existenzialismus zugrunde. Eigentlich noch mehr der Philosophie des Absurden.

»Das Leben lässt sich einfacher leben, wenn es keinen Sinn hat«, schrieb Albert Camus 1942 in seinem Essay *Der Mythos vom Sisyphos*. Wie der Name schon sagt, bediente sich Camus des griechischen Mythos des Sisyphos, der es sich durch List und Widerborstigkeit mit den Göttern verscherzt hatte und schließlich von Hermes auf alle Zeit in den Hades verdammt wurde, um einen Felsen einen Berg hinaufzuwälzen. Doch jedes Mal, wenn er den Brocken fast bis zum Gipfel gewuchtet hatte, rollte dieser wieder hinunter ins Tal. Und Sisyphos musste mit der Plackerei von vorne beginnen.

Für Camus ließ sich mit dieser Legende die Sinnlosigkeit und Absurdität des Daseins belegen. Allerdings nicht in jeder Konsequenz. Denn auch dem Schriftsteller und Philosophen war klar, dass vieles von dem, was wir tun, uns total sinnvoll erscheint. Unser Gehirn ist schuld daran. Es zaubert uns ein Bewusstsein, mit dem wir gar nicht anders können, als unser Leben als sinnvoll zu erachten. Laut Camus hat die Welt jedoch in Wahrheit weder Sinn noch Zweck – sie ist einfach nur da. Der Sinn, den wir unserem Sein auf Erden also geben, entspringt einzig und allein unserem Kopf. Mit Geist und Bewusstsein finden wir überall Bedeutung und Nutzen.

Klingt anstrengend. Ist es auch. Denn es ist alles für die Katz. Das Universum ist komplett sinnlos, weiß Camus. Und wir suchen mit unseren Superhirnen trotzdem immer weiter nach einem Sinn. Dass das schlussendlich für Irritationen sorgen muss, liegt auf der Hand. »Der ganze große Sinn meines Lebens spielt sich nur in meinem Kopf ab, aber mit der Welt da draußen hat das alles gar nichts zu tun? – Das ist ja absurd!« Dieser Erkenntnis ließ Albert Camus eine Frage folgen: Wie können wir in solch einem Widerspruch leben? Er fand nur eine Antwort: Um gut zu leben, müssen wir mit dem Widerspruch fertig werden! Camus will, dass wir die Sinnlosigkeit unseres Daseins akzeptieren. Nur dann könne uns ein erfülltes und freies Leben gelingen.

Mit dem berühmtesten Zitat seiner philosophischen Analyse des Mythos vom auf Ewigkeit zur stoischen Arbeit verdammten Sisyphos bringt es Camus auf den Punkt: »Der Kampf gegen den Gipfel vermag ein Menschenherz auszufüllen. Wir müssen uns Sisyphos als glücklichen Menschen vorstellen.«

Sind wir also alle zum sinnlosen Schaffen verdammt? Geht der Traum von der eigenen Freiheit erst in Erfüllung, wenn wir die Sinnlosigkeit unseres Tuns akzeptieren? Es wäre zumindest ein erster Schritt, sich von einer tumben Moral zu emanzipieren und nicht weiter so zu tun, als wäre Arbeit per se sinnvoll, nur weil andere es behaupten.

»Der Instinkt scheint einen drohenden Verlust zu spüren,
der so riesig und unumkehrbar ist,
dass der Verstand sich weigert, seine Größe zu ermessen.«
Into the Wild

Was ist eigentlich mit mir los? So schnell aufgeben? War das nicht schon immer so, dass junge Leute mit der Welt hadern, es anders machen oder zumindest etwas verändern wollen? Und wenn es sich nicht ändern lässt, dann werden sie muksch, lassen sich die Haare wachsen, schwingen sich in rostige VW-Busse und fahren irgendwohin, wo sie andere treffen, die auch so sind. Dann hängen sie am Strand rum, surfen, rauchen Joints und träumen Pläne.

Ich wache an einer Raststätte auf. Ich kann meinen Atem sehen. Obwohl ich mich direkt mit Jeans und Kapuzenpulli in die Daunendecke gewickelt hatte, ist es, als hätte ich in einer Gletscherspalte übernachtet. Ein paar Huster sind nach der miserablen Nacht die ersten Laute des Tages. Die Scheiben sind beschlagen. Ich rauche erst mal eine Zigarette. Wie kann man nur so doof sein und eine junge Karriere an den Nagel hängen?

Und wer einmal draußen war, wer eine Lücke im Lebenslauf hat, der kommt nie mehr rein. Das weiß jeder. Dann muss man bei Starbucks arbeiten, bei McDonald's oder als Berufsschullehrer in einer ostdeutschen Kleinstadt. Vielleicht noch als Bewährungshelfer hat man Möglichkeiten. Mag sein, dass das »ehrbare« Berufe sind, aber dafür war ich nicht angetreten. Wofür dann?

Irgendwas holt einen immer wieder ein, wenn der Wagen still steht. Das ist das Wesen der Flucht. Wenn man fährt, schafft es die stetig wachsende Distanz, dass die Gedanken einfach mit der Landschaft an einem vorbeifliegen. Bleibt man stehen, rasten sie mit einem und erobern ihren Raum, formen sich zu Gewissen, Zweifeln, dem Zwiegespräch von Engelchen und Teufelchen. Musste das denn wirklich sein? Gab es nicht einen anderen Weg, einen Plan, einen ganz normalen Aussteigertraum nebenbei, wie ihn schon viele leben? Hätte sich Durchhalten nicht auch lohnen können? Ist das hier eine Ausrede? Der Beginn eines verkorksten Lebens?

In der Verborgenheit hinter den noch beschlagenen Scheiben wische ich mir ein kleines Sichtfenster. Die Raststätte ist eigentlich nur eine große Parkbucht an der Landstraße mit zwei Zapfsäulen. Der Tankwart bedient gerade einen silbergrauen Porsche Cayenne mit Züricher Kennzeichen. Zwei Kinder sitzen hinter getönten Scheiben auf der Rückbank, popeln in der Nase und schauen dem Tankwart dabei zu, wie er den Stutzen einschiebt. Die blonde Frau auf dem Beifahrersitz zieht die Lippenkontur nach. Der Alte steigt zum Bezahlen aus. Sein Anzug ist in Wagenfarbe, silbergrau-metallic.

Auch der Tankwart scheint zu frieren, er reibt sich die Hände warm. Ein Hadern mit sich und der Welt kann ich ihm jedoch nicht ansehen. Hat er vielleicht rein gar nichts auszusetzen an seiner Arbeit? Denkt er denn gar nicht oder nur ans Trinkgeld, dass Langweiler aus ihren grauen Sakkotaschen ziehen? Ehe meine Fragen vollends unüberschaubar werden, fasse ich den einzig richtigen Entschluss: Weiterfahren! Nicht mehr umdrehen. Irgendwann werden die Verfolger abgehängt sein, nicht?

Ich will den Motor anlassen. Batterie leer. Technische Durchtriebenheiten des postindustriellen Zeitalters: Wer das Licht zu lange anlässt, dem geht der Saft aus. Dass das Licht in der griechischen Antike einmal für Erkenntnis stand, scheint die Ingenieure von heute nicht mehr zu interessieren. Wie besengt drehe ich immer wieder den Schlüssel im Zündschloss, als würde der Fels des Sisyphos gerade den Berg hinabgerauscht kommen und drohen, mich zu zermalmen, wenn ich hier jetzt nicht sofort Land gewinne. Doch das Schrottomobil seufzt bloß träge.

Mit dem Tankwart habe ich mehr Glück. Zunächst beobachtet er mein Versagen aus höflicher Distanz. Als ich das nächste Mal aufblicke, hat er sich offenbar wie ein neugieriger Bär meinem Parkplatz genähert. Ich bemerke ihn jedenfalls erst, als er bereits direkt an der Beifahrerseite steht und an die Scheibe klopft. Mein zuckender Schreck ist uns beiden peinlich und vereint sich in einem lächelnden Gruß. Ich kurble die Scheibe herunter.

»Grüezi! Kann ich Ihnen helfen?«

»Vielen Dank, das wäre tatsächlich super. Könnten Sie mich vielleicht irgendwie überbrücken?«

»Aber sicher! Hier soll keiner stehen bleiben. Dieser Ort ist doch kein Ziel einer Reise, oder?«

Der bärtige Mann mit einem dünnen Pferdeschwanz am runden Kopf scherzt und weiß doch um die Wahrheit seiner Worte. Ehe ich mich bedanken kann, hat er sich schon abgewandt, murmelt etwas von »gleich wieder da« und tapert mit Gemach außer Sichtweite.

Währenddessen versuche ich herauszufinden, wie sich die rostige Motorhaube öffnen lässt. Als sie endlich aufspringt, steht er wieder neben mir. In der Hand zwei dicke Kabel, im Gesicht ein breites Grinsen. »So, nun wollen wir mal zusehen, dass Sie hier wieder wegkommen!«

Danke, Herr Bär! Was für eine Gnade an diesem Morgen, dass es noch Menschen zu geben scheint, die nicht das verkörpern, was mich verfolgt. Herr Bär ist der erste Mensch, mit dem ich seit meinem Aufbruch aus Berlin mehr als Floskeln des täglichen Bedarfs austausche. Während ich ihm dabei zusehe, wie er meinen Wagen wieder flottmacht, bemerke ich drei hochklassige Autos, die mittlerweile an den Zapfsäulen stehen und deren Fahrer den Eindruck vermitteln, dass sie sich nicht die Hände schmutzig machen wollen. Aber Herr Bär tut so, als hätte nur ich sie gesehen.

Stattdessen setzt er seine Pannenhilfe fort, eine Arbeit, die ja gar nicht zu seinen eigentlichen Aufgaben gehört. Doch Hilfsbereitschaft scheint ihm wichtiger zu sein als effiziente Arbeitsmoral. Und ich bin begeistert, dass sich da jemand mit größter Gelassenheit über meine Zweifel erhebt, die er ja gar nicht kennt.

>>*Ich brauch mal Urlaub!*<<
Arnold Schwarzenegger
in Terminator 2

Woher rührt die blinde Treue, das stoische Folgen, ohne Widerstand oder Fragen an die Sitte Arbeit, die der Kapitalismus aktuell scheinbar besser zu instrumentalisieren weiß als je zuvor? Magie? Keine Frage, die Rahmenbedingungen sind schlecht, die Mächtigen werden immer mächtiger, die ohne Macht werden immer mehr und kriegen es trotzdem vor lauter eigenen Problemen und Interessen nicht hin, sich zu solidarisieren. Denn eine Kombination aus Moral und Mangel hält sie erfolgreich in Schach. Doch wie gelangen diese beiden zermürbenden Größen in die sogenannte >>Volksseele<<?

Tatsächlich, Moral und Mangel ergeben eine magische Mischung, die blinden Aktivismus erzeugt. Zur besten Sendezeit erreichen uns die Beiträge aus Wirtschaft, Politik, Sport und Gesellschaft. Ihre Botschaften rieseln auf uns hernieder wie Schneeregen – triefend und kalt insbesondere dann, wenn Führungspersönlichkeiten in der Öffentlichkeit zu Wort kommen. Also zum Volk sprechen und den Menschen erklären, warum die Moral es gebietet, den Mangel trotz Arbeit zu ertragen. Jeder muss nur das Beste aus seinem Leben machen. Sie wissen schon, Scheiße und Gold, alles ganz lieb.

Der Spott ist nicht meine Idee, sondern eine Vorlage aus Wirtschaft, Politik, Sport und Gesellschaft. Und die sieht so aus:

Betreff: MANGEL

Darth Vader: »Ihr Mangel an Glauben ist beklagenswert.«

Angela Merkel: »Unser ärgster Feind kann nur unser mangelnder Glaube an uns selbst sein.«

Ludwig Erhard: »Wohlstand ist eine Grundlage, aber kein Leitbild für Lebensgestaltung. Ihn zu bewahren ist noch schwerer, als ihn zu erwerben.«

Willy Brandt: »Nicht jeder, der auf eine Erbschaft scharf ist, kommt auf seine Kosten.«

Die Zitate könnten Ödön von Horváths Drama *Glaube Liebe Hoffnung* entsprungen sein. Der Stoff um die junge, wild entschlossene Elisabeth, die aus ihrem verkorksten Leben etwas machen will, aber Geld für einen Gewerbeschein braucht, um als Vertreterin arbeiten zu können. Der Wahnsinn eines alten Dramas ist der Wahnsinn von heute: Es braucht Geld, um zu arbeiten und Geld zu verdienen. Elisabeth will sich von Krise und Arbeitslosigkeit nicht unterkriegen lassen. Doch ihre Geschichte, in der das Scheitern der christlichen Tugenden Glaube, Liebe und Hoffnung vorgeführt wird, endet mit dem Tod.

Die Moral von solchen Geschichten, nämlich dass Moraltugenden nichts taugen, wenn sie einzig und allein als Dogma dienen, verstummt mit dem Applaus. Bis heute hat sich die Arbeitsmoral als innerliche Verordnung gehalten, mit der man öffentlich niemals falsch liegen kann.

Betreff: MORAL

Gerhard Schröder: »Wer arbeiten kann, aber nicht will, der kann nicht mit Solidarität rechnen. Es gibt kein Recht auf Faulheit in unserer Gesellschaft!«

Boris Becker: »Meine Philosophie ist eigentlich mehr die, dass ich arbeite, um zu leben ...«

Ursula von der Leyen: »Die Angebote müssen Schlag auf Schlag kommen. Tempo, Tempo, Tempo. Heute meldest du dich arbeitslos – und morgen hast du was zu tun.«

Franz Beckenbauer über Uli Hoeneß' Steuerhinterziehung: »Ich kann Uli nur die Daumen drücken, dass es gut ausgeht.«

Also: Glaub an dich (Angela Merkel und Darth Vader), denn auf eine fette Erbschaft musst du nicht hoffen (Willy Brandt) und der Wohlstand ist eh schneller weg, als er kommt (Ludwig Erhard). Wenn du also leben willst, musst du arbeiten (Boris Becker). Hauptsache, du hast was zu tun (Ursula von der Leyen) und verzichtest auf dein Recht auf Faulheit (Gerhard Schröder). Dann wird man dir die Daumen drücken (Franz Beckenbauer). Amen.

Fakt ist: Wir arbeiten immer mehr. 2005 lag die Zeit der von Erwerbstätigen in Deutschland geleisteten Arbeit bei 55 774 Milliarden Stunden, 2012 waren es schon 58 113 Milliarden. Tendenz steigend. Nicht erfasste Überstunden und Nicht-Erwerbsarbeit wie die Pflege eines Angehörigen, ein Ehrenamt, Fortbildung oder Abendstudium sind da übrigens nicht mit eingerechnet. Warum nur arbeiten wir so viel?

Die meisten mir bekannten Arbeitskritiker haben in ihren Analysen ein Hühnchen mit Martin Luther zu rupfen. Ausgerechnet der rebellische Mönch bereitete mit der Reformation den Boden für unsere Arbeitsmoral. Er hatte es satt, dass die römisch-katholische Kirche mit den Sünden ihrer Schäfchen ein florierendes Geschäft betrieb und fleißig Ablassbriefe vertickte (»Wenn das Geld im Kasten klingt, die Seele aus dem Feuer springt«, sprach damals ein reisender Ablassprediger). Als Luther am 4. September 1517 seine 97 Thesen an die große Pforte der Schlosskirche in Wittenberg nagelte, protestierte er damit allerdings weniger gegen die Finanzpraktiken der katholischen Kirche, sondern vielmehr gegen das seiner Ansicht nach verkehrte Verständnis von »Buße«.

Mönch Luther hatte eine »Erleuchtung« in seinem kleinen Turmzimmer-Büro, die ihn erkennen ließ: Gottes Gnade ist ein Geschenk an die Menschen. Und niemand kann sie sich erkaufen oder irgendwas Konkretes tun, um sie zu bekommen. Ob man zu den »Begnadeten«, also »Beschenkten« gehört, liegt einzig und allein in Gottes Hand. Luther nennt das die Gerechtigkeit Gottes – »sola gratia« (allein aus Gnade). Damit war für Luther die Theologie des Mittelalters, die zwischen menschlichem Können und göttlicher Offenbarung taxierte, im Eimer.

Diese sogenannte Rechtfertigungslehre beeinflusste auch maßgeblich Luthers Verständnis von Arbeit. Der Glaube, dass einem Christen wegen seines besonderen Standes ein Platz im Paradies gesichert war, war außer Kraft gesetzt. Arbeit war jetzt ein »Beruf«. Von Gott instand und Arbeit berufen. Ein jeder sollte sich dem fortan fügen und buckeln bis zum Umfallen. Das war der neue Deal. Umfallen ist gottgefällig. Und alle müssen mit.

Nach Luthers Auffassung sind alle Christen Multi-Jobber. Denn jeder habe eine äußere und eine innere Berufung. Äußerlich Magd, Knecht oder Fürst, innerlich Gott zu ehren und zu preisen. Mit dieser inneren Haltung würde der Job plötzlich zum Beruf. Kommt Ihnen das bekannt vor? Kein Wunder: Dieselbe Melodie füllt unzählige Sachbücher und Ratgeber der letzten Jahre zu den Themen Arbeit, Beruf und, ja, Lebenshilfe.

Luther predigte 1532: »Wenn du eine geringe Hausmagd fragst, warum sie das Haus kehre, die Schüsseln wasche, die Kühe melke, so kann sie sagen: Ich weiß, dass meine Arbeit Gott gefällt, zumal ich sein Wort und Befehl für mich habe.«

300 Jahre hat es gedauert, aber dann saß das Mantra bombenfest. Das Paradies wartet im Jenseits, hier auf Erden wird geschuftet. Nicht in erster Linie, weil man will, sondern weil es unsere Pflicht ist. Ein guter, also ein moralischer Mensch arbeitet.

>>*Zeit ist Geld.*<<
Benjamin Franklin

Ich bin ganz gerührt davon, wie Herr Bär sich emsig an der Verkabelung zwischen meinem Schrottomobil und seinem alten Jeep zu schaffen macht. Die Wurstelei bereitet ihm jedenfalls weder Stress noch Mühe. Die drei Autos parken immer noch in Reihe vor den Zapfsäulen. Zahlende Kunden warten nun schon seit einer ganzen Weile an der Kasse, um bei Herrn Bär ihre Rechnung zu begleichen.

>>Sie können ruhig erst mal Ihre Kundschaft versorgen. Ich habe keine Eile.<<

Doch der Tankwart schüttelt nur den Kopf und brummt.

>>Ich springe hier nicht für das Geld von denen. Das hier ist die einzige Tankstelle weit und breit und mein Sprit ist trotzdem kaum teurer. Da mache ich mich doch nicht zum Dienstboten.<<

Huch, so eine Rede habe ich nicht erwartet. Ich kann nur kurz antworten – >>Da haben Sie recht<< –, als der Bär bereits weitermurmelt.

>>Nein, nein, hier herrschen andere Regeln.<< Er grummelt. >>Das wissen die auch. Solche Spielchen können die in ihren Glastürmen in Zürich oder sonst wo spielen. Die sind eh alle nur auf dem Weg in ihr Landhaus. Die haben die Ruhe nur verlernt. Ich spiele hier mein eigenes Spiel, wissen Sie. Das ist mein Luxus. Leute mit zu viel Geld warten lassen. Manchmal geh ich auch einfach aufs Klo, wenn so einer zahlen will.<<

>>Ich danke Ihnen!<<

>>Wofür?<<

»Dass Sie Ihre Tankstelle zu einer Station meiner Reise gemacht haben. Sie sind echt ein Held!«

Noch am Abend will ich in Florenz angekommen sein.

»Furchtsam gegenüber Unbekannten.«
Gilberte Favre über das Wesen der Schafe

Mit dem »kapitalistischen Geist«, wie der Philosoph und Soziologe Max Weber das religiös begründete Konstrukt nannte, das unserer Arbeitsmoral bis heute zugrunde liegt, ging es erst so richtig los, als Luther 1546 bereits mit 62 an Herzversagen gestorben war. Viele »Reformatoren« machten sich in lutherischer Mission auf den Weg und sammelten ihre Schäfchen. So auch der Franzose Johannes Calvin. 1602 tauchte zum ersten Mal der Name »Calvinismus« für eine theologische Bewegung auf, die das moralische Argumentationsgerüst hinter der Pflicht zu arbeiten noch um einiges radikaler predigte als ihr lutherisches Vorbild.

Nach Luther wurden grundsätzlich erst einmal alle Christen mit Gottes Gnade beschenkt. Wenn man brav arbeitete und an Jesus Christus glaubte, konnte da eigentlich nicht viel schiefgehen. Und für den größten Notfall blieb auch noch die Buße und man konnte seine Gnade wiederbekommen. Calvins Lehre hingegen sah das mit der Gnade nicht so entspannt und trichterte allen ein, dass Gott einige Menschen auserwählt hat (woohoo! ewiges Leben) und andere nicht (shit! ewiger Tod). Alles ist vorherbestimmt. Man kann da rein gar nichts machen.

Nun könnte man glauben, dass so eine Ansage durchaus einen entspannenden Effekt hat. Die Menschen würden alle viere von sich strecken und von aller Last und Anstrengung befreit ein fröhliches Leben führen, ehe sie am Ende der Wahrheit ins Gesicht sehen müssen. Was soll's, ich habe es ja eh nicht in der Hand, also mache ich jetzt einfach, was ich will. Doch weit gefehlt. Statt den Duft von Freiheit zu schnuppern, rannten die Schäfchen wie unter tobenden

Gewitterwolken zur Herde zusammen und vereinigten sich in ständiger Angst. Welches Schaf erliegt als Nächstes dem Donner der Ungnade? Bin ich es?

Damit die gläubigen Seelen nicht an ihrer Ungewissheit zugrunde gehen, hatte Calvin sich in seiner Lehre einen Kniff überlegt, der die Gewitterwolken vertreiben sollte. Er erklärte allen Schafen, dass es ihre Pflicht sei, sich für auserwählt zu halten. Und wer daran zweifelte, zu den Erwählten zu gehören (konnten ja schließlich nicht alle auserwählt sein – dann wäre es letztlich ja keiner), war dem Teufel verfallen. Weil sich das natürlich kein Schaf vorwerfen lassen wollte, gehorchten sie.

Wer zu den Auserwählten gehört, oder es zumindest glaubt, hat einzig und allein die Aufgabe, sich in dieser Welt nützlich zu machen. Und damit das auch jeder mitbekommt, steht der Erfolg an erster Stelle allen Strebens. Wer Zeit vergeudet, begeht die schlimmste Sünde. Wer zu lange schläft, ist faul – Sünde! Wer sich gefällig in Luxus ergeht, ist undankbar – Sünde! Dankbar und gehorsam sollen sie ihrer Arbeitspflicht als Selbstzweck nachgehen. Allem voran bestimmen Fleiß, Disziplin, Sparsamkeit und Genügsamkeit das vorherbestimmte Schicksal. Max Weber nennt das »innerweltliche Askese«. Auch gute Werke bringen einem keine Gnadengewissheit. Und trotzdem sind sie als Zeichen der Erwählung absolut wichtig – die Geburt der Charity-»Arbeit«!

Die Arbeitsethik nach Calvin hat heute nur noch herzlich wenig mit religiöser Gottesfurcht zu tun. Dachte ich jedenfalls. Umso erstaunter war ich, als ich mich aus Neugier in einer dieser Online-Börsen-Communitys herumtrieb und bei den erfolgreichsten, also abgebrühtesten »Tradern« bibeltreue Kommentare zu lesen bekam. Zwischen Devisentipps und Kursprognosen hieß es plötzlich: »Liebe Brüder und Schwestern, ich empfehle Silber über den Jahreswechsel. Nur kein Gold. Gott sei mit Euch!« Der Herr mit Haarkranz, wie sein Trader-Profilbild verriet, handelte auf der höchsten Risikostufe, alles oder nichts war seine Strategie. Er musste wirklich glauben, auserwählt zu sein; bei so einem Kamikaze-Portfolio konnte nur Gottes Gnade helfen. Eine ganze Reihe seiner Tausenden Follower reagierte auf den Gruß. Dabei waren nicht etwa Platitüden wie »Dividende gut, alles gut« oder »Happy Trading« die Renner, sondern »Gott segne Dich!«.

Vielleicht einfach ein skurriler Zufall. Gruselig wurde es allerdings, als ich unter den Einträgen der Handelsgemeinde immer wieder über die Bezeichnung »@Evangelist« stolperte.

Sie sind Missionare, Prediger, Jünger. Eine Gruppe Auserwählter, die anderen mit Rat zur Seite steht, wenn die ihren Gewinn ebenso maximieren wollen. Denn der Heiland ist ihnen erschienen. Jesus lebt. Hier kann jeder übers Wasser gehen, Erfolg und Gier werden dich tragen. Der Glaube verleiht Flügel, dollarnotengrüne.

So wahnsinnig das jetzt vielleicht klingen mag, ist es wirklich. Denn dieser Handel mit launischen Grafiken und Zahlen ist neben dem großen Spiel auch bitterer Ernst, dem sich die Wirtschaftsordnung vollends unterworfen hat. Dass da keiner plant, eine moralische Instanz zu werden, hat zuletzt Fußballmanager und Wurstfabrikant Uli Hoeneß bewiesen.

»Die Einsamkeit ist wie der Duft mancher Giftpflanzen,
süß, aber betäubend, und mit der Zeit geradezu verderblich,
selbst für die stärksten Konstitutionen.«
Friedrich Spielhagen

Kurze Verschnaufpause. Schon irgendwo in der Toskana folge ich einer Abfahrt mit dem verheißungsvollen Ziel »Autogrill«. In Ligurien fegten mir noch heftige Spätsommer-Gewitter entgegen. Hier in Mittelitalien ist es ruhig und sonnig, alles sieht aus wie auf einer Postkarte. Tausende deutsche Grundschullehrerinnen, Unternehmensberater, Versicherungsfachangestellte oder anderweitig Geplagte sind dem Charme vom »dolce vita« schon verfallen. Die Italiener verstehen zu leben. Hier schmecken die Antipasti vom

Autogrill sogar noch besser als im deutschen Feinschmeckerladen. Fantastico, »man gönnt sich ja sonst nix« – außer im Urlaub. Da darf's dann auch mal ein bisschen mehr sein. Man hat es sich verdient. Urlaub.

Da bewundert man dann, wie der Efeu sich an den Fassaden der alten »Rusticos«, also Landhäuser, hochräkelt, die Dächer ganz knöchern verkalkt sind und die Farbe von den Fensterrahmen abgeblättert ist. Man genießt italienischen Landwein auf der Terrasse vor einem wuchernden Garten, ist verzückt, dass die Pizza hier ja »viiiiel besser schmeckt als zu Hause«, und freut sich, wenn Adriano Celentano im Radio gespielt wird. Zwei Wochen. Urlaub.

Es ist eine magische Zeit für jeden hart Arbeitenden. Im Urlaub soll man sich erholen, die Strapazen wegrelaxen. Alles dient der Wiederherstellung der eigenen Arbeitskraft. Volle Power.

Ich sitze auf einem Betonpfeiler dieses Rastplatzes und bin noch nicht mal auf der Durchreise. Denn meine Reise ist kein Urlaub. Ich bin ja nicht mehr »in Arbeit«. Ich habe gekündigt und bin einfach losgefahren, weil ich herausfinden wollte, was passieren wird. Mein Ziel ist es, die Ungewissheit herauszufordern und ins Nichts zu brettern. Vielleicht ist es auch einfach nur das vorzügliche Pecorcino-Baguette, das ich mir gerade Bissen für Bissen zwischen die Kiemen schiebe und das meine Laune unmittelbar bessert. Irgendwas scheint mir in diesem Moment jedenfalls zu sagen, dass dieses Nichts die größte »Chance« meines Lebens ist. Keine Karriere gegen die Karriere – große Gefühle mischen sich im Aufbruch.

Beflügelt tänzele ich zum Schrottomobil, zünde mir eine Zigarette an und starte den Motor. Der Italo-Schlager-Sender bleibt laut, bis ich auf Florenz' Zubringerstraße das wegweisende Schild eines Campingplatzes entdecke. Ich will noch duschen, ehe ich am Abend meine alte Urlaubsbekanntschaft Valentina in der Trattoria treffe, in der sie arbeitet. Die Straße hängt mir in den Haaren, der Fluchtschweiß dünstet merklich aus, an meinen Händen klebt immer noch ein Rest Motoröl aus der Schweiz.

Eine kleine Landstraße führt mich an den Rand von Florenz. Selbst Suburbia sieht hier niedlich und verträumt aus. Und das bisschen Grau strahlt die Sonne aus dem Blickfeld. Ich folge aufmerksam den Campingplatz-Wegweisern, die alle Hundert Meter an einer Hauswand baumeln, und bin bereit für die Ankunft in meinem ersten Unterschlupf.

Kurz bevor ich ungeduldig werde, erspähe ich eine große Version des Camping-Logos an einem eisernen Tor, das einen Waldweg hinaufzeigt. Im ersten Gang eiere ich die unbefestigte Straße hinauf, durchs Fenster zieht ein frischer Luftzug mit Waldduft. Herrlich. Hinter dem letzten Hang tut sich plötzlich ein imposantes altes Herrenhaus auf. Am Eingang des anliegenden Gartens hängt ein Schild, das die Grünfläche als den Campingplatz ausweist. Eine riesige Wiese für mich allein. Fast. Aber die anderen drei Wohnmobile in drei verschiedenen Ecken der Fläche können den Eindruck nicht trüben. Die vierte unbesiedelte Ecke ist meine. Ich parke und reiße erst einmal alle verfügbaren Klappen, Türen und Fenster am Schrottomobil auf. Durchatmen. Auch für meinen treuen Freund mit den lockeren Schrauben.

Die Einsamkeit des »lonesome Cowgirls« ist schnell verflogen. Mit wippendem Gang und in Freibadlaune mache ich mich mit dem Handtuch über der Schulter und frischen Klamotten unterm Arm auf die Suche nach den Duschen. Über einen kleinen Weg geht es hinauf zur Terrasse des Herrenhauses. Ich schaue mich um und könnte juchzen vor so viel »Bellissima!«. Mache ich jedoch nicht. Denn diese Gruppe von Anfang-50-Jährigen, die in Shorts, Badelatschen, die Herren oben ohne und die Damen mit pastellfarbenen Tanktops, am hintersten Tisch der Veranda sitzen, bremst meine Beschwingtheit. Vor ihnen steht eine Flasche »Tannenzäpfle«. Dieses Bier gibt es doch nur im Schwarzwald, also zumindest kommt es daher? Dass es ein paar Berliner Bars als willkommene Abwechslung in ihr Angebot mit aufgenommen haben, okay, aber die Italiener? Ich muss offensichtlich zu lange in ihre Richtung geguckt haben. Der Mann mit dem rundesten Bauch spricht mich nämlich plötzlich an.

»Buonn Jorno, sinjorina.« Es sind Deutsche. Tatsächlich. Die haben sich ihr eigenes Bier mitgebracht.

»Guten Abend! Wissen Sie, wo hier die Duschen sind?«

Der Bierbauch guckt mich kurz verdutzt an, fragt sich wohl, woher ich wissen kann, dass er eigentlich gar kein Italiener ist. Dann schaltet er auf Antworten um.

»Na, die sind hier drin, im Haus unten, geradeaus und dann rechts durch.«

»Danke sehr. Einen schönen Abend noch!«

Es raunt bloß ein leises »Danke« hinter dem Schnauzbart des Bauchigen hervor. Die anderen beiden Herren schauen eher desolat aus der Wäsche. Die Damen haben eigentlich gar keinen Gesichtsausdruck, außer dass ihnen die Schwerkraft und scheinbar zu wenig Freude im Leben die Mundwinkel nach unten gezogen haben.

Erst als ich das graue Wasser sehe, das an mir hinab in den Duschausguss sickert, ist meine Laune wieder auf dem heiteren Stand wie vor der Begegnung mit den deutschen Flaschen. Frisch und fesch tänzele ich zurück zu meinem Bus.

»Lassen Sie den mal lieber nicht so offen da stehen«, raunzt es aus der Dämmerung von der anderen Seite der Wiese. Nach einem kurzen Schreck sehe ich, dass eine gartenzwergförmige Gestalt auf mich zukommt.

»Wenn im Urlaub was wegkommt, ist doch die ganze Erholung im Eimer.«

Ich kann nun erkennen, wer da unaufgefordert zu mir spricht. Der Bauch mit Schnäuzer will wohl Kontakt zu anderen »Einheimischen«, also aus der deutschen Heimat.

»Wie kommen Sie denn darauf?«

»Na ja, im Urlaub will man doch nicht, dass man auch noch beklaut wird, oder?«

»Wer sollte mich denn hier beklauen wollen? Hier ist doch ein Campingplatz mit drei, also mit mir jetzt vier, Wohnmobilen.«

»Ja, na ja. Man kann nie wissen.«

»Oder wollen Sie mich beklauen? Ehrlich gesagt, sehen Sie nicht so aus. Sie haben doch alles. Sogar Tannenzäpfle in der Toskana.«

»Den Camper ham wir uns hart erarbeitet. Das sag ich Ihnen. Wir wollen nix von Ihnen. Ich wollte ja nur nett sein.«

»Ja, das ist ja auch nett. Aber ich glaube nicht, dass mich hier jemand beklauen will, und ich war ja auch nur kurz duschen.«

»Man kann nie wissen.«

»Alles klar, ist ja noch mal alles gut gegangen. Verzeihung, aber ich muss jetzt leider los.« Ich schmeiße meine Klamotten durchs offene Fenster in den Bus.

»Italien ist ja auch inner Krise. Und mit deren Arbeitsmoral soll das auch nicht so doll sein, hat die Merkel neulich gesagt.«

»Mhm. Mein Herr, verzeihen Sie, aber . . .«

»Nee, verstehen Sie mich nicht falsch. Wir wollen denen ja auch helfen. Sind ja auch wieder im Urlaub hier. Aber einfach Füße hochlegen geht eben auch nicht.«

»Aber dazu ist Urlaub doch da? Ich meine, die Füße hochlegen.«

»Ja, aber klar. Ich meine die andern. Wir ham unser ganzes Leben geschafft. Sie sind ja noch jung. Sein Se' nur vorsichtig, will ich sagen.« Ich sitze mittlerweile am Steuer und will den höflichsten Moment abpassen, um den Motor zu zünden.

»Bin ich. Schönen Abend noch. Ich empfehle den Wein hier. Echt lecker. Erholen Sie sich gut.«

Ich bin zum ersten Mal dankbar, dass das Schrottomobil wahnsinnig laut startet und ich den Kobold kaum noch hören kann.

»Wenn Sie später wiederkommen, dann lassen Sie das Licht aus, beim Aufn-Platz-Fahren. Meine Frau ist so schreckhaft«, ruft er.

»Ciao!« Ich rolle außer Sichtweite und gen Ausgang des besetzten Paradieses.

Im Schimmer meiner roten Lichter kann ich den ängstlichen

Mann noch einen Moment im Rückspiegel sehen. Er sieht ja wirklich aus wie ein Kobold. Und als ich den Waldweg hinabholpere und schon langsam die Lichter der Stadt wieder sehen kann, kommt mir dieses Erlebnis gerade selbst wie eine arglistige Halluzination meiner unterbewussten Verfolger vor. Hatte ich die nicht in der Schweiz abgehängt? Dieser Typ kommt mir jedenfalls gerade vor wie die vollkommene Bündelung aller Eigenheiten, die das Selbstverständnis als »hart Arbeitender« in einem Menschen hervorbringt. Dieses heroische Pathos, wenn Menschen von ihrer Arbeitsmoral schwärmen. Sie tun das natürlich niemals protzig oder selbstgewiss. Helden der Arbeit bringen Opfer und Leid auf, damit die Moral in ihren Geistern immer schön die Angst deckelt. Doch eine Last ist beides und verrammelt die Tür im Oberstübchen, wo der innere Kobold weiter sein Unwesen treiben kann.

> *»Ich weiß, dass das doof ist. Aber ich zahle volle Steuern.«*
> *Uli Hoeneß, 2005,* Bild-Zeitung

Es ist ja wohl klar, dass sich in unserer heutigen Ordnung ein Politiker kaum auf das Neue Testament, Martin Luther oder gar den Calvinismus berufen würde, um das Volk zum Arbeiten zu treiben. Selbst die CDU mit ihrem »Christlich« im Namen hält sich da zurück. Einzige Basis für das heutige Mantra »Wenn ich arbeite, bin ich gut« ist das Steuersystem. Wer arbeitet, zahlt Steuern und finanziert damit allerlei, aber insbesondere den Sozialstaat, der denen Geld gibt, die nicht arbeiten. Dieses System ist eine Errungenschaft, keine Frage, doch die Moral dahinter entspringt auf ganzer Linie der protestantischen Arbeitsethik.

Luthers Rechtfertigungslehre wurde zur finanziellen Rechtfertigungslehre umgedeutet. Ziel ist nicht mehr Gottes Gnade durch christliche Arbeitsmoral, sondern die Gnade des Sozialstaats und seiner Steuerzahler mit »besser irgendeiner Arbeit als keiner Arbeit« zu gewinnen. Tatsächlich pastoral wird das, wenn sich die

Arbeitsministerin vor die Kameras stellt, also von der Medien-Kanzel zum Volk spricht, und von »neuen vollwertigen Mitgliedern der Gesellschaft« schwärmt, die mittels Maßnahme XYZ wieder »in Arbeit« bugsiert wurden.

Interessanterweise wird der, der nicht mehr arbeiten muss, nicht geächtet. Im Gegenteil: Ein Privatier, ein Erbe oder wer eben irgendwie »ausgesorgt« hat, wird geachtet, weil er sich seinen Wohlstand »hart erarbeitet« hat. Calvin lässt grüßen. Nur Erfolg rechtfertigt die Gnade der arbeitenden Bevölkerung für jemanden, der nicht mehr arbeitet. So jemand gehört zu den »Auserwählten«. Doch wer einfach so keinen Bock hat, bekommt den Volkszorn zu spüren.

Das Internet ist voll von solchen Wutausbrüchen. In allen Foren, die mir dazu untergekommen sind, fällt mindestens einmal der Satz »So jemand nicht will arbeiten, der soll auch nicht essen.« Gern genommen zum Beispiel, wenn es um die »faulen Griechen« oder sonstige vermeintliche Arbeitsverweigerer geht. Da ist er wieder – Martin Luther. Das Zitat stammt aus dem 2. Thessalonicher 3, in dem Paulus die Gläubigen vor dem Müßiggang warnt.

Am Beispiel der Euro-Krise zeigt sich übrigens eklatant, was Arbeitsmoral alles überstrahlen kann. Nachdem die Manager der Pleitebanken schließlich ganze Staaten in den Bankrott gezogen hatten, zog der Rest der Staatengemeinschaft keinerlei Konsequenzen. Es wurden Milliarden-Rettungspakete geschnürt. »Alternativlos«, weil »too big to fail«. Die einzige kritische Anmerkung von Kanzlerin Merkel in der ganzen Misere: ein Mäkeln an der Arbeitsmoral der südeuropäischen Länder. Sie fand die Urlaubs- und Rentenregelungen allzu üppig und urteilte, dass die Euro-Krise sich nur bewältigen ließe, wenn sich alle »ein wenig gleich anstrengen«.

Man hatte die größte Finanzkrise seit 1929 einfach in eine Schuldenkrise umgedeutet. Plötzlich waren die Schuldenberge europäischer Staaten wie Griechenland oder Spanien nicht mehr Folge, sondern Ursache der Krise. So lässt es sich ungehemmt auf die »faulen Griechen« schimpfen, um vom eigentlichen Problem abzulenken. Investmentbanker hatten nämlich zuvor den Anstand eines »ehrbaren Kaufmanns« an den Nagel gehängt, weil es auf dem freien Markt keine Regeln gab, die sie davon abhalten konnten. Von Konkurrenzdruck getrieben, raste man mit Vollgas und Ritalin am Abgrund entlang. Die »Finanzprodukte«, die sie verhökerten und selbst nicht mehr verstanden, die fetten Boni, die faulen Kredite, zu wenig Eigenkapital – alles durch und durch unmoralisch. Doch als der Absturz dann kam, öffnete sich in Windeseile ein Rettungsschirm zur sanften Landung.

Zumindest für die Adrenalin- und Geldjunkies des Finanzsektors ging die entfesselte Raserei glimpflich aus. Ihre untergrabene Moral war zwar eine Weile Thema in den Feuilletons, doch viel mehr, als einmal drüber gesprochen zu haben, passierte nicht.

Zum Ausflippen! Doch jeder Wutausbruch über so viel Irrtum wurde mit dem Widerspruch »Systemrelevanz« weggewischt. Heißt: Die Banken sind zu wichtig für unser System. Der Verlauf des Krisen-Diskurses ist schlussendlich der Beweis, dass die Moral vernachlässigt werden kann, wenn man genug Systemmacht hat. Keine Moral macht groß und mächtig, viel Moral macht klein und ohnmächtig.

Wie klein die scheinbar alternativlose Arbeitsmoral macht, sieht man am besten daran, dass zu viele in der ohnmächtigen Masse glauben, sich ein bisschen Macht zurückzuholen, indem sie nach unten treten, auf den Sozialstaat und seine Schmarotzer schimpfen, sich Sarrazin-Bücher kaufen oder Fremde nicht mögen. Sie spüren die Ungerechtigkeit, doch verantwortlich machen sie die Schwächsten im System, um sich zumindest die Illusion von Macht am eigenen Leben zu verschaffen. Arbeitsmoral hat den Kleingeist hervorgebracht, denn das große Ganze versteht man schon lange nicht mehr. Soll man auch nicht. Menschen mit Arbeitsmoral bringen ihr Geld zur Bank und konsumieren.

Ein Anfang, echte Macht über das eigene Leben zurückzugewinnen, wäre, sein Geld zu einer transparenten Genossenschaftsbank zu bringen (oder sich einen sicheren Safe zu besorgen) und sein Geld nur für absolut Notwendiges oder unfassbar Schönes und Gutes auszugeben. Moral verspricht nie mehr als den Status quo. Schlimmer, sie blockiert das eigene Vermögen, sich anders zu entscheiden, zu handeln und zu wachsen.

»Howdy!«
Gruß aus Amerika

Ein großes Glas kalifornischen Rotweines steht vor mir auf einer rot-weiß karierten Tischdecke. Etwas schräg im Weinland Italien, aber mir gefällt der absurde Kontrast – und Valentina hat ihn mir umsonst kredenzt. Sie wirbelt mit riesigen Tellern und vollen Tabletts durch das Lokal. In Florenz' Trattorien ist es abends immer voll. Sieben Tage die Woche. Mittagessen und Abendessen. 80 Prozent im Raum werden das erste und das letzte Mal hier gewesen sein. Touristen aus aller Welt haben gerade die »time of their lives«.

Valentina arbeitet in der Regel sechs Tage die Woche, und ich merke ihrem vergewissernden Lächeln an, dass sie sich ebenso über unser Wiedersehen freut wie ich. So richtig ist dafür allerdings erst nach Valentinas Feierabend Zeit. Nicht schlimm. Zeit ist ja gerade kein Problem mehr. Dafür Geld. Ich habe noch fünfzig Euro in der Tasche. Bis die nächste Zwischenmiete auf mein Konto eingeht, ist es noch eine Woche. Und der Gewinn liegt bei 300 Euro. Ich hatte keine Skrupel, ordentlich was draufzuschlagen, als mir die Interessentin erzählte, ihre Firma, ein europäischer Flugzeug- und Rüstungskonzern, würde das bezahlen. Was soll's, fünfzig Euro sind verdammt viel Geld. Damit werde ich die Woche schon überstehen.

Ich kann heute Nacht bei Valentina auf dem Sofa schlafen. Das fantastische Essen an diesem Abend ist eine Einladung. Die Karaffe Rotwein auf meinem Tisch ist halb leer, und mir könnte es nicht besser gehen. So müssen sich Leute fühlen, die es sich leisten können. Der Schwips kommt auf leeren Magen schnell, und ich beobachte beseelt und mit roten Wangen die Gäste an den Nachbartischen.

Gesättigt und angeheitert gebe ich Valentina irgendwann ein Signal, dass ich draußen bei einer Zigarette auf sie warte, und verschwinde hinaus an die frische Luft.

Florenz ist wirklich, keine Frage, wunderschön. Doch der Eindruck von meinem ersten Besuch in dieser kulturell prächtig durchformten Stadt bestätigt sich diesmal noch um ein Vielfaches: eine Art Disney-Land für Studenten, Touristen und Kultur-Hopper. Diese massenhafte Beliebtheit bereitet mir größeres Unbehagen als jemals. Und ich bin froh, als Valentina mit einem knallroten Helm auf dem Kopf aus der Trattoria herauskommt und mir einen Wink in Richtung ihrer Vespa gibt.

Die nächsten drei Nächte fahren wir so durch die Stadt und landen jedes Mal auf einer anderen Piazza, wo dann immer Valentinas Freund Marco auftaucht und wir uns sinnlos betrinken. Seinem Vater gehört die Trattoria. Aber er hat keine Lust mehr, dort zu arbeiten. Und eine andere Arbeit gibt es nicht in Italien. Marco ist wütend. Er wohnt gerade wieder bei seiner Mutter auf dem Land. Und ist eigentlich immer bekifft. Wenn irgendwer auf der Piazza von »Crisi« zu reden beginnt, fängt Marco an zu singen: »No Future!« Ein skurriles Bild in dieser weltberühmten Stadtarchitektur, aber sein Frust war in diesen Momenten echt.

Am vierten Tag ist mein Geld alle. Ich stelle fest, dass ich in hübscher Umgebung und mit hübscher Begleitung den alten Film von Urlaub, Party, Ungebundenheit und einem billigen Gefühl von Freiheit abgespielt habe. Nur dass ein Glas Wein in Florenz dreimal so teuer ist wie in Berlin.

Ich spüle ein paar Tage in der kleinen Küche der Trattoria Geschirr. Und zweimal klaue ich sogar ein paar Lebensmittel in der gigantischen Supermarkt-Kette am Stadtrand. So überbrücke ich die Zeit, bis das Geld da ist, das mir wieder einen vollen Tank und einen großen Vorratseinkauf auf dem Wochenmarkt verschafft.

Am letzten Tag auf dieser ersten Station meiner Reise setze ich mich in die Kirche Santa Croce – und zwar in einen Beichtstuhl. Ich will sehen, was passiert. Mein TV-Wissen reicht aus, um mich durch die Situation zu manövrieren, und der Priester spricht sogar ein bisschen Englisch. Seine Lossprechung murmelt er allerdings auf Italienisch. Der eventuell nicht ganz gottesgefällige Akt tut mir gut.

Ich habe also gefeiert, ein wenig gesündigt und abschließend gebeichtet. Ich war unmoralisch, und gearbeitet habe ich schon gar nicht. Ein hedonistischer Nichtsnutz ohne Geld. Das bin ich gewesen. Aber ich fühle mich großartig und spüre, dass ich auf meiner Suche ein Stück weitergekommen bin. Denn eine Zeit mal nicht produktiv zu sein, hat nicht nur etwas Befreiendes, sondern zeichnet auch ein Bild von der Freiheit, die ich finden will.

Diese andere, bessere Freiheit hat nichts mit flexibler Zeiteinteilung und Homeoffice zu tun, sie kommt auch nicht durch Leistung, Status, Durchsetzungsvermögen oder Berechnung zustande. Und schon gar nicht durch ein Korsett aus Moral. Sie entsteht durchs Innehalten, durchs Hinterfragen und Querdenken. Durch Zeit also, in der wir nicht arbeiten. Diese Freiheit verändert uns. Sie schärft den Blick fürs Wesentliche. Aus Leistung wird Kreativität, aus Status ein Profil mit Ecken und Kanten, aus Durchsetzungsvermögen wird Hilfsbereitschaft, aus Berechnung wird Empathie und aus Moral eine eigene Meinung.

So viel kann ich vorwegnehmen: Ein kreativer, hilfsbereiter Mensch mit Profil zu sein, den Empathie und eine Meinung leiten, ist ein harter Job. Man ist erst mal sperrig groß, wenn man nicht mehr klein gehalten wird, und läuft ständig irgendwo dagegen. Aber die Luft ist gut. Nach all den Chancen, die ich bisher als eine von Arbeitsmoral durchsetzte junge »High-Potential« ergriffen habe, leuchtet dieser Aufbruch heller als alles zuvor. Das Beste daran: Ich habe mir das selbst geschaffen.

Es ist Zeit weiterzuziehen.

Mit auf den Weg gebe ich mir den Rat eines Florentiners an einen Fürsten. Niccolò Machiavelli riet im Kampf der Herrschenden um Ruhm und Erfolg, sich in keinem Fall von geltenden Moralgeboten einschränken zu lassen. »Zu beherzigen bleibt dies: dass ein Fürst . . . nicht alle Dinge befolgen kann, derentwegen man die Menschen für gut hält.« Die Untergebenen sollen ihr Oberhaupt lieben oder fürchten, beides nützt. Hass sei jedoch zu vermeiden, sonst könnte es zu Aufständen kommen. Heraus kam seine bekannte Regel: »Der Zweck heiligt die Mittel.« Die konventionelle christliche Moral sei dagegen zu schwach, um eine starke Stadt hervorzubringen.

Als Fürstin ohne Standort (Schrottomobil und ich) vernachlässige ich also die Moral. Und so scheint der Weg zur Selbstermächtigung frei.

Auf nach Neapel.

AUFGABE

Spielen Sie Streiche!

Moral, insbesondere Arbeitsmoral, ist eine ernste Sache. Da hört der Spaß auf.

Um ihn wiederzubeleben, hilft nur das Spiel mit dem gelernten Ernst der anderen. Üben Sie sich im Streichespielen. Aber denken Sie daran: Es geht dabei um Lebensfreude. Diese Aufgabe ist kein Mobbing-Projekt zur Bewältigung Ihres Frusts.

Tipp: Suchen Sie sich zum Einstieg nicht den humorlosesten Kollegen als Opfer aus. Die Chefin oder der Boss ist natürlich die größte Freude, wenn Sie sich trauen. Halten Sie sich jedoch inkognito. Es sei denn, Sie möchten gerne gefeuert werden. Dann wäre das eine Variante.

Eine Auswahl:

- Vertauschen Sie Buchstaben auf der Tastatur.
- Werfen Sie Konfetti über die Klotür, wenn einer sitzt.
- Legen Sie einem Kollegen einen Zettel mit der Bitte um Rückruf auf den Schreibtisch. Die Nummer verbindet ihn mit der NSA.
- Legen Sie rote Rosen in die Postfächer.
- Kleben Sie Zigarettenschachteln mit Tesafilm zu.
- Wickeln Sie Computermäuse, Tastaturen oder Monitore mit Geschenkpapier ein.
- Schmieren Sie einen kleinen Klecks Schokopudding an den Türgriff auf der Innenseite der Toilette.
- Denken Sie sich selbst was aus!

V.

DER FREIE MARKT MACHT UNFREI

»Ich werde ihm ein Angebot machen, das er nicht ablehnen kann«
Der Pate

Vier Millionen Menschen leben dicht an dicht in der Stadt von Neapel. Ich bin ein Fan von Mafia-Filmen und will sehen, wo der Mythos herkommt. Auch wenn ich weiß, dass ich niemals Kontakt zu diesen riesigen Organisationen bekommen werde, die schon längst nicht mehr nur als Schutzgelderpresser auftreten, sondern ein weltweites Business mit Milliardenumsätzen machen. Spekulation, Abfallwirtschaft, atomare Entsorgung, Schmuggel, Immobilien, Bankendeals, Insider-Information, Bestechung, Veruntreuung: das Wirtschaftsfeld der Mafia ist der dreckigste Teil des Kapitalismus.

Nach außen halten sich die Mafiosi umso sauberer, geradezu überperfekt und tadellos stilsicher gekleidet – weit besser als die Banker, Vorstandsvorsitzenden und Politiker es können, die sich auch in dem Spiel mit der Verkleidung versuchen.

Das übt eine seltsame Faszination auf mich aus. In meiner Fantasie hasst niemand den Kapitalismus so sehr wie ein schöner Mafioso. Er hat sich aber für die Welt entschieden, für ein Leben, wie er es vorfindet. Er handelt im Verbrechen wie ein Gentleman. Er weiß, dass er es in der Organisation nie nach ganz oben schaffen wird. Er schießt nur auf konkurrierende Mafiosi und die Polizei, und auch nur dann, wenn es nicht anders geht. Dann betet er. Und küsst mich. Aber so etwas wie »gute Gewalt« gibt es wohl kaum, und sicher nicht bei der Mafia. Trotzdem ist da diese Fantasie aus den Mafia-Filmen in meinem Kopf.

Am ersten Tag in Neapel streife ich durch Secondigliano, einen Stadtteil wie aus einem Italo-Western. Dicht bebaut, staubige stark befahrene Straßen, ein unfassbarer Moloch, in sich verschlossen und riesig. Man könnte sagen: eine richtige Scheißgegend.

In dieser Gegend werfen Leute Mülltüten von ihren hutzeligen Balkonen in enge, zugestellte und verbarrikadierte Seitengassen. Kinder spielen morgens Bandenkrieg. Fortbewegung mit dem Auto ist kaum möglich, und dennoch machen es alle. Vormittags und abends herrscht das Chaos. Jetzt, am Mittag, scheinen alle zu schlafen. Ein Kind schreit irgendwo in der Ferne, aber sonst ist gar nichts los. Eine seltsame Stille.

In einem Café, das äußerlich wie ein alter Saloon aussieht, der an ein Hochhaus drangebaut wurde, muss ich eine halbe Stunde auf ein Glas Cola mit Eiswürfeln warten. Ich bedanke mich höflich und schaue nett, denn ein Gespräch mit dem Barista käme mir gelegen. Nun, wo ich so lange durch das Viertel getigert bin und weder erschossen wurde noch von einem Mafioso geheiratet.

Aber nix da. Außer einem verschlafenen »prego« geht dem Barmeister kein Wort über die Lippen. Als ich schon ausgetrunken habe und bezahlen will, fährt ein dicker Porsche Cayenne mit getönten Scheiben heran und hält vor dem Saloon. Ein junger Typ steigt aus der Beifahrertür, springt lässig die Stufen zur Schwingtür hinauf und verschwindet. Der Wagen bleibt mit laufendem Motor und offener Beifahrertür auf der mittagsleeren Straße stehen. High Noon. Die Sonne steht im Zenit, keine Schatten. Eine Minute lang geschieht gar nichts. Es ist so still wie zuvor.

Dann reicht ein behaarter Arm mit aufgeschlagenem Hemdsärmel zur Beifahrertür hinüber und zieht sie zu. Der Motor schreit auf und der Cayenne brüllt im zweiten Gang die Straße hinunter. Dann passiert wieder nichts mehr.

Ich blicke die Straße hinauf und hinunter. Nichts. Ob ich jetzt durch die Schwingtür gehen kann, um zu bezahlen? Oder soll ich besser einfach weggehen? Geld wird hier doch sowieso auf andere

Art verdient. Was kommt es da auf meine 1,80 Euro für ein verspätetes Glas Cola an?

Ich gehe also wieder die Straße zurück zum Schrottomobil und tue so, als hätte ich keine Angst. Die dichten und weltweit verrufenen Vorstädte Neapels mögen das versteckte Exerzierfeld der Camorra sein, doch wirklich gefährlich ist es dort nicht. Jedenfalls nicht, weil man »vergessen« hat zu bezahlen.

Die Angst von Zehntausenden, die in den endlosen Blöcken in Straßen wie dieser wohnen, spürt man hier nicht. Aber sie ist da. Als Existenzangst und als Angst vor der Mafia, dieser unberechenbaren und durch nichts legitimierten Organisation, unter der so viele Leute hier leiden. Es ist fast ein bisschen wie bei der Arbeit.

Denn die Angst zeigt sich auch hier im Süden Italiens nur indirekt. Man sieht sie nicht, man ahnt sie nur. Im Verborgenen führen die Mafia-Clans und Familien der großen italienischen Organisationen ihre Deals durch; die »Cosa Nostra« (die älteste Mafia aus Palermo und Sizilien), die »N'drangheta« (in den endlos besiedelten Hügellandschaften Kalabriens ganz am Ende des Stiefels) und die Camorra (die brutalste und aktivste Verbrecher-Organisation in Neapel und dem Umland Kampanien).

Ich ertappe mich bei dem Gedanken, vielmehr der Frage, was an der organisierten Schmuggelei der N'drangheta schlimmer sein soll als an der systematischen Steuerhinterziehung sehr vieler deutscher Mega-Reicher. Was ist an Schutzgelderpressung gut gehender Geschäfte grausamer als an der Ausbeutung billiger Arbeitskräfte, Tagelöhner und unversicherter Arbeiter, die es auch bei uns in riesigem Umfang gibt? Was macht die Opfer der Mafia-Bandenkriege schlagzeilentauglicher als die Hungersnöte, die europäische Nahrungsmittelkonzerne im Verbund mit der EU in Afrika anrichten?

Der Schweizer Philosoph Jean Ziegler ist seit Langem der schärfste Kritiker der konventionellen Entwicklungspolitik. *Tagesschau.de* sagte er 2012: »Subventionspolitik tötet Menschen. Lebensmittel aus der EU überschwemmen Afrikas Märkte. Sie können dort fast überall Produkte aus Deutschland, Frankreich oder Griechenland kaufen, die ein Drittel billiger sind als die einheimischen. Je nach Saison kosten sie sogar nur die Hälfte von vergleichbaren lokalen Lebensmitteln. Kein Wunder, schließlich haben im Jahr 2010 die in der Organisation für wirtschaftliche Zusammenarbeit und Entwicklung (OECD) vereinigten Staaten ihre Bauern mit 349 Milliarden Dollar unterstützt. Was bedeutet das weltweit für die Kleinbauern? Sie verlieren ihre Lebensgrundlage und landen im Elend. Und wenn sie dann auf der Arbeitssuche nach Europa flüchten wollen, versucht die EU, das mit allen Mitteln zu verhindern.«

Klar: Der Gewinn des einen ist immer der Verlust des anderen. Diese einfache Wahrheit kann sich jedes Kind erklären: Es gibt von allem eine begrenzte Menge, und wenn einer mehr davon abkriegt, bekommt ein anderer weniger. Das ist das Spiel. Hier in Neapel sind die Verhältnisse unmissverständlich geklärt: Die Mafia kommt und nimmt Geld mit.

In der Arbeitsgesellschaft dagegen sind die Zusammenhänge ein wenig komplexer, letztlich aber nicht weniger konsequent manifestiert: Der postmoderne Freelancer ist einem Tagelöhner in Asien oder dem unter extremem Preisdruck arbeitenden Kleinbauern in Afrika näher, als er denkt. Allen dreien werden die Preise diktiert, und zwar von jenen, die Geld und Macht haben. Je nachdem, wie dicht der Auftragnehmer am Zentrum der Macht und des Geldes ist, desto besser wird er bezahlt.

Einzelne haben dafür keine unmittelbare Verantwortung. Die Politik und wir, die Wähler, haben sie. Aber noch scheint die Neigung gering, daran wirklich etwas zu ändern, weil es mit einem Verlust von Konsummöglichkeiten in der westlichen Welt verbunden wäre: Schließlich arbeiten Millionen von billigen Lohnarbeitern in Asien, Afrika und Südamerika für uns, liefern uns gegen vergleichsweise wenig Geld Rohstoffe, Unterhaltungstechnik, Arbeit und Kleidung ab, die dafür sorgen, dass es der Ober- und Mittelschicht in der europäischen Welt besser geht als fast allen in den sogenannten

»Entwicklungsländern«. Doch in Wirklichkeit werden sie nicht »entwickelt«, sondern als billige Lieferanten benutzt.

Der freie Markt ist für sich genommen eine prima Idee. Der Turbo-Kapitalismus jedoch erscheint mir wie ein großer, aus dem Ruder gelaufener Sado-Maso-Fetisch. Ohne Codewort, kein Spiel, sondern bitterer Ernst, mit ungezählten Todesfolgen. Den meisten gehört wenig bis nichts – und wir sind noch nicht mal willkommen. Wir dürfen uns bewerben, anpassen und abrackern.

Aber für wen? Für einen Capo? Einen Anführer? Den gibt es letztlich nicht. Denn wir alle haben uns dieser unsichtbaren Ordnung unterworfen, von der Putzhilfe bis zum Manager. Wir alle sind also das System und folgen einer Ordnung, die jenseits der unsichtbaren Mauer zur sogenannten »Dritten Welt« jedes Jahr Zigtausende das Leben kostet – und diesseits der unsichtbaren Mauer ganz schön beknackt ist, weil wir kaum was von dem haben, was der Markt abwirft. Der Markt hält uns klein und anspruchslos, während im *Manager-Magazin* die Multimilliardäre gelistet werden. Wo ist der Unterschied zur Mafia? Das frage ich mich immer wieder auf meiner Reise, nicht nur hier in Neapel.

Ich habe keinen Hass auf die Reichen. Ich bin nur zornig auf die Gleichmütigkeit, mit der wir die monströse Umverteilung von allen Dingen und Möglichkeiten hinnehmen, ja noch begünstigen, so, als wäre sie gottgewollt. Langsam wird mir klar, dass der freie Markt mit Freiheit wenig zu tun hat. Die meisten von uns, vermutlich auch Sie, macht er in dieser kruden Form letztlich ganz schön unfrei.

»Meine Freiheit muss noch lang nicht deine Freiheit sein.«
Georg Kreisler, Kabarettlegende

Mit der Mittagshitze legt sich meine Sympathie für die Banden der Mafia wieder, und ich komme zur Vernunft. Ein Unrecht darf nicht gegen das andere aufgewertet werden.

Aus dem Vorstadtschlund von Secondigliano ist es nicht mehr weit bis in die wuselige Altstadt Neapels, die sich über die Hügel an einer endlosen Küstenlinie entlang erstreckt. Den Vulkan Vesuv habe ich von der Straße aus ständig in Sichtweite. Nach dem pastellfarbenen Florenz, aufgeputzt, wunderschön und reich, wirkt die Stadt der N'drangheta wie das echte Leben. Markttreiben, Hektik, die Menschen gehen ihren Erledigungen nach. Sie scheinen ihren eigenen Stolz zu haben, der sich weniger über den wirtschaftlichen Erfolg definiert. Für viele Norditaliener beginnt südlich von Rom schon Afrika. Damit meinen sie, dass im Mezzogiorno keine wirtschaftliche Ordnung zu etablieren sei. Und Neapel ist die Hauptstadt dieses vorgelagerten Subkontinents.

Das Schrottomobil gibt mir mit seiner Schwerfälligkeit Sicherheit im anarchistischen Straßenverkehr, denn ich komme gar nicht erst in Versuchung, mich der Hektik anzupassen. Mit dem Ding habe ich eh keine Chance, das Spiel mitzuspielen. Die Neapolitaner stellen sich darauf ein, fahren drum herum, winken mich durch, hupen kurz – die Kommunikation funktioniert. Ohne Regeln kann man auch leben. Man muss nur ein bisschen mehr aufpassen – oder »too big to fail« sein, wie ich in meinem dicken, langsamen Wohnmobil. Zu groß also, um in Schwierigkeiten zu geraten. Ich muss an die Spekulationsbanken denken, die mit Milliarden Steuergeldern abgesichert wurden, damit ihr Untergang nicht alle anderen mitreißt.

Wer Masse und Macht ausstrahlt, dem wird Platz gemacht. In so einem dicken Schiff wird man allenfalls mal angehupt. Es ist wie bei einer Demo, bei der auch wütend getrillert und geschimpft wird. Die Machtverhältnisse ändern sich durch diese Demos allerdings nie. Man müsste die Volksvertreter durch Wahlen dazu bringen, die Spielregeln zu ändern. Das geht nicht, denken Sie? Ja, das wird von den Gewählten gern behauptet. Alternativlosigkeit nennt Frau Merkel das. Aber das stimmt nicht. Es gibt durchaus eine Alternative. Man muss ja nicht gleich die ganze Welt verändern. Man kann bei sich, kommunal, landesweit, bundesweit, europaweit anfangen. Man könnte zum Beispiel endlich eine Umsatzsteuer für Finanztransaktionen einführen, die dann als zinslose Kredite an junge Unternehmer ausgegeben wird.

Die Gewöhnung an unseren bequemen Lebensstil verhindert es jedoch. Und der Lebensstil wird letztlich aus dem Markt finanziert. Was wir kaufen wollen, das muss produziert werden. Was produziert wird, will gekauft werden. Dann reguliert sich der Markt über Preisanpassungen an unsere Kaufentscheidungen – und wir lassen uns dabei mit der Formel abspeisen, die auch die Bundeskanzlerin in ihrer Neujahrsansprache 2014 wieder sinngemäß wiederholt hat: »Euch geht's doch noch so gut!«

Um zu erklären, warum wir durch die Wirtschaftsordnung heute weniger frei sind, als wir glauben, hilft geltende Wirtschaftstheorie nicht weiter. Sie verstellt den Blick auf das, was ist. Interessanterweise basiert der Erfolg der Volksparteien auch gar nicht so sehr auf den jeweiligen Wirtschaftskonzepten, die sie anbieten. Er basiert vielmehr darauf, dass sie uns Bilder verkaufen. Bilder davon, wie wir leben wollen, was erstrebenswert ist, was möglich ist, was nicht. Sie stellen Sinnbilder von dem dar, wie ihre Wähler leben sollen. Und wenn es auf Wahlen zugeht, erzählen sie ein bisschen was aus der Trickkiste von Gesetzen, Reformen und Gesetzesreformen und so weiter. Doch letztlich geht es auch dabei um Sinnbilder davon, wie wir leben wollen, symbolisiert in ein paar Zahlen und Text.

Wie sehen diese Bilder aus? Ich beschreibe sie im Folgenden mal im Stile des Boulevards:

– Ein Haus auf dem Land! Ein Mercedes, zwei Kinder, drei Hunde! Wenn wir in die Kirche gehen, treffen wir ein paar andere Familien! Im Geschäft muss der Rubel rollen, aber man darf ja wohl auch mal ein Weizenbier trinken! Irgendwie gehören wir alle zusammen, aber der Zaun ums Grundstück muss hoch und dicht sein. Am besten ist er weiß gestrichen, wie in amerikanischen Vorabendserien aus den 80ern. Unsere Haushaltshilfe kommt zweimal pro Woche. WÄHLEN SIE »DIE EINE VOLKSPARTEI«!

– Ein Haus am Stadtrand! Zwei Volkswagen, zwei Hasen, zwei Kinder! Im Betrieb muss die Bilanz stimmen, aber der Betriebsrat hat auch ein Wörtchen mitzureden. Reden! Wir gehören zwar alle zusammen, aber ganz ohne Zaun geht es nicht. Sonst kommen Leute, die nicht arbeiten wollen, setzen sich in die Gartenmöbel und trinken unseren Rotwein! Unsere Haushaltshilfe kommt einmal pro Woche und verdient sich was für die Ausbildung ihrer Kinder dazu. WÄHLEN SIE »DIE ANDERE VOLKSPARTEI«!

Dann gibt es noch kleinere Parteien, die für sich genommen bedeutungslos sind, aber abwechselnd gebraucht werden, damit entweder die eine oder die andere Volkspartei an die Macht kommt.

– Ein Gutshof am Rhein! Ein Jaguar, ein BMW und ein Dressurpferd! Kinder sind Privatsache. Im Business ist die Rendite gut, nur die Arbeiter sind zu teuer, wenn wir weltweit verkaufen wollen. Wir können am besten miteinander klarkommen, wenn jeder genau weiß, was er für sich haben will: Deswegen fährt bei uns ein privates Sicherheitsunternehmen nachts Patrouille. Unsere Hausbediensteten schätzen sich glücklich, bei so feinen Menschen zu jobben. Einem haben wir sogar mal die Telefonnummer von unserem Hausarzt gegeben. Es gibt Sekt! WÄHLEN SIE »DIE FREIHEIT«! »DIE FREIHEIT« ist gerade aus dem Parlament abgewählt worden, aber sie will wiederkommen. Vielleicht dann unter dem Namen »DAS EIGENTUM«.
– Ein alter Bauernhof in Stadtnähe! Efeu umrankt den Wintergarten! Ein lavendelfarbener Volvo mit Eco-Motor steht auf dem Feldweg! Vier Fahrräder, drei Katzen, zwei Kinder aus der ersten

Beziehung, ein Kind aus der zweiten! Im Elternbeirat ist es manchmal sehr stressig, aber es gibt ja den Urlaub in der Toskana. Die Claudia ist lesbisch und kommt manchmal zum Helfen wegen der Kinder; klar steckt der Achim ihr dann dafür was zu. Wir müssen die Welt retten, aber viele sind zu dumm, um zu erkennen, dass wir die Guten sind. Es gibt alkoholfreien Bio-Weißwein. Rauchen verboten! WÄHLEN SIE »DIE BUNTEN PULLIS«!

Entsprechend der Lifestyles ordnen sich die Wähler den entsprechenden Wirtschaftskonzepten der Parteien unter, die den jeweiligen Lifestyle ermöglichen sollen. Ob dieser Traum sich verwirklichen lässt, ist dann eine andere Frage. Aber genau diese führt ins Zentrum unseres Unwohlseins.

Der freie Markt macht unfrei, weil er uns in ein Konzept presst. Es funktioniert nach dem Motto: Arbeite, verdiene Geld, dann steigst du auf. Aber dieses Versprechen geht an der heutigen Lebenswirklichkeit vorbei. Im Kampf um den Aufstieg gehören immer mehr Menschen zu den Verlierern, und die wenigen Gewinner sehen meist so verkniffen und traurig aus. Weil sie so viel arbeiten oder weil niemand sie mag, diese »Abstauber«. Die Träume der Bürgergesellschaft jedenfalls sind ausgeträumt. Denn die Chancen stehen vor allem für die junge, nur mäßig abgesicherte Generation schlecht. Eigentum ist in den realen neuen Lifestyles fast unerreichbar geworden, und auch für junge traditionelle Familien wird es immer schwieriger, den Traum der Volksparteien nur annähernd zu verwirklichen.

Die Verarmung immer weiterer Teile der Bevölkerung auf das Niveau von Hausbediensteten fällt inzwischen sogar den Statistikern des Deutschen Instituts für Wirtschaftsforschung auf: »Wer zur Jahrtausendwende noch 270 Euro netto im Monat erjobbte, hatte 2011 nur noch 211 Euro zur Verfügung. Ein Zehntel seines

Nettogehalts büßte ein, wer 2000 noch 1073 Euro in der Tasche hatte. Ihm blieben eine Dekade später nur noch 963 Euro.« Das sind ganz reale Abzüge, die durch die Beteiligung der Armen am Gesamtvolumen der Wirtschaft entstehen: kalte Enteignung, Umverteilung von unten nach oben.

Der sogenannte freie Markt kann sich offenbar nur noch damit über Wasser halten, den Armen immer mehr wegzunehmen. Das ist eine vorprogrammierte Systemkrise. Wie bisher immer in der Geschichte der Menschheit müssen sie die bezahlen, die sowieso schon am wenigsten haben.

Wer sich finanziell aber gerade mal so über Wasser hält, kann über Freiheit nur lachen. Verwirkliche dich selbst? Such dir den Job, der zu dir passt? Wer Geld hat, kann das vielleicht tun. Alle anderen müssen nehmen, was ihnen angeboten wird. Und sind meistens froh, wenn sie überhaupt bezahlte Arbeit bekommen. Und die, die eine gut dotierte Stelle ergattert haben, quält die Angst, sie zu verlieren. Eingezwängt in ihre Vorstellung von einem guten Leben diktiert der Job (oder der Markt) die Lebensumstände und unterdrückt jeden Impuls, über alternative Lebenskonzepte und neue Formen des Miteinanders nachzudenken.

> *»Denk ich an Deutschland in der Nacht,*
> *dann bin ich um den Schlaf gebracht.«*
> *Heinrich Heine*

Mir kommt Neukölln in den Sinn, der Stadtteil von Berlin, in dem ich seit sieben Jahren wohne. Ich bin nach meinem Studium dorthin gezogen, weil ich dort eine günstige Wohnung bekommen habe. Der Vermieter hat sich richtig gefreut, dass ich die Wohnung genommen habe, ohne über den Preis zu verhandeln. Für mich waren 333 Euro plus Nebenkosten nicht wenig Geld, aber es musste schnell gehen, und der Altbau mit zwei großen Zimmern, Flur, Balkon, Küche und Bad erschien mir wie ein wahrer Palast im Vergleich zu meinen winzigen Studentenbuden in Osnabrück und Hamburg, die kaum günstiger waren. Die Kaution habe ich mir von der Bank geliehen – ich hatte ja einen Job im Rücken.

Damals war der südliche Teil von Neukölln vollkommen »ab vom Schuss«. Dem Klischee nach waren hier Türken, Araber und deutsche Aussortierte mit Dauerschwips unter sich. Ein paar kriminelle Banden machten Deals mit Elektroartikeln, und in der Rütli-Schule schrieb der Direktor einen Brandbrief, weil erst Lehrer von ihren Schülern bedroht wurden und dann kaum noch jemand in die Schule kam.

Das entsprach so natürlich nie der Wahrheit, aber tatsächlich stand ich als Mensch zwischen 20 und 30 in meinem Kiez gefühlt allein auf weiter Flur. Es gab randständige Familien und Senioren. Keine Cafés oder Shops, keine »Kaufkraft«. Nur einen vernagelten Autoteilehändler, einen Bier-Kiosk und einen Discounter.

Nach einigen Jahren entdeckte ich dann plötzlich hier und da ein paar jüngere Leute.

Kurz darauf eröffnete eine Kneipe, die sich »Laika« nannte, wie »der erste Hund im Weltraum«. Mehr Studenten, internationale Jobber, Freelancer und Projektarbeiter kamen, und mit ihnen ein paar neue Shops, Bars, Cafés und Bäckereien. Heute ist mein Kiez eine tolle Mischung aus türkischen Familien, teils in dritter Generation, arabisch-deutscher Unternehmen, eingesessenen Berlinern und jungen Akademikern von überall her mit wenig Geld, aber den besten Absichten. Die Mieten steigen rasant, und es wird nicht mehr lange dauern, bis das Verhältnis kippt. Schon jetzt zahlen junge Leute von real sinkenden Löhnen immer höhere Mieten. Es ist eine Diskriminierung der Jungen zu beobachten, die sich nur noch Wohnungen in Armenvierteln leisten können. Die Jungen werden aus den Zentren verdrängt, wie es zuvor mit den Arbeitslosen, Arbeitern und Ausländern geschehen ist.

Inzwischen ist mein Viertel etwas »aufgewertet«. Die wirklich Reichen werden niemals hier wohnen, aber einige alte Arme sind schon verdrängt. Das nennt man als Immobilienmakler »attraktiv«. Ab jetzt werden nur noch Berufstätige, Familien, die lieber ein Haus hätten, es sich aber nicht leisten können (oder wollen), Edelbars und immer teurere Cafés hinzukommen, bis irgendwann Delikatessengeschäfte, Restaurants und Galerien das Wachstum komplett machen. Dann wird der Markt die alten Leute, Studenten und Migrantenfamilien nicht nur gänzlich ablösen, sondern regelrecht rausekeln durch Mietsteigerungen, Nicht-Verlängerungen, Kündigungen und Räumungsklagen. Danach sind wieder deutsche Vorbildfamilien, geschiedene Lehrerinnen und aufstiegswillige Businessleute unter sich. Die Laden-, Restaurant- und sogar die Galeriebetreiber kommen nur noch zur Arbeit hierhin. Und wohnen selbst woanders, dort, wo es noch bezahlbar ist. Irgendwo noch weiter draußen, noch grauer, noch schweigsamer und noch weniger selbstbewusst als das Neukölln, das ich vor wenigen Jahren vorgefunden habe. Willkommen in der Separationsgesellschaft.

In gewisser Weise war es wohl eine gute »Spekulation«, in meine Wohnung einzuziehen. Besucher aus Köln und München staunen über den (nach zwei Mieterhöhungen immer noch) vergleichsweise niedrigen Mietpreis und berichten von ihren Butzen, für die sie viel mehr bezahlen müssen als ich für meine unsanierte, aber geräumige Altbauwohnung. Dabei versteht keiner, warum das so ist und warum man überhaupt Miete bezahlt. Arbeitskraft für den Hausbau, Baustoffe, das Grundstück – alles das bezahlt man bei einem alten Haus jedenfalls schon lange nicht mehr mit seiner Miete. Was bezahlt man also? Den Markt? Die Vermietungsgesellschaft? Die Schulden der Vermietungsgesellschaft, mit denen sie neue Häuser baut? Baut sie denn neue Häuser? Sicher? Und gehört mir dann was davon? Keiner weiß es. Man nimmt das alles einfach so hin. Miete scheint absurd, aber normal und akzeptiert zu sein.

46 Prozent der Menschen in Deutschland leben zur Miete. Junge wohnen fast alle nur noch zur Miete, sofern sie nicht gleich »zu Hause« bleiben müssen. Sie nehmen damit am »freien Markt« teil

und überweisen jeden Monat von ihren Konten den Mietpreis. Wenn die Häuser gebaut und abgezahlt sind, bezahlen sie nur noch einen Zins auf den Marktwert des Hauses, das heißt, ihre Überweisung ist der Brutto-Gewinn des Vermieters, der eventuell dann noch ein bisschen Steuer an den Staat abführt. Warum? Die einzige Erklärung dafür ist der Markt: Ich mache dir ein Angebot – du müsstest es ja nicht annehmen. Das sind meine Regeln: Ich bin der freie Markt.

Im Schnitt kosten Miete und Betriebskosten in Deutschland 35 Prozent des Haushaltsnettoeinkommens. Das bedeutet, dass man fast die ersten zwei Wochen eines Monats für die Miete arbeitet. Eine Studie des Immobilienverbands Deutschland untersuchte die Mietpreise in hundert Städten, um diese Zahl zu ermitteln. Besonders hoch ist der Anteil für die Wohnungsausgaben in Städten mit vielen Niedrigverdienern – Hartz-IV-Empfänger, aber auch Studenten. So ist das als wohlhabend geltende Freiburg Spitzenreiter mit 44 Prozent des Einkommens für die Miete. Freiburg ist jedoch eine Studentenstadt; das durchschnittlich verfügbare Einkommen je Haushalt liegt weit unter 1700 Euro. Damit kann man sich ausrechnen, wie unfassbar teuer die Miete, die Gebühr für das ganz normale Wohnen, dort ist. Auch Berlin, Hamburg, München und Frankfurt/Main liegen mit je etwas mehr als 40 Prozent über dem Durchschnitt.

Miete steht in keinem Verhältnis zum Leben mehr. Wenn ich mehrere Wochen meiner Monatsarbeit dafür verwenden muss, um eine bescheidene, ganz normale, einfache Wohnung bezahlen zu können, dann ist das Wahnsinn. Denn dieser Raum, auf dem wir leben, gehört uns allen. Er ist ein Bestandteil unseres Existenzrechts als Menschen.

Die Argumentation der Marktmacher – also auch der Akteure des Wohnungsmarkts – fällt natürlich anders aus: Eine Wohnung muss mit Geld bezahlt werden, das man bei der Arbeit verdient. Die Arbeit selbst wird ebenfalls nicht selbst bestimmt, sondern vom

»freien Markt« reguliert. Wir sind also in einer Illusion vom »freien Markt« gefangen. Aber was ist an einem Markt frei, der Angebote macht, die man nicht ablehnen kann?

Merke:
Wenn man aus dem Markt aussteigt, greift er erst recht zu!

Mein Geld ist alle. Ich habe zwar todesmutig 1,80 Euro in Secondigliano gespart, aber ich habe einfach keins mehr. Nachdem ich mein Portemonnaie, Schubladen und den Rucksack ausgeleert habe, zähle ich 22,76 Euro. In Indien kann man davon einen Monat überleben, aber in einer westlichen Großstadt wie Neapel gibt es dafür wie in Deutschland:

a) einen kleinen Einkauf mit Brot, Milch, etwas schlappem Supermarkt-Gemüse, Sprudel, zwei Bier, eine Tafel Schokolade, Pfefferminztee, ein Pfund Zucker, Salz, vier Pakete Nudeln mit Ketchup. Damit habe ich als Studentin manchmal eine Woche überlebt. Schön oder gesund ist das sicher nicht.

b) 11 Tassen Cappuccino in einem mittelmäßigen Café in Neapel oder

c) 17 Tassen Espresso und eine Schachtel Zigaretten.

Ich entscheide mich für ein gemischtes Portfolio aus einem kleinen Not-Einkauf für 10 Euro (Nudeln mit Ketchup, Wasser, Pfefferminztee, haltbares Brot-Imitat), einer Schachtel Zigaretten (4,20 Euro, die billigen) und 5 Euro, um damit Espresso trinken zu gehen. Ich hoffe, dass mir dabei eine zündende Idee kommt, wie es weitergehen soll.

Sie kommt leider nicht. Aber immerhin weiß ich jetzt, wie es sich anfühlt, wenn man fast nichts hat. Alles kostet Geld, ohne ist man davon ausgeschlossen, zum Nichtstun verdammt, isoliert. Der freie Markt kennt keine Gnade.

Am nächsten Morgen sitze ich in einem Café und bestelle ein kleines italienisches Frühstück. Eine hübsche Neapolitanerin mit braunen Locken bringt Milchkaffee, etwas Ciabatta, einen süßen Keks, etwas Prosciutto, eine halbe Orangenscheibe, ein Gläschen Saft, 7,50 Euro zusammen. Ein ganz normaler Preis, wie bei uns. Nur: Ich werde ihn nicht bezahlen.

Ich spreche die Kellnerin an. Sie ist Studentin der Biotechnik an der Università Politecnica di Napoli und bekommt 7,50 Euro die Stunde. Das ist für Neapel ein vergleichsweise hoher Lohn, sagt sie, dem »freien Markt« zufolge. Aber hier in Chiaia darf ja auch nicht jeder arbeiten. Man muss schon ein bisschen hübscher sein, jung, weiblich, um in den Cafés an der Promenade einen Job in der Frühstücksschicht zu bekommen. Mit ihren braunen Löckchen und der glatten Haut ist das kein Problem für sie.

Ob ich die hübsche Kellnerin auf meine Seite ziehen kann? Was passiert, wenn ich sage, dass ich kein Geld habe? Oder wenn ich einfach weggehe, wie in Secondigliano? Ich könnte auch so tun, als sei ich beklaut worden?

Oder gibt es vielleicht noch eine andere Lösung? Wenn man nichts mehr hat, kann man nur noch sich selbst verkaufen. Außer meinem Körper ist mein Marktwert anscheinend derzeit gleich null. Ich habe Hunger, kein Geld, keine Aussichten. Gestern Abend habe ich allein in meinem Schrottomobil Nudeln mit Ketchup runtergewürgt und einen warmen Pfefferminztee mit Sprudelwasser vom Gaskocher getrunken. Die Alternative war eine Einladung zum Abendessen von einem netten älteren Herrn, den ich gestern Abend im selben Café traf, in dem ich nun sitze. Ich hatte sie dankend abgelehnt, denn es gehörte nicht viel Fantasie dazu zu erkennen, dass auch ich auf seiner Speisekarte stand. Doch ein Blick auf mein potenziell geklautes Frühstück bringt mich ins Grübeln.

Was muss passieren, bis man so ein Angebot annimmt, das für sich genommen ja nichts Schlimmes ist? Vielleicht hat er ja einen

Job für mich? Also, wenn seine Frau nichts erfährt? Vielleicht »leiht« er mir auch etwas Geld für meine Liebe, sodass ich weiterreisen kann?

Was wäre an einem solchen Arrangement eigentlich verwerflicher als an der Arbeit, wie wir sie kennen? Wir bieten uns an, wir stellen uns zur Schau, wir versuchen in einem besonders guten Licht dazustehen, zumindest in einem besseren als die Konkurrenz. Arbeit auf dem freien Markt ist eine Form von Prostitution.

In meiner Eigenschaft als Reporterin saß ich einmal in der Berliner Altbau-Küche von Hilde, einer »berührbaren Domina«, die mich äußerlich an meine Grundschullehrerin erinnerte. Eine von Hildes Aussagen fällt mir nun wieder ein: »In meinem Job als Leiterin einer Marketing-Abteilung habe ich mich mehr als Sklavin gefühlt.« Nach dieser Erkenntnis machte sie ihre Neigung zum Beruf und wird seither von Konzern-Managern in Hotel-Suiten eingeladen, die sich dann in rosa Damen-Dessous gekleidet fesseln lassen wollen.

Sex gegen Geld ist sicherlich kein »ganz normaler Job«. Das ginge mir zu weit. Doch dass Menschen für ihre »ganz normale« Arbeit, ein bisschen Teilhabe und schon den Hauch einer Chance auf dem freien Markt immer wieder Würde, guten Geschmack und Integrität verkaufen, das ist doch auch nicht »normal«, oder? Und Freiheit ist es schon gar nicht.

»Wer zu deutlich wird, macht sich angreifbar.«
Marietta Slomka

Wie lange man hier im Café wohl bestellen könnte, bis jemand mit der Rechnung kommt und echtes Geld haben will? Ich sollte einen Investment-Banker fragen. Die kriegen das doch prima hin, das Vertrauen so lange aufrechtzuerhalten, bis die Börsen pleite machen, so alle paar Jahre. Dann springen die Steuerzahler ein, um sie aufzufangen, damit das Spiel von vorn losgehen kann. Vielleicht muss ich auch einfach wieder »too big too fail« werden, zu fett, um zu scheitern, bis irgendwer für mich bezahlt.

Ich bestelle noch einen Cappuccino, den das Zauberlöckchen auch gern bringt.

In einer Art Übersprunghandlung schaue ich in mein leeres Portemonnaie. Nix. 26 Cent. Dafür bekommt man einen Lutscher und eine Gummikirsche im Kiosk vor meiner Grundschule in der Vorstadt von Hannover. In Chiaia, dem Reichenviertel von Neapel, in dem dieses Café liegt, gibt es dafür: nix.

Ich entschließe mich zur Offensive. »Was bekomme ich für 26 Cent, Signorina?« Die Kellnerin scheint nicht zu verstehen, dass ich ihr sage, dass ich nicht bezahlen kann. Sie sagt, dass es dafür nichts gibt. Sie könne mir aber noch einen Keks bringen. Hoffnung kommt auf: »Ja, dann nehme ich gern noch einen Keks!«

»Bist du pleite?«, höre ich eine verrauchte Stimme auf Deutsch mit bayerischem Akzent hinter mir. Ich drehe mich um und sehe eine Frau mit großer Sonnenbrille. Sie sieht aus wie eine etwas verlebte Norditalienerin, mit ihrem wasserstoffblonden Haar, ihren Sommersprossen, ihrer gebräunten Haut und einem luftigen, schicken Kleid über ihrem sonnenverwelkten Körper.

»Ja, blitzeblank. Ich habe noch 26 Cent.«

»Wie willst du bezahlen?«

»Ja, gar nicht. Ich hab ja nichts.«

Sie lacht und nimmt die Sonnenbrille ab.

»Kind, du scheinst ja eine entspannte Einstellung zu Geld zu haben. Willst du hier Teller waschen?«

»Wenn's sein muss.«

»Okay, dann viel Erfolg!«

Sie nippt an ihrem Prosecco-Gläschen und blickt über das Meer. Löckchen bringt den Keks und: die Rechnung. Jetzt habe ich den Salat. Ich sage nur »Danke«, und verschiebe das Problem abermals. Sie wird in spätestens fünf Minuten kommen und ihre wohlverdienten 7,50 Euro plus Geld für Bedienung und Besteck fordern, wie in Italien üblich.

»Verpfeifen Sie mich, wenn ich jetzt einfach gehe?«, frage ich die Italo-Deutsche.

»Kindchen, mach, was du willst!«

»Okay.« Ich packe hastig meine leere Geldbörse, mein Sonnenbrillen-Imitat aus dem Ein-Euro-Shop in Neukölln und meine Zigarettenschachtel ein und mache mich bereit, einen Sprint in das Getümmel der Promenade anzutreten. Ich bin auf jeden Fall schneller als die Kellnerin.

»Ich bezahle das für dich«, raunt die Dame und steckt sich eine lange, dünne Zigarette an. »Setz dich rüber zu mir.«

Da ist mein Engel. Endlich. Die sonnenfaltige Bayerin sieht plötzlich ein bisschen aus wie Grace Kelly, wäre sie älter geworden und nicht mit ihrem Auto aus der Kurve gefallen.

»Danke, sehr gern.«

»Wie kommt es, dass jemand wie du in Chiaia rumsitzt und kein Geld hat?«

»Ich bin auf der Flucht!«

»Aha. Wir sind doch alle auf der Flucht vor irgendwas.«

So eine also, denke ich mir. Ob sie eine ehemalige Mafia-Braut ist?

»Ja, ich habe meinen Job hingeschmissen und bin losgefahren. Jetzt bin ich hier und habe kein Geld mehr.«

Sie lacht. Sie lacht sehr lange. Sie lacht so lange, wie es nur Italiener können – und dabei ist sie ja aus Bayern. Es wirkt herzlich und verächtlich zugleich. Die Welt ist ein großes Spiel.

»Na, dann wird es dir ja so schlecht nicht gehen«, setzt sie freundlich nach.

»Nein, ich mache nur nicht mehr mit.«

»Wobei?«

»Bei diesem großen Geldspielapparat. Ich bin Journalistin geworden, weil ich da nicht mitmachen wollte – und dann war ich plötzlich mittendrin.«

»Also draußen«, ergänzt sie mich.

»Ja, jetzt bin ich draußen.«

»Na, dann. Willkommen im Club.« Sie lächelt wieder wie Grace Kelly.

Grace Kelly stellt sich als »Monika« vor, ein seltsam einfacher Name für meinen glamourösen Schutzengel. Wir sitzen und rauchen den ganzen Vormittag ihre 100er, sie bestellt Prosecco und führt mich in die Geheimnisse ihres Lebens ein. Da kommt einiges zusammen: Ausbildung, untreue Männer, Chefs, Abzocker, Immobilien, Scheidung wegen einer Jüngeren. Als sie fertig ist mit ihrer Lebensgeschichte, habe ich von einem großen, schmerzhaften und sehr intensiven Leben erfahren. Ich sitze mit offenem Mund da. Sie steckt mir noch einen von ihren Glimmstängeln zu, wir rauchen die letzte schweigend.

»Und wovon lebst du jetzt, Monika?«

Sie lächelt, bestellt noch zwei letzte Gläschen Prosecco. Und erzählt es mir.

»Ich habe über zwanzig Jahre als Sekretärin in einer Logistikfirma in Obergiesing gearbeitet. Auch wenn ich nichts zu entscheiden hatte, war ich so was wie die Mutter des Ladens. Alle kamen zu mir, wenn sie Fragen zu ihrer Spesenabrechnung oder ihrem Privatleben hatten. Ich hatte immer viel zu tun, weil der Chef ein Desaster in administrativen Dingen war. Aber der Stress machte mir Spaß. Denn ich war ein Teil davon, dass der Laden lief, und wurde anständig bezahlt.«

»Du sitzt jetzt mit mir in Neapel. Was ist passiert?«

»Davon, dass der Markt sich veränderte, hatte ich nichts mitbekommen. Dass 2008 so einige Spediteure ins Schleudern kamen, las ich erst in der Zeitung, als es schon zu spät war. Die Bilanzen sahen eh schon nicht so doll aus, und als dann noch die Lkw-Maut kam und uns wegen der Krise ein wichtiger Kunde wegbrach, waren wir geliefert. Nicht gleich, aber vor einem halben Jahr endgültig.«

»Du sprichst ja immer noch von ›wir‹, Monika!«

»Ja, das ist Gewohnheit. Nach über zwanzig Jahren in ein und derselben Firma ist man die Firma. Zumindest glaubt man das. Diese Funktion in einem Job frisst einen einfach. Als der Insolvenzverwalter kam, hatte ich meinen letzten Tag. Ich machte ihm noch Kaffee.«

»Dir wurde gekündigt?«

»Genau. Ohne Abfindung. Ich verzichtete darauf, als ich über den Flurfunk mitbekam, dass mein Chef mit seinem privaten Geld dafür hätte haften müssen. Er hatte gerade eine kleine Tochter mit seiner Frau bekommen. Stattdessen ging ich zum Arbeitsamt und meldete mich arbeitslos.«

»Fiel dir das so leicht?«

»Überhaupt nicht. Ich hatte schon so viele schreckliche Geschichten darüber gehört. Und es war noch schlimmer. Es ist verrückt. Mein Unternehmen, für das ich gearbeitet hatte, war am Markt gescheitert. Und jetzt sollte ich mich als gescheitert erklären. Diesen Stempel bekommst du. Das erhält die Ordnung aufrecht.«

»Hast du den Leuten im Arbeitsamt das auch so gesagt?«

»Nein, das hätte nichts genützt. Das sind doch selbst alle ganz arme Würstchen in befristeten Verträgen. Aber ich habe beschlossen, diesen Stempel nicht anzunehmen und meinen Stolz zu behalten. Ich nahm mein Arbeitslosengeld I und buchte einen Flug nach Neapel. Die Wohnung überließ ich meiner frisch geschiedenen Schwägerin zum halben Preis, dafür sollte sie die Post für mich hüten. Bisher ist kein einziger Brief vom Amt gekommen. Ich verhalte mich nämlich sehr vorbildlich und verschicke jeden Monat so viele Bewerbungen, wie man es von mir erwartet. Zu einem Bewerbungsgespräch wurde ich, wie erwartet, noch nie eingeladen.«

Ich bin irritiert. Die Münchnerin bekennt sich so offen zum Sozialbetrug, dass auch mich das aus der Bahn wirft. Gibt es die Sozialgelder denn nicht nur deswegen, damit man Zeit hat, um sich ein neues Auskommen zu suchen? Ist es denn richtig, sich einfach Geld von der Gemeinschaft überweisen zu lassen, um hier unter der Sonne des Mezzogiorno ein angenehmes Leben zu führen?

Monika löst mit ihrer Geschichte ein Wechselbad der Gefühle in mir aus: Einerseits bin auch ich voll der Fragen an »das System«. Andererseits schien mir meine Schlussfolgerung einleuchtend, dass »wenn das alle machen«, der Staat ruck, zuck Pleite geht. Ich bin jedenfalls nicht so drauf, auch wenn es mir dabei nicht um den Staat an sich geht, aber bevor wir ihn verlieren, brauchten wir schon eine Alternative, die unser komplexes Miteinander regelt. Da ich aber jetzt Pleite war, entscheide ich, mir von Monika helfen zu lassen. Wir werden Freundinnen auf Zeit.

Sie beeindruckte mich in den folgenden Tagen, die ich in ihrem kleinen Appartement in Neapel verbringe, mit ihrem Selbstbewusstsein und ihrer Offenheit. Damit entspricht sie ganz und gar nicht dem Bild der Sozialhilfeempfängerinnen, wie ich es kannte. In meinen Augen waren die Bezieher von Arbeitslosengeld oder »Hartz IV« immer etwas gequälte Naturen; einerseits vom »Arbeitsmarkt« ungewollt und ausgeschlossen, andererseits immer auf dem Sprung, etwas Neues zu finden. Und wenn beides zu lange dauert, dann passten sie in mein Bild von resignierten Miesepetern. Monika ist da ganz anders. Sie lacht viel, ist lebenslustig und klar in ihrer Lebensplanung.

Als ich meiner Irritation über ihre Einnahmequelle Ausdruck verleihe, amüsiert sie das. »Nein, Süße, du denkst immer noch, was du denken *sollst*! Aber Sozialgeld ist das Geld, das allen gehört. Es ist keine Unterstützungszahlung, damit man sich wieder eingliedert«, sagte sie.

»Aber was ist es dann? Wofür zahlen wir das Geld denn aus?«

»*Wir* zahlen das Geld aus, weil es einfach ausgezahlt werden muss. Weil *wir* sonst Revolution machen.«

Ich verstehe überhaupt nichts. Monika sieht wirklich nicht aus wie eine Straßenkämpferin in ihren wallenden, edlen Gewändern.

Eher wie Grace Kelly. Oder wie eine wohlhabende Neapolitanerin aus den 70ern.

»Stell dir mal vor, ich würde mir wieder eine Arbeit in Deutschland suchen, sagen wir, wieder als Sekretärin, wobei den Job ja jetzt Computer machen. Na ja, zur Not als Telefonistin. Dann fällt doch genau diese Stelle für jemand anderen weg. Es gibt wahnsinnig viele Arbeitslose, auch wenn die Regierung vor der Wahl immer so tut, als wäre das nicht so.«

»Ja, ja schon, aber wenn das alle sagen, dann arbeitet doch niemand mehr.«

»Es sagen ja nicht alle. Und warum würden dann alle nicht mehr arbeiten, das ist doch gar nicht sicher? Du wirst mir zumindest zustimmen, dass nicht mehr Arbeitsplätze dadurch entstehen, dass ich eine Stelle annehme. Aber es gibt noch einen weiteren Grund, warum ich mit Sozialgeld zufrieden bin. Warum ich sogar der Ansicht bin, dass es wirklich das Allermindeste ist, was mir zusteht. Ein Trostpflaster.«

»Ja, und dieser Grund wäre?«

»Es gehört mir.«

»Wie, es gehört dir? Es gehört allen. Und sie geben es dir. Freundlicherweise.« Allmählich wurde ich ein bisschen sauer.

»Genau. Es gehört allen, nicht dem Staat. Ich lasse mir nur das auszahlen, was mir am großen Ganzen *gehört*. Verstehst du, das ganze Geldsystem ist nur ein Symbol für das Gesellschaftsspiel! Der Kapitalismus geht davon aus, dass du nur dann lebendig bist, wenn du mitspielst. Deswegen nimmt er dir alles weg und übt diesen Druck aus mit Ein-Euro-Jobs, Strafen und vor allem Ächtung, wenn du nicht arbeitest. Das ist eine große Sklaverei.«

»Letztlich bist du doch nur neidisch?«

»Nein, ich will meinen Anteil an der Welt. Die Befürworter der Sklaverei haben auch gesagt, die Sklaven seien doch nur neidische Tiere. Heute müssen die Weißen damit leben, dass die Schwarzen mit am Tisch sitzen, wenn es was zu essen gibt. Mein Sozialgeld ist wirklich eine kostengünstige Methode, uns ruhigzustellen, damit wir die große Geldmaschine nicht kaputt machen.«

Im weiteren Verlauf meiner Reise musste ich immer wieder an Monikas Worte denken. Vor allem dann, wenn ich kein Geld mehr hatte, um am Spiel teilzunehmen. Um mir etwas zu essen zu kaufen oder einen Stellplatz für mein Schrottmobil beim Camping zu bezahlen. Wenn ich auf der Straße die Autos an mir vorbeibrausen sah und selbst keinen Tropfen Benzin mehr im Tank hatte. Wenn ich nachts von einem Parkplatz vertrieben wurde, weil »Wohnmobile hier nicht erlaubt« waren. Wenn man mich anschaute, als wäre ich eine Kriminelle, weil ich mir Wasser in Flaschen abfüllte oder ein paar Äpfel von den Bäumen pflückte. Wenn ich mir etwas von dem nahm, was uns allen gehört.

Aber besonders eindringlich ermahnten mich ihre Worte, wenn ich die riesigen leer stehenden Villen passierte, die unfassbar großen Jachten und Staatskarossen, nur um wenig später an Armensiedlungen vorbeizufahren, in denen die Kinder barfuß im Matsch spielten und deren Mütter spätabends in den Uniformen von teuren Hotels oder Restaurants zurückkamen.

Monika war mehr als eine gute Freundin auf Zeit. Sie war ein Mensch, der mir half, als ich Hilfe nötig hatte. Sie ermöglichte mir, meine Reise ins Ungewisse fortzusetzen und weitere Fragen zu stellen, damit ich irgendwann vielleicht eine Antwort auf die Frage finden würde, warum wir alle ständig irgendetwas tun, das wir eigentlich nicht oder zumindest ein wenig anders tun wollen. Und warum alle immer irgendwelche Schuldigen dafür suchen.

Merke: Wenn du nichts mehr hast,
bekommst du Unterstützung von denen, die selbst nichts haben.

Der freie Markt macht unfrei. Er macht uns deshalb unfrei, weil er uns zu den fiesesten Maßnahmen zwingt, wenn wir in ihm

Erfolg haben wollen. Wir müssen andere demütigen oder austricksen, uns durchsetzen und dominieren – immer topmotiviert, hochaggressiv, aber möglichst unauffällig. Sogar wenn wir »einfach nur leben« wollen, ohne dabei besonderen Erfolg zu haben, müssen wir immer noch Dinge tun, mit denen wir uns ganz schön mies fühlen: um eine neue Stelle buhlen, die Unfähigkeit des Chefs still ertragen, keine Zeit für die Kinder haben, Überstunden machen, den Partner vernachlässigen oder uns einfach ausgelaugt fühlen von den Anforderungen, die der freie Markt an uns stellt.

Ein unregulierter Markt ist nicht mehr als ein Kasino. Ein unregulierter Markt ist einfach ein trauriger neapolitanischer Hinterhof ohne Sonne, auf dem die Gewalt der Skrupellosen regiert und nichts und niemand mehr etwas dagegen ausrichten kann. Ein künstliches Gefängnis. Seine Teilnehmer führen einen Existenzkampf, der vollkommen unnötig wäre. Denn es ist in ökonomischer Hinsicht genug für alle da. Genug Wohnraum, Mobilität, Kommunikation, sogar genug Luxus, wenn auch etwas weniger für die Superreichen. Es ist genug da – und auch die Struktur, es einigermaßen gerecht zu verteilen, vielleicht sogar weltweit, zumindest aber europaweit, ist da.

Der Kampf um Ressourcen und Überfluss, der früher das Überleben der Spezies rettete, ist heute nur noch animalisch und unnötig.

Würde man alles besser verteilen, sodass niemand mehr Angst haben muss, dann wären noch immer nicht alle gleich. Doch die idiotische und schädliche Existenzangst würde wegfallen. Endlich könnte man um Dinge konkurrieren und nicht um das Leben, also um das, worum es sich lohnt, auch mal zu streiten: Geschmack, Innovation, Bildung, Wissen, technischer Fortschritt, Sport, Stil, Musik, Schönheit, Humor, Liebe – also all jene Dingen, die den Menschen erst zum Menschen machen. Wir sind nicht nur animalisch. Wir können mehr als das.

Es ist nicht zu erwarten, dass die Eine Volkspartei oder die Andere Volkspartei oder überhaupt irgendeine Gruppe etwas an der ungerechten Verteilung ändern wird. Darum müssen wir uns selbst darum kümmern, dass wir ein gutes Leben führen können. Im besten Fall ändert das früher oder später etwas im größeren Maßstab, auch wenn ich nicht darauf wetten würde.

Keine Angst zu haben und sich sein Leben nicht zur Job-Hölle machen zu lassen, ist das Coolste und Revolutionärste, das uns heute möglich ist. Das gab es bisher nämlich noch nie wirklich. Aber es ist möglich!

Man kann Orte schaffen, an denen die künstlich hochgepushte Existenzangst draußen bleibt. Man kann sich einen Raum zum Beispiel auch mit Schönheit und Humor erobern und nicht mit Gewalt. »Urban Gardening« ist so ein Beispiel. Großstädter, die einfach die Erde umgraben, wo es ihnen gefällt, um Gemüse und eine Blumenwiese wachsen zu sehen.

Die Dinge, die wir wirklich täglich brauchen, haben sich entgegen dem Diktum des freien Markts nämlich nicht wirklich verändert. Flachbildfernseher kann man nicht essen.

Tauschbörsen im Internet erweitern den Kreis von Menschen, die vielleicht etwas mit ihrer Nebelmaschine, der Saftpresse oder dem Tapeziertisch anfangen können. Die dicke Staubschicht auf manchen Produkten in Ihrem Haushalt verrät, dass Sie sie nicht wirklich nutzen. Dafür könnten Sie vielleicht gerade einen Mixer zum Kuchenbacken gebrauchen. Wenn es Dinge gibt, die für Sie weder Geld- noch einen anderen Tauschwert haben, verschenken Sie sie. Das schafft nicht nur Platz in der Wohnung, sondern auch mehr Raum im Kopf für Alternativen zum dumpfen Konsum.

Ihr Humankapital wird tatsächlich gebraucht. Doch vielleicht sollte statt einem gewinnmaximierenden Konzern lieber mal Ihr direktes Umfeld davon profitieren. Ein Ehrenamt, ein Bücherklub, ein Secondhandshop, egal – Hauptsache eine Initiative, die Raum in Ihnen erobert, der zuvor von Marktgedanken blockiert war. Raum fürs Leben.

Im Golf von Neapel legt sich die Sonne schlafen. Vielleicht sollte ich bald weiterfahren. Weiter weg.

AUFGABE

Absolvieren Sie folgenden Vokabeltest zum Wortschatz des »freien« Markts! Wie würden Sie die folgenden Begriffe erklären?

Chancen: Die Bezeichnung für günstige Gelegenheiten oder Glücksfälle in einem Leben, die man ergreifen muss, wenn man am »freien Markt« mitmachen will. Chancen sind keine Möglichkeit für die Marktteilnehmer, sondern die Bedingung für Erfolg. Sie sind ein Zwang.

Humankapital: In einem »freien Markt« sind Menschen nicht Menschen, sondern Humankapital. Es bezeichnet die »personengebundenen Wissensbestandteile in den Köpfen der Mitarbeiter«. In der Volkswirtschaftslehre wird Humankapital als Investition in Bildung betrachtet. Bildung erfüllt auf dem »freien Markt« allerdings einzig und allein einen Zweck als Produktionsfaktor in der Wirtschaft, weil sie die Wettbewerbsfähigkeit und Marktkonformität jedes Einzelnen erhöht.

Kaufen und verkaufen: Das Versprechen von Freiheit auf dem Markt. Jeder kann alles kaufen und verkaufen. So weit die propagierte Theorie der Liberalisten. Denn dieser »freie Markt« gilt nur für die Zahlungskräftigen, Produktiven. Allen anderen begegnet er mit Beschränkungen, Unerreichbarkeit und Drohungen. Wer mangels Zahlungskraft oder Produktivität nicht mitmachen kann beim Kaufen und Verkaufen, ist nicht frei.

Marktkonformität: Eine Bezeichnung für den Zustand, wenn staatliche Maßnahmen und der »freie Markt« vereinbar sind. Heißt: Wenn das Prinzip von Angebot und Nachfrage, also Kaufen und Verkaufen, nicht behindert, sondern begünstigt wird. Mittlerweile sind jedoch längst nicht mehr nur staatliche Entscheidungen von dieser Bewertung betroffen. Jeder Einzelne durchläuft das Raster der Marktkonformität. Umso marktkonformer jemand handelt, desto wahrscheinlicher werden ihm Chancen zuteil.

Obsoleszenz: (von lat. *obsolescere* – sich abnutzen) Bezeichnung eines Produkts, das auf natürliche oder künstlich beeinflusste Art altert. Bei der geplanten Obsoleszenz wird die Lebensdauer eines Produkts künstlich reduziert. Produkte verfallen also schneller, als nötig wäre. Bei der funktionellen Obsoleszenz bleibt das Produkt selbst zwar funktionsfähig, kann aber durch neue Anforderungen, zum Beispiel neue Software, schließlich nicht mehr benutzt werden. Mit dem Mittel der Obsoleszenz werden Kaufentscheidungen, die man scheinbar freiwillig trifft, erzwungen.

Wettbewerb: Wenn alle ihre Chancen nutzen wollen, treten immer mindestens zwei Marktakteure miteinander in Wettbewerb. Die Ausübung der Marktfreiheit erhöht somit den Wettbewerbsdruck. Wettbewerb ist letztlich der Zwang, ein marktkonformes Leben führen zu müssen.

Andere Meinungen sind willkommen.

VI.

Die Renten sind viel zu sicher

»Bunga-Bunga!«
Silvio Berlusconi, 76 Jahre alt

Kaltes Kunstlicht summt aus Röhren von der Decke. Alles ist perfekt ausgeleuchtet in dem nüchternen Raum, in den ich mich vor dem pfeifenden Wind auf dem neapolitanischen Hafengelände gerettet habe. Die Fähre nach Palermo wartet schon draußen. Doch ohne Ticket komme ich da nicht rauf. Und schon gar nicht mit dem dicken Schrottomobil. Es ist zwar warm und windstill hier drin, doch die Tristesse dieses Zufluchtsorts macht mich für einen Moment traurig. Und dann reicht die Warteschlange vor dem Ticketschalter auch noch fast bis zur Tür. Ich nehme hinter einer kleinen Dame den letzten Platz in der Reihe ein und merke schnell, dass es dauern wird. Nur ein Schalter von vieren ist geöffnet.

Die älteren Damen und Herren, die vor mir in der Schlange stehen, sehen prächtig aus. Urlauber aus Wohlstandszeiten treffen auf den alten Wohlstand Italiens, noch einmal, als wäre das arme, lebendige, junge Neapel gar nicht da. Sie sind auf der Durchreise. Aber das sind wir ja alle, oder?

Zwischen damals und jetzt liegt ein Leben – mein Leben. Ich hatte eine gute Kindheit, aber ich will nicht mehr zurück, ich will in eine neue Zeit. Doch dazu müssen erst einmal diese alten Menschen vor mir abgefertigt werden. Verdammt, wann geht das hier endlich vorwärts?

Die Alten scheinen nicht viel von Hektik zu halten. Sie wollen lieber alles in Ruhe machen. Deswegen heißt es vielleicht auch Ruhestand. Sie wollen, dass alles so bleibt, wie es ist. Ihre Kinder und

Enkel bezahlen mit ihren Einzahlungen in die Rentenkasse. Denn der einst eingezahlte Beitrag der Alten ist längst aufgebraucht. Umlagesystem nennt man das. Die Rente als »Generationenvertrag«. Doch dass meine Generation auch noch in den Genuss dieses Verteilungsverfahrens kommt, bezweifle ich – wie viele meiner Freunde. Denn die Verlierer des demografischen Wandels sind die immer weniger werdenden Jungen. Und während die Alten in aller Ruhe auf den Tod warten, müssen sich junge Leute im alten System fragen, wofür es sich noch alt zu werden lohnt. Der optimistische Satz »Das mache ich, wenn ich in Rente gehe« würde mir und den allermeisten meiner Generation nicht mehr einfallen. Unsere Rente ist nämlich ganz und gar nicht sicher. Stattdessen sollen wir in unseren besten Jahren dazu verdammt sein, bezüglich Arbeit, Gehalt und Lebensqualität auf der Stelle zu treten, um Wohlstand und Sicherheit der Alten zu garantieren. Und das, obwohl wir selbst weder das eine noch das andere zu erwarten haben.

Als ich kurz davor bin, meine Jugend an den Nagel neben dem Fernseher zu hängen, bin ich endlich dran. Die alte Dame hinter dem Schalter prüft den Ticket-Gutschein für die Strecke Neapel–Palermo sehr genau, den mir Monika alias Grace Kelly noch geschenkt hat, bevor ich sie verließ. Nach einigen Zeigefinger-Stampfern auf der vergilbten Tastatur löst sie den Drucker hinter ihr aus, der meine Fährkarte ausspuckt. Es klingt wie 1991, als die Maschine einen neuen Haben-Betrag über 10,83 Mark in mein Sparbuch einstanzte. »Mille grazie!«

Ich bin die Letzte in der Schlange gewesen, hinter mir hat sich niemand mehr eingereiht. Als ich hektisch mein Ticket in die Tasche zwänge, bedient die Signora einen Hebel an ihrem Stuhl, gleitet in Liegeposition und faltet die Hände über ihrem Bauch.

Die Fähre wartet. Ein hell erleuchteter Schlund, der begonnen hat, Autos und Lastwagen zu verspeisen. Ich will mich gerne in diesen Schiffsbauch legen, um am nächsten Morgen an einem neuen Hafen wieder ausgespuckt zu werden. Auf Sizilien soll es noch nicht mal einen richtigen Winter geben. Beste Voraussetzungen zum Auftauen.

>>*Entschuldigen Sie mich, Captain.*
Ich habe eine Verabredung mit der Ewigkeit,
und ich möchte nicht zu spät kommen.<<
Dr. Soran, Star Trek VII: Treffen der Generationen

Ich bin ein großer Oldie-Fan: Eagles, Bob Dylan, Sex Pistols, Aretha Franklin, Deep Purple, David Bowie. Ich mag die Musik einer Zeit, die nie meine war. Vielleicht, weil ich als Kind oft meinen Vater beobachtete, wie er nach der Nachtschicht am frühen Morgen mit Kopfhörern und geschlossenen Augen auf einem Stuhl vor der Stereo-Anlage saß, sachte mit dem Kopf im Takt nickte und Led Zeppelin hörte. Damals wusste ich nur, dass es ihn dabei nicht zu stören galt, und machte mich extra leise für die Schule fertig.

Als ich studierte, waren meine Eltern stolz, dass ich etwas erreicht hatte, das ihnen in ihrer Jugend verwehrt geblieben war. Statt des beruflichen Aufstiegs durch akademische Abschlüsse schufen sie sich eine Basis mit beruflicher Sicherheit. Mein Vater als einigermaßen fair bezahlter Facharbeiter bei VW, meine Mutter als Erzieherin. Jeden ersten Mai, am Tag der Arbeit, zogen sie mit mir zum Klagesmarkt in Hannover. Im Kundgebungsgetümmel trafen wir alle Kollegen meines Vaters, die wie er in der Gewerkschaft organisiert waren. Das war ganz normal, man konnte auf der einen Seite stolzer >>VWler<< sein und auf der anderen Seite für seine Rechte, bessere Arbeitsbedingungen sowie mehr Geld kämpfen – so zeigte sich damals echter Arbeiterstolz. Sicherheit und >>gutes Geld<< waren die Bedingung dafür, sein Leben dem Schichtbetrieb unterzuordnen, im Sommer in einer Halle bei 50 Grad zu malochen und sich nicht darüber zu beklagen.

Mein Vater ist ein wortkarger Mensch. Er liebt die Natur, Motorsport und die Musik seiner Jugend. Heute weiß ich, dass seine Nostalgie mehr als nur alten Bands gilt. Nach über 35 Jahren beim Autokonzern ist nichts mehr so, wie es einmal war. »So viel wie ich verdient hier keiner mehr von den Neuen«, hat er mir mal erzählt. Viele der neuen Jungen seien Leiharbeiter, und wenn sie doch fest angestellt werden, bekommen sie nicht mehr den Vertrag, den er mal unterschrieben hat. Bei der Gewerkschaft ist er zwar noch Mitglied, doch bei der 1.-Mai-Kundgebung war er seit Jahren nicht mehr. Viele seiner alten Kollegen und Freunde sind weg – im Vorruhestand oder tot. Und die nachrückende Generation ist längst nicht mehr so geschlossen, weil sie vom Konzern in Stammbelegschaft und Leiharbeiter gespalten wurde.

»Junger Arbeiter würde ich in diesen Zeiten auch nicht mehr sein wollen.« Als mein Vater das sagte, schwang mit, dass die Genugtuung nicht reicht, heute ein alter Arbeiter zu sein. Er hat sein Herz und sein Leben diesem Konzern gewidmet, sich kleine Modellautos in die Vitrine gestellt und ist natürlich selbst nie ein anderes Auto gefahren. Was die alten Arbeiter auszeichnete, war ihre »VWler«-Gemeinschaft. Doch seitdem ist ein gewaltiges Stück vom Sinn und der Bindung zu diesem Knochenjob verloren gegangen. Trotz »gutem Geld«, einer sicheren Rente und dem kleinen Wohlstand, den er für sich und seine Familie erreicht hat, bleibt meinem Vater am Ende seiner beruflichen Lebensleistung ein bitterer Beigeschmack.

Meine Eltern sind gewiss nicht die einzigen Leute um die 60 Jahre, die das Unbehagen ihrer Kinder über die Ordnung, die so viel versprochen hat, teilen. Und trotzdem werden Alte und Junge systematisch gegeneinander ausgespielt. Denn die Verteidigungshaltung der Alten und der Vorwurf der Jungen sind weniger ein Zeichen mangelnder Solidarität zwischen den Generationen, sondern bestätigen das gescheiterte Projekt eines politisch organisierten Generationenvertrags.

Als mir mein langjähriger Freund Tim erzählte, dass seine Mutter sich immer wieder beschwerte, dass er so selten zu Besuch käme, wurde mir klar, dass noch längst nicht alle Eltern verstanden haben, wie sich das Verhältnis zwischen Arbeit und Sicherheit verändert hat, – oder es schlichtweg ignorieren. Tims Mutter arbeitete gar nicht, musste es auch nie. Sein Vater war Versicherungsangestellter, und trotzdem ging es zweimal im Jahr in den Urlaub. Selbst heute, während Tim als Trainee in einem IT-Konzern um seine Übernahme kämpft, scheint in der 300 Kilometer entfernten Heimatkleinstadt alles wie in den Zeiten unserer Kindheit zu sein. Sogar Tims »Jugendzimmer« sieht noch so aus wie damals, als er auszog, um sein Studium im Eiltempo zu absolvieren, fünf Praktika in den Semesterferien einschob, zwei davon im Ausland – mit Stipendium.

In der Realität der Eltern ist nie angekommen, was Tim heute weiß: dass sich bei ihm niemals, nimmer, gar nicht diese Vorgarten-Entspanntheit einstellen wird, die seine Mutter am Telefon sagen lässt: »Also wir haben uns ja früher mehr Zeit für unser Privatleben genommen.« Und wenn Tim dann doch mal den Versuch startet, seinen Eltern den Unterschied zwischen heute und damals zu erklären, streicht ihm seine Mutter eine Strähne aus dem wütenden Gesicht und sagt: »Du bist ja noch jung!«

Warum sieht für uns, obwohl wir jung sind, alles so wahnsinnig unzauberhaft aus? Weil in uns die Ahnung wächst, dass die Weisheiten einer vergangenen Zeit mittlerweile Märchen geworden sind. Wir hören allzu gern zu und lassen uns in die fabelhafte Erinnerungswelt unserer Eltern entführen. Für einen kurzen Augenblick lassen uns die Geschichten vom Wohlstand durch Arbeit vergessen, dass das alles rein gar nichts mit uns zu tun hat.

In Zeiten des Wirtschaftswunders wurden so viele Babys geboren wie noch niemals zuvor – und auch nie mehr danach. Dem Boom in Deutschlands Kreißsälen verdankt diese Generation auch ihren Namen – die »Baby-Boomer«. Ihre Kindheit ist längst vorüber, und doch sind sie nach wie vor die Schreihälse der Nation.

Jeder zweite Deutsche ist heute über 45 Jahre alt. Die Baby-Boomer bilden die absolute Mehrheit im Land und bestimmen mit ihrer Wahlmacht, was die Politiker auf ihre Wahlkampf-Agenda setzen. So funktioniert das nun mal in einer Demokratie. Die Masse der Menschen bestimmt auch die Wirtschaft. Was sie konsumieren, bestimmt die Produktion. Und ihre Kaufkraft ist bombastisch. 80 Prozent der verkauften Neuwagen stehen in ihren Garagen. Der junge Bankkaufmann, dem seine Eltern zu einer soliden Ausbildung geraten haben, verkauft Bausparverträge, die mittlerweile auf die Bedürfnisse alter Sparer ausgelegt sind. Und weil sie die meisten Urlaubstage aller Erwerbstätigen und die höchste Gehaltsklasse nach Dienstjahren erreicht haben, freut sich auch die Tourismusbranche über das Geld der Alten, das die Hälfte ihres Jahresumsatzes ausmacht. Sie sind viele, sie sind reich, und sie sind mächtig.

Deutschland ist nach Japan das Land mit der ältesten Bevölkerung der Welt. Das Statistische Bundesamt vergleicht den Aufbau unserer Gesellschaft gerne mit Gewächsen. In den 80ern waren wir noch Gemüse – eine Zwiebel. Unten ein schmales Ende – die Kinder; oben ein schmales Ende – die Alten; und in der Mitte eine dicke Plauze – die 20- bis 50-Jährigen.

Es ist bezeichnend, dass die Statistiker für die Zukunft einen Pilz heranwachsen sehen. Die alten Leute sind der weite dicke Hut, die Jungen sind der dünne Stiel. Er hat eigentlich keine andere Aufgabe, als die Nährstoffe in den Hut, die alte Generation, zu leiten. Und als ob unser Standort nicht schon schattig genug wäre, nimmt der Hut dem Stiel das letzte bisschen Licht.

Und dabei sagen doch alle, dass wir bald vom »demografischen Wandel« profitieren werden. Wenn erst einmal die ganze Masse der Baby-Boomer aus dem Arbeitsmarkt in die Rente geschickt wird, dann hat die junge Generation freie Platzwahl. Ist doch super, sagen die Baby-Boomerinnen in höchsten Ämtern, Kanzlerin Angela Merkel (59) und frühere Arbeitsministerin Ursula von der

Leyen (60). In unterschiedlichen Systemen groß geworden, sind sie sich diesbezüglich trotzdem einig. Ob sie uns frech ins Gesicht lügen oder es wirklich nicht besser wissen: Die Wirklichkeit sieht anders aus.

Das wurde mir zum ersten Mal klar, als ich Johanna traf. Es war auf einer Geburtstagsparty am Prenzlauer Berg. An einem Abend unter der Woche, sodass etwa ein Dutzend Freunde und Bekannte direkt von ihren Großstadtjobs kam. Weil ich bis auf die Gastgeberin niemanden kannte, saß ich schon bald etwas verloren auf einem Sitzsack und fragte mich, wie lange ich noch bleiben müsste, ohne unhöflich zu wirken. Da sprach mich Johanna an. Nachdem wir uns vorgestellt hatten und einige belanglose Sätze ausgetauscht hatten, fing sie an, von ihrem Job zu erzählen.

»Ich weiß echt nicht mehr, was los ist. Überall bin ich ein Problem. An meiner Ausbildung kann es doch eigentlich nicht liegen.«

»Nein, bestimmt nicht«, erwiderte ich müde, in der Gewissheit zu wissen, was gleich kommen würde.

»Ich kann die Leier selbst nicht mehr hören, aber man fällt nach dualem Studium, Dutzenden Scheiß-Praktika und diesem verfickten PR-Volontariat einfach vom Glauben ab, wenn alles immer nur schwierig sein soll.«

Bei den Worten »Scheiß-Praktika« und »verfickt« wurde ich wach.

»Und nun habe ich vor zwei Wochen meinen vierten befristeten Vertrag bei der vierten Agentur innerhalb von drei Jahren unterschrieben. Da haben sie dem Rumgeeier die Krone aufgesetzt.«

»Wieso?«

»Na ja, ist ein bisschen tricky. Aber der Firma geht es seit einer Weile ziemlich schlecht. Die haben da sogar Leuten, die schon richtig lange dabei waren, fette Abfindungen gezahlt, damit sie gehen. Nicht schön, wobei einige wohl gar nicht traurig gewesen sein sollen. Und ihre goldenen Umschläge den alten Kollegen, die jetzt die gleiche Arbeit unter noch mehr Druck schaffen sollen, unter die

Nase gerieben haben. Als dann eine Kollegin schwanger wurde, kam ich ins Spiel. Der Chef wollte die Stelle auf jeden Fall vertreten lassen.«

»Ist doch gut, oder?«

»An sich schon. Doch der Betriebsrat mauerte.«

»Hä?«

»Ja, der hatte aus Prinzip was dagegen, dass hier nun ›neue Leute‹ eingestellt werden, wo doch gerade so viele ›alte Kollegen‹ gehen mussten.«

»Was ist das denn für ein Prinzip?«

»Keine Ahnung. Aus neu mach alt?«

Ich begann Schnatterinchen zu mögen.

»Die Alten bekamen zwar keine Gehaltserhöhungen mehr, mussten aber trotz schlecht laufender Geschäfte bis dahin nie zurückstecken. Als die Geschäftsführung daran dachte, das Urlaubsgeld zu streichen, um zu sparen, machte der Betriebsrat prompt einen Alternativvorschlag. Man könne doch auch an den Gehaltsstufen der neuen Verträge ein bisschen drehen, um Kosten einzusparen.«

»Und so einen ›neuen Vertrag‹ hast du dann bekommen?«

»Janz jenau! Und außer mir noch acht andere junge Kollegen.«

Immer wieder diese verkehrte Welt, wenn man als junger Mensch eine dieser ach so raren Chancen ergreifen will und schlussendlich an irgendeinem Ende immer den Kürzeren zieht. Als ob man immer einen Tick zu spät am Grabbeltisch ankommt und nur noch die letzten Reste der Billigware Arbeit übrig sind. Wir bekommen »neue Verträge«. Die Alten bekommen weiter ihr Urlaubsgeld.

>
> *»Talking about my Generation«*
> *The Who*

Das Leben der Baby-Boomer war bislang ein riesiges Profit-Geschäft. Als Studenten mussten sie keine Studiengebühren berappen, dennoch wurden die Universitäten ausgebaut. Mit dem eleganten Einstieg ins Berufsleben – Festanstellung nach Abschluss nahezu garantiert – wurden die Steuern gesenkt. Bei Krankheit kamen sie in den Genuss eines beispiellosen Versorgungssystems. Als diese Generation schließlich an den Schalthebeln der Macht Platz genommen hatte, wurden die staatlichen Privilegien Stück für Stück »abgewrackt« und an den freien Markt abgegeben. Und der hat es nicht so mit Privilegien, die den nachrückenden Generationen den Einstieg erleichtern.

Heute sieht sich die junge Generation dem gewaltigsten staatlichen Schuldenberg aller Zeiten gegenüber. Das Vermögen der reichsten zehn Prozent im Land ist jedoch dreimal so groß wie diese Schulden. Die Antwort der Baby-Boomer auf diese Schieflage ist noch schiefer gewickelt und rührt aus demselben Geist, der ihnen Komfort und Unbekümmertheit verschafft hat: »Das erbt ihr doch mal alles!«

Leicht gesagt – auf ihre eigenen Konten rollt gerade eine riesige Erbschaftswelle. Laut einer Studie des Deutschen Instituts für Altersvorsorge sollen bis 2020 Vermögen im Wert von knapp 2,6 Billionen Euro in Deutschland vererbt werden. Das ist so viel wie noch nie. Doch was mit dem ganzen Geld später einmal passieren soll, wenn die Generation der Nachkriegskinder ausstirbt, darüber wird nicht gesprochen. Die Deutschen reden mit ihren Verwandten oder Freunden, also auch mit ihren Kindern, doppelt so häufig über ihr Sexleben wie über Geld. Fakt ist: Die Jungen werden, wenn es super läuft, gerade einmal ein Drittel des einstigen Erbes ihrer Eltern erben. Allein zwei Drittel werden schon vorher in der gleichen Generation aufgeteilt – Geschwister, Lebenspartner, Haustiere. Ob die Baby-Boomer das übrige Drittel vererben oder damit im Gegensatz zu ihren Eltern ihren Lebensabend vergolden, bleibt abzuwarten.

Die Studie des Deutschen Instituts für Altersvorsorge geht davon aus, dass das Erbschaftsvolumen wieder sinken wird. Denn die Erblasser werden immer älter und brauchen größere Teile ihres Vermögens selbst auf. Die Sparermentalität ihrer Eltern, der sie ihr Erbe zu verdanken haben, ist nicht mehr ihr Ding. Ältere Menschen werden konsumfreudiger. Auch steigende Kosten für Krankheiten und Pflege schlagen stärker zu Buche.

Statt sich gemeinsam mit den Jungen Gedanken darüber zu machen, wie man ein gerechteres Rentensystem auf die Beine stellen kann, wird in den Kreisen der Baby-Boomer sehr laut darüber lamentiert, was die Jungen den Alten vermeintlich schulden. Nun haben sie doch fast ihr ganzes Leben »der Firma« geopfert und sollen nur so einen mickrigen Anteil ihres Lebenswerks als Rente ausgezahlt bekommen? Das passt nicht in ihr Weltbild. Dabei klagen viele von ihnen auf hohem Niveau – denn die staatliche Rente wird bei vielen durch üppige Betriebsrenten aufgestockt. Ein Konzept, das viele in meiner Generation höchstens noch vom Hörensagen kennen. Im Bundesdurchschnitt macht die gesetzliche Rente einen Anteil von 64 Prozent aus. Der Rest kommt über zusätzliche Einkommen wie Betriebsrenten, Lebensversicherung, Riester-Rente oder Hinterbliebenenrente rein. Doch genau solche Extra-Ersparnisse sind für die Jungen gerade in der Abschaffung begriffen – während sie gleichzeitig von ihrem Gehalt zu wenig, zu unregelmäßig oder gar nichts sparen können.

Auch wenn die Zahl der Rentner steigt, die nur mit der staatlichen Grundsicherung im Alter auskommen müssen, liegt ihr Anteil unter allen Rentnern bei gerade einmal 2,7 Prozent. Zum Vergleich: In Deutschland sind aktuell 18,9 Prozent (etwa 2,4 Millionen) Kinder und Jugendliche von Armut bedroht. Im 185 Seiten dicken Koalitionsvertrag zwischen der Einen und der Anderen Volkspartei kommt jedoch nicht in einer Zeile das Wort »Kinderarmut« vor. Dem Thema »Alter«, »Rente« und sogar »Altersarmut« wurden hingegen gleich mehrere Seiten gewidmet. Kinderarmut sei »relativ«, wie es die ehemalige Arbeits- und Sozialministerin Ursula von der Leyen einmal ausdrückte.

Die Alten wollen ihr Mantra »Später wird alles besser« einfach nicht loslassen. Lieber wollen sie die Realität der Gegenwart bis aufs Letzte verleugnen. Zahlen dürfen für diese schiefgewickelte Argumentation: die Jungen.

Bei der Rente, da darf der Spaß nicht aufhören. Doch genau in diesem System der Rente, das nicht darauf aufgebaut ist, was man einmal eingezahlt hat, sondern darauf, was die nachfolgende Generation einzahlt, wird die Linie der Machthabenden besonders krude. Aber wenn die Anspruchsteller die Zahler in ihrer Zahl um ein Vielfaches überbieten, kann das nicht mehr funktionieren.

1997 verkündete der putzige Arbeitsminister Norbert Blüm seinen legendären Satz: »Die Rente ist sicher!« Ich war »megamäßig« in der Pubertät (in den 90ern war alles »mega«) und wollte eigentlich nur möglichst bald in meiner eigenen Wohnung leben. Rente? Laaangweilig. Als ich dann ein paar Jahre später endlich im »eigenen« WG-Zimmer hockte und meine Mahlzeiten in der Mensa einnahm, hing oft so ein gestriegelter Typ im Anzug vor dem Eingang rum. Er wollte uns Studenten über private Altersvorsorge beraten, wie mir eine stets bestens informierte Kommilitonin in der Cafeteria erzählte. Niemand interessierte sich für sein Angebot. Wir waren doch alle froh, wenn wir im Hier und Jetzt über die Runden kamen.

Unsere Renten waren nicht sicher – so viel war sicher. Über ein Unwort wie »Generationenvertrag« machte ich mir damals noch keine Gedanken. Höchstens mal, wenn es in einer Klausur Thema werden konnte. Ich war hinreichend in das Sammeln meiner »Creditpoints« für mein Bachelor-Studium verstrickt. Ich bekam zwar BAföG, aber nur für die Regelstudienzeit von sechs Semestern. Wenn ich zu den besten 20 Prozent meines Semesters gehören würde, würde ich vielleicht weniger als die Hälfte der Förderung zurückzahlen müssen. Als für die Baby-Boomer das BAföG 1971 erfunden wurde, musste keiner einen Pfennig zurückzahlen.

Jetzt, wo ich und meine Kommilitonen im Arbeitsleben stehen, irgendeiner Art von Arbeitsleben, hat sich die Lage nicht eben verbessert: Wovon wir fürs Alter vorsorgen sollen, das wissen wir, nachdem wir dem jugendlichen Leichtsinn entwachsen sind, immer noch nicht. Dafür ahnen wir, dass wir im Alter wohl nicht danach werden rufen können, dass unsere Nachfolger-Generation uns gemütliche Renten bezahlen möge. Und von einer Erbschaftswelle werden die meisten von uns auch nicht profitieren.

Wir, die junge Generation, werden mehr und länger arbeiten müssen. Für weniger Geld, keine Sicherheiten, für eine Rente, die – wenn überhaupt – nicht mehr als eine Grundsicherung sein wird. Wer mehr will, muss, nein: müsste privat vorsorgen. Ein großes Lobby-Projekt für die Versicherungswirtschaft. Dazu werden sich Steuern und Sozialabgaben absehbar weiter erhöhen, damit die Renten der Alten pünktlich überwiesen werden können.

Eine Studie der Bertelsmann Stiftung hat vorgerechnet, was ohne radikale Reformen passieren wird. Das Niveau der Renten wird sinken und der Beitragssatz steigen. Bis zum Jahr 2060 werden 63 Prozent der Bevölkerung über 65 Jahre alt sein. Man geht davon aus, dass man bis dahin nicht mehr 18,9 Prozent des Einkommens, sondern 27,2 Prozent in die Rentenkasse einzahlen soll. Und das Rentenniveau (netto vor Steuern) wird von aktuell 48,7 Prozent auf 41,5 Prozent sinken. Dabei basieren alle Zahlen auf einer gleichbleibenden Geburtenrate.

Was sollen Ihnen all diese Zahlen sagen? Die Fete ist vorbei. Norbert Blüm behält, was die Alten betrifft, recht, und was uns betrifft unrecht: Weil die Renten viel zu sicher sind, ist unsere Rente alles andere als sicher.

Wieder einmal wird mir auf meiner Reise klar, dass ich in meinem bisherigen Berufsleben völlig veralteten Werten hinterhergelaufen bin. Wer eine gute Ausbildung erlangt, seinem Arbeitgeber loyal dient und sich überdurchschnittlich anstrengt, kann eben nicht mehr sicher sein, es im Alter gut zu haben. Was also soll der ganze Aufriss? Wozu die unbezahlten Praktika, die vielen Überstunden oder die Furcht vor dem Jobverlust? Sicher, wir brauchen Arbeit, um davon leben zu können, aber wir müssen uns nicht wegen all der Mantren verrückt machen, die auf uns gar nicht mehr zutreffen. Anstatt darauf zu warten, dass es andere tun: Belohnen wir uns daher lieber selbst! Nehmen wir uns heute Zeit für die Dinge, die uns wichtig sind. Schieben wir sie nicht auf für eine ungewisse Rente. Denn was uns da erwartet, ist reichlich unsicher – egal, wie sehr wir buckeln.

Was mich persönlich betrifft: So lange den Jungen seitens der Politik und der Wirtschaft kein Angebot gemacht wird, wie dieser Saustall realistisch zu bereinigen sein soll, mache ich für die Renten der Baby-Boomer keinen Finger mehr krumm. Alles andere käme mir vor wie die freiwillige Enteignung meiner Zukunft.

>*Ich kann gar nicht so viel fressen, wie ich kotzen möchte.*«
Max Liebermann

Als ich nach einer viel zu kurzen Nacht wieder aufwache, ist mir übel. Ich hatte mich hinter den zugezogenen Gardinen in meinem Schrottomobil versteckt, um mich während der nächtlichen Überfahrt allein und ungestört von dem großen Fährschiff in den Schlaf wiegen zu lassen. Es war eine spontane Entscheidung gewesen, als ich gesehen hatte, wer da so alles über das Parkdeck in Richtung Treppe hinauf zu den Besucherdecks geströmt war. Noch ehe der luchsäugige Seemann mich hatte erwischen können, war ich unter meiner Daunendecke verschwunden – der Aufenthalt im eigenen Fahrzeug ist während der Überfahrt verboten.

Klare Sache: Ich habe diesen Seegang ohne Chance auf Luft und Horizont hier im Unterdeck unterschätzt. Jetzt stecke ich im Schiffsbauch fest, die Tür nach oben zu den Alten ist verriegelt. Ich bin so ein dummes Kind. Aber die wenigen kleinen Luken sind plötzlich sichtbar, weil dahinter ein neuer Tag angebrochen ist. Es kann also nicht mehr weit sein. Und die Maschinen irgendwo unter mir brummen lauter. Das muss die Bremse sein, der Umkehrschub, oder wie man das nennt bei einem Schiff.

Nein, ich werde jetzt nicht in mein Schrottomobil speien. Ich mache alle Fenster auf, die Luft ist nicht frisch, aber sie bewegt sich und bringt etwas Linderung. Ich beobachte alle Luken genau. Irgendwann muss doch. Früher oder später. Über kurz oder lang. Dann endlich: Festland.

Fast im gleichen Moment knarzt es gewaltig. Für einen Moment befürchte ich, wir haben ein Riff gestreift. Haben wir nicht, aber die Gedanken an Katastrophe helfen mir, meinen Brechreiz zu bewältigen. Als plötzlich die schwere Eisentür quietscht, die mich die ganze Nacht vom Oberdeck getrennt hat, schaue ich gierig zu diesem offenen Tor in die Freiheit.

Als der Aufpasser-Matrose außer Sichtweite ist, schleiche ich nach vorn und schmeiße mich auf den Fahrersitz. Ich komme mir bekloppt listig vor. Die einzige und letzte Genugtuung dieser Fahrt. Denn was hatte es mir gebracht, mich hier unten ohne Licht und Luft vor den Alten zu verstecken, weil ich befürchtete, schlechte Laune zu bekommen? Gefangenschaft und Brechreiz. Ich lerne: Mit Isolation schwächt man sich nur selbst. Ich brauche dringend wieder festen Boden unter den Rädern, und als sich die gigantische Luke zur Sonne hin öffnet, ist der Heiland geboren.

Beim Anblick von Palermos Hafenskyline muss ich ein bisschen den Kopf zur Seite neigen. Gehört das so? Sind die Ruinen da zwischen den mehrstöckigen Wohnhäusern archäologische Ausgrabungsorte? Ich bin endlich an der Reihe und rolle über die Rampe auf eine der südlichsten Festlandgegenden Europas.

Dann biege ich auf die Via Marina ein und folge der Küstenstraße, bis ich den Rand der Hügelkette des Conca d'Oros erreicht habe. Ich werde bestimmt einmal wiederkommen in diese antike, angefressene Stadt. Aber nach der engen, übellaunigen Nacht lechze ich nach Luft und Weite. Eine Stadt will doch sowieso nur mein Geld. Und davon habe ich noch genau 23 Euro in der Tasche. Der kümmerliche Rest von dem grünen Schein, den mir Monika zum Abschied aus Neapel gegeben hatte.

Doch im Innersten dieser Insel soll es einen Ort für Menschen wie mich geben. Dort würde ich kein Geld brauchen, hatte Monika zu mir gesagt. Das konnte doch nur wieder eines dieser Märchen sein, die alten Leuten so gefallen, hatte ich zuerst gedacht. Aber Monika, diese anarchistische Dame mit dem Charme einer Grace Kelly, fiel in meinen Augen in eine ganz und gar andere Kategorie. Mit ihrer kompletten Verweigerung gegenüber Moral und Arbeitsethik lebte sie einen Paradigmenwechsel vor. Der Volkszorn würde wohl ihre Hexenverbrennung fordern. Doch war einem zornigen Volk mehr zu trauen als ihr? Meine Kündigung, meine Flucht, mein Jetzt hatten die Grenzen meines früheren vorgegebenen Denkens eingerissen.

Der elysische Ort, der kein Geld wollte, liege inmitten karger und verbrannter Landschaften, hatte Monika mir beschrieben. Am Rand der Kleinstadt Riesi in der Provinz Caltanissetta. Ich bin auf dem Weg dorthin und fahre allein auf der großen Straße, von der Abfahrten abgehen, die nach hundert Metern im Nichts enden. Es ist Ende Oktober, und die Hügelweiten liegen noch immer im Sommerschlaf. Ein Tropfen Regen hat diesen Boden seit Wochen nicht erreicht.

Auf einem Hügel am Stadtrand soll die Gemeinschaft angesiedelt sein, die seit 1961 suchenden Seelen Schutz und Beistand gibt – und dafür keine Gegenleistung erwartet.

Es ist frühe Mittagszeit, als das Ortsschild an mir vorbeizieht. Ein Schild mit dem »T« für Tabacchi, also Tabakladen, taucht am Straßenrand auf. Vor dem Laden tummelt sich auch noch menschliches Leben. Und sogar junges Leben. Zwei Mädchen und zwei Jungs in dreckigen Arbeitsklamotten sitzen auf der Betonmauer neben einem verschlossenen Einfahrtstor. Was mich wundert: Keiner von ihnen sieht nach sizilianischer Dorfjugend aus.

Ganz italienisch parke ich direkt vor dem Tabacchi. Aus dem

Augenwinkel sehe ich, wie die Kids von der Betonmauer mich beobachten. So weit entspricht alles wieder meiner Vorstellung von der Dorfjugend. In dem Laden erschlägt mich für einige Sekunden das kleinteilige Angebot. Ich sehe zunächst überall Kaugummis, Gewinnlose, diverse Tüten mit Waschpulver, Chips, Gummitieren oder Popcorn. Erst als mein Blick an dem Wandregal mit den bunten Zigarettenschachteln hängen bleibt, weiß ich wieder, warum ich eigentlich hier bin.

»Oh Gott! Echt?«

Das kommt von draußen. Ich blicke aus der Konsumhöhle in die Richtung des deutschen Schalls und sehe wieder die sizilianische Dorfjugend.

»Ja wirklich, dieser kleine Antonio ist echt krass. Schon mit fünf ein riesiger Macho!«

Als sie mich aus dem Laden treten sehen, unterbrechen sie ihr Geplauder.

»Hallo!«, grüßt mich der größere der beiden Jungs, der mein Nummernschild übersetzt haben muss.

Ich grinse und sage:»Guten Tag! Wo kommt ihr denn her?«

»Wir gehören zum Servizio! Also wir machen da gerade unser freiwilliges soziales Jahr«, sagt das Mädchen mit den roten Locken.

»Oh, wie toll. Das ist doch der Ort, wo man kein Geld braucht, oder?«

»So ungefähr. Wir arbeiten alle mit und bekommen dafür Essen und ein Zimmer.«

»Und was macht ihr da so?«

»Florian packt beim Hausmeister mit an, Luise und Katha arbeiten im Kindergarten und ich helfe gerade bei der Olivenernte«, erzählt der Große.

»Das klingt super. Ich habe von einer Bekannten aus Neapel von diesem Ort gehört. Ich würde auch gerne helfen und eine Weile bleiben. Könnt ihr mich mitnehmen? Ach so, ich bin Alix.«

»Klar. Da musst du mit Carlo drüber sprechen. Bei der Olivenernte können wir auf jeden Fall noch Leute gebrauchen.«

»Carlo ist der Chef?«

»Sozusagen. Er leitet den Servizio. Ist aber noch ein total junger Typ.«

»Super, dann würde ich Carlo gerne fragen. Darf ich euch in meinem Haus mitnehmen und ihr zeigt mir den Weg?«

Die Meute lacht und nimmt das Angebot an. Wir fahren gerade mal tausend Meter eine Seitenstraße entlang, ehe wir schließlich vor einem hohen grünen Tor stehen. Dank der deutschen Abiturienten habe ich den Ort, an dem ich für eine Weile ankommen will, erreicht. Luise springt aus dem Schrottomobil und öffnet mit ihrem Schlüssel das eiserne Tor.

Der Große – er heißt Till – lotst mich einen Schotterweg entlang und zeigt auf ein Stück Wiese, wo ich parken soll. Die Gebäude liegen auf Augenhöhe, der Rest der zum Servizio gehörenden Landschaft fällt ab bis zu einem Zaun, den man kaum sehen kann, weil er so weit weg ist. Ein riesiger Olivenhain liegt vor mir in der Sonne. Ich atme so tief ein, dass es jeder hören kann.

»Gut hier, oder?«, fragt Till und kennt meine Antwort.

Das Quartett führt mich einen kleinen Trampelpfad um das größte Gebäude herum. Die beiden Mädels verabschieden sich, und Till klingelt an der Tür. Eine weibliche Stimme meldet sich an der Gegensprechanlage. Er erklärt ihr in Italienisch, dass hier eine Frau aus Deutschland sei, die bei der Olivenernte helfen wolle. Die Stimme erwidert irgendwas. Till lächelt mich an und sagt, dass Carlo gleich vorbeikommt, um mich zu begrüßen.

Ich bin etwas verwundert. Das klingt alles so, als ob man mich bereits erwartet hätte. Till sagt, ich solle hier einfach in der Sonne warten. Er müsse jetzt leider wieder in die Bäume. Die Mittagspause sei vorbei. Aber: »Wir sehen uns später!« Ich nicke und warte auf Carlo. Er kommt einige Minuten später im Trainingsanzug.

»Ciao!«, begrüßt er mich herzlich und führt mich anschließend auf dem wunderschönen Gelände herum. Hier gibt es eine Grundschule, einen ärztlichen Dienst für schwangere Frauen und Erwachsenenbildung. Der Servizio ist auf den »Monte dell'Ulivi« gebaut, einen Olivenhügel. Die Architektur ist angenehm, rund, harmonisch, die Wege mit Kies geschottert, überall Orte zum Verweilen. »Der Servizio ist eine Gründung der Waldenserkirche. Uns geht es darum, eine Alternative zur Mafia anzubieten, die weltliche Bildung zu fördern und den internationalen Austausch. Hier in Zentralsizilien ist ja sonst wenig los.« Carlo ist ein lockiger fröhlicher Mittdreißiger, ein erstaunlich junger Leiter für eine doch recht große Anlage. »Du kannst einfach bei der Olivenernte mitarbeiten, du bist willkommen.«

Und mit diesen Worten beginnen für mich Wochen der Arbeit und des Lebens beim Servizio in Riesi. Für meine Hilfe bei der Ernte von Oliven bekomme ich Essen, Wasser, Wein und eine Dusche. Carlo bedankt sich sogar bei mir, obwohl ich noch nichts getan habe.

Am nächsten Morgen geht es um acht Uhr los. Zwei alte Mini-Trecker fahren in die Olivenhaine. Riesige Netze werden unter den Olivenbäumen ausgelegt. Mit hydraulisch betriebenen Erntegeräten werden die Oliven Ast für Ast aus den Bäumen gewetzt. Einen Baum abzuernten dauert etwa eine Viertelstunde. Dann werden die Oliven zu einem Haufen zusammengeschoben, die Spreu, kleine Zweige und vergorene Früchte von der brauchbaren Ernte getrennt und die Netze mit den guten Oliven in Erntekästen umgefüllt. Sobald eine Anhängerladung voll ist, tuckert einer der beiden Mini-Trecker in die kommunale Presse, wo alle Olivenbauern der Region hinkommen, um ihre Ernte in den »goldenen Saft« einzutauschen.

Mittags bereitet ein runder singender Koch ein einfaches Mahl zu, das unglaublich gut schmeckt. Um vier Uhr ist Schluss und ich habe einen Muskelkater, der sich ausgesprochen gut anfühlt. Man denkt nicht darüber nach, ob man noch eine Olive am Baum vergessen hat, ob man den Anforderungen an seine Arbeit gerecht geworden ist. Ein würdevoller Feierabend, wie ich ihn lange nicht hatte.

Abends erzählen die deutschen Abiturienten von ihren Plänen für die Zukunft. Till will Pastor werden wie sein Vater,»aber vieles anders machen«. Luise überlegt,»erst einmal Erzieherin zu werden«, denn ein Pädagogikstudium kann sie sich nicht leisten. Und ewig studieren, weil man nebenbei noch jobben gehen muss, sei heute ja eigentlich nicht mehr drin. BAföG bekommt sie nicht, weil ihre Eltern knapp zu viel verdienen. Doch davon könnten sie sie nicht unterstützen, weil der Pflegedienst für die Oma so teuer ist und die Hypothek fürs Haus auch noch abbezahlt werden muss.

Katha»weiß noch nicht«. So wie ihr geht es in der sizilianischen Gemeinschaftsküche den meisten. Sie wollen gerade erst einmal nichts von ihrer Zukunft wissen. Deswegen sind sie ja hier. Um eine neue und – viel wichtiger – komplett uneigennützige Aufgabe kennenzulernen.»Der Terror holt uns eh wieder ein, wenn wir wieder zu Hause sind«, sagt Katha.

Drei aus der Gruppe im Olivenhain sind noch nicht mal 18 und machen sich jetzt schon größte Sorgen um ihre Verwertbarkeit.

Nachdem ich einige Wochen bei der Olivenernte geholfen habe, taucht ein junger blonder Mann auf dem Gelände auf. Als er für meine Ohren perfektes Italienisch mit Carlo spricht, während sie über das Gelände schlendern, halte ich ihn zunächst für einen Norditaliener mit Modefimmel. Am nächsten Tag aber hilft er bei der Olivenernte und scheint darin geübt. Er ist also ganz sicher schon mal hier gewesen.

Nach einiger Zeit stellt er sich mir auf Deutsch vor:»Hey, ich bin Anselm.« Wir plaudern kurz. Und ich bin angenehm überrascht, dass er keinerlei Anstalten macht herauszufinden, wer ich bin, was ich mache, woher ich komme und was bitte meine großen Pläne für die Zukunft seien. Danach geht es weiter mit der Olivenernte. Und zwischendurch scherzt er immer mal wieder mit den sizilianischen Erntehelfern herum, für die der Job keine Auszeit ist, sondern alljährliche Regelmäßigkeit.

Für den Abend kündigt Anselm ein Essen an, zu dem er sowohl die deutschen Abiturienten als auch die sizilianischen Erntehelfer eingeladen hat. Als wir uns am Abend an dem großen Holztisch niederlassen, herrscht auf beiden Seiten zunächst eine gewisse Unsicherheit. Aber bald schon sind wir gemeinsam dabei, zu lachen und zu spachteln. Dazu gibt es den würzigen, dunklen Landwein Siziliens aus der schwarzen Traube.

Die jungen Deutschen berichten einmal mehr von ihren Zukunftssorgen. Sie seien »Krisenkinder«, werden »weniger haben als ihre Eltern« und finden, dass überhaupt »alles verflucht schwierig aussieht«.

Anselm und die Sizilianer scheinen dafür wenig Verständnis zu haben. Anselm schlägt sogar vor, man könne ja »einfach für immer hierbleiben und neben der Landwirtschaft über die Jahre ein Raumfahrtprogramm starten. Das wäre doch mal ein Start-up, ein richtiger Raketenstart in die Karriere, oder?« Erst lachen die Sizilianer, dann lachen auch die Deutschen. »Nein, im Ernst«, setzt er dann noch nach, »es gibt gar keine Krise. Es gibt nur das, was wir machen. Lasst euch nichts einreden, macht einfach, was ihr wollt!«

In den folgenden Tagen stellt sich Anselm als ein Verbündeter im Geiste heraus. Er hat als Theatermitarbeiter riesige Arbeitslosenchöre auf die Beine gestellt, mit Migrantenkindern gearbeitet und im Hamburger Rathaus eine Performance einstudiert, die eine Schule für alle forderte: »Ich finde einfach, dass die Spaltung aufhören muss. Wir werden in Gruppen untergliedert und gegeneinander ausgespielt. Das beginnt schon mit der dreigeteilten Schule, die die Kinder in die drei Kasten der Gesellschaft einteilt.

Und später feiert sich das Bildungsbürgertum im Theater ab und tut so, als ob man füreinander da wäre. Damit bin ich nicht einverstanden.«

Wie ich kommt er aus einer Vorortsiedlung in Norddeutschland und hatte das Glück, in etwas höhere Gefilde aufzusteigen. Wie ich hat er festgestellt, dass man nicht glücklich wird, wenn man »es« geschafft hat, sondern auf dem Weg nach oben viel zu viel und viel zu viele zurücklässt.

Aus seiner Arbeit am Theater berichtet er mir von folgender Situation: Nach einer Vorpremiere kam ein Mann aus dem wohlhabenden Unterstützerkreis des Hamburger Theaters und fragte ihn: »Sollen wir die Armen jetzt auch noch auf der Bühne bejubeln? Dafür gehen wir nicht ins Theater!«

Das Stück wurde dennoch ein Riesenerfolg. »Plötzlich waren Leute auf dem roten Teppich des Kulturpalastes, die noch nie zuvor ein Theater von innen gesehen hatten. Und warum? Weil dort niemals ihre Welt abgebildet wurde, sondern die Beziehungs- und Sexprobleme der oberen Schichten in intellektualisierter Form«, stellt Anselm fest.

»Einige Tage nach der Premiere«, fährt er fort, »besuchte mich eine wohlhabende Dame aus dem Sponsorenkreis in meinem Büro. Sie gestand unter Tränen, dass es schon immer ihre Angst gewesen sei, dass ›diese armen Leute‹ irgendwann mal bei ihr vor der Tür stehen würden. ›Arme Leute‹ waren für sie bis dahin immer eine Bedrohung. Nach dem Stück wollte sie aber nun darüber nachdenken, wie sie große Teile des brachliegenden Familienvermögens in eine gemeinnützige Stiftung überführen könnte. Das war ein befriedigender Moment. Denn letztlich geht es darum, die eingebildete Krise, diese gesellschaftliche Depression, einfach nicht zu akzeptieren.«

Nach einigen Tagen in der Idylle von Riesi reist er weiter. Er hat durch allerlei Tricks ein Visum für das krisengeschüttelte Libyen bekommen und eine Fähre nach Tripolis gebucht. Dort wird er

Menschen treffen, die sich für den Arabischen Frühling eingesetzt haben.

Ein bisschen Neid kommt bei mir auf – da hat einer offensichtlich seine Konsequenzen gezogen, sabotiert sehr erfolgreich die eigene Karriere, macht ständig neue Dinge und bringt Leute auf neue Art zusammen. Aber seine Geschichte macht mir auch Mut: Es gibt offenbar ein Leben außerhalb des Anpassungsdrucks. Vor seiner Abreise gibt er mir noch den Rat: »Schreib deine Zweifel am Karrierewahn doch mal auf, teil uns was mit von deiner Reise und all den Gedanken, die du dir machst. Ich würde das ehrlich gern lesen.«

Und so begann die Idee für dieses Buch in mir zu wachsen.

Nun kann und will nicht jeder ein Buch schreiben oder nach Libyen reisen, um Menschen zusammenzubringen. Muss man auch gar nicht. Es reicht schon, Zeit mit Menschen zu verbringen, die man sich selbst aussucht, weil man sie mag, und weil sie die heiße Luft des Karrieredrucks mit einem Pieks in den geschwollenen Kopf ablassen können. Denn auf dem Karrierepfad hat man bekanntlich wenige Freunde, wird einfältig, kriegt vielleicht noch zu wenig Geld und wird im schlimmsten Fall krank.

Dass all die Aufopferung irgendwann wenigstens für einen erfüllten Ruhestand reicht, kann man sich derweil auch abschminken. Bringt ein Netz aus herzlichen und anständigen Menschen um uns herum nicht viel mehr Sicherheit als jedes System und jede Arbeit?

Einige Monate später, als ich wieder in Deutschland bin, wird es ausgerechnet einer meiner Vorgesetzten auf den Punkt bringen: »Was soll ich denn mit der Rente? Meinetwegen arbeite ich, bis ich umfalle. Wenn ich dafür in meiner Jugend eine ganze Weile in Goa am Strand abhängen könnte. Was soll ich da denn als Rentner?«

Genau. Betrachten wir die Misere mit den Renten also als Gelegenheit, so viele »Dinge, die ich schon immer mal sehen oder machen wollte« in der Lebensplanung vorzuziehen. Es lohnt sich. Auf die Rente zu warten sicherlich nicht.

> *»Sich zu weigern, Meinungen zu haben, ist eine Art,*
> *keine Meinungen zu haben.«*
> *Luigi Pirandello*

Für das Leben, für Essen und Arbeiten beim Servizio brauche ich zwar kein Geld, aber nach einigen Wochen bekomme ich einen heftigen Lagerkoller. Ich bin die Älteste unter den »Jugendlichen« und fühle mich nach zwei Monaten irgendwie fehl am Platze. Ich will nicht dauerhaft ihr WG-Leben stören. Die jungen deutschen Erntehelfer haben lange genug das Gefühl gehabt, von älteren Schwestern, Eltern, Lehrern und Respektspersonen beobachtet zu werden. Ich merke, dass sie immer auch etwas schüchtern sind, wenn ich dabei bin. Ich spüre: Meine Zeit hier läuft ab.

Aber wie weitermachen? Ein Leben als Tramp und Hobo? Geld leihen von alten Kollegen? Ein Kredit bei der Bank?

Nach einigen Tagen des Abwägens beschließe ich die Auflösung meiner Altersvorsorge. Mit meinen Einzahlungen haben sich ein paar tausend Euro angesammelt, die ich für mein Leben im Hier und Jetzt verwenden werde anstatt für eine selbst finanzierte Rente in ein paar Jahrzehnten. Es gibt im Moment auch keine andere Möglichkeit, wenn ich realistisch bin.

Ich bin 28. Also definitiv kein Kind mehr. Mein Körper strotzt meistens vor Kraft und Gesundheit. Das wird vergehen. Wann, wenn nicht jetzt, soll ich zu allem bereit und entschlossen sein? Alles auf eine Karte setzen? Aufmucken, unverschämt sein und in aller Höflichkeit sagen: »Verzeihen Sie, Herrschaften Baby-Boomer, aber lassen Sie mich durch, ich bin jung. Ist doch alles bestens gelaufen. Suchen Sie sich nun bitte ein Hobby. Ihre Zukunft sieht rosig aus. Vertrauen Sie mir.«

Schwarz und Weiß, Jung gegen Alt. Die Alten sind viele. Wir, die Jungen, sind wenige. Nein, allzu leicht will ich es mir nicht machen – damit würde ich mich nur in den Stillstand fügen. Denn das ist es, was die fortschreitende Ungerechtigkeit zwischen den Generationen eigentlich befeuert: Alles soll bleiben, wie es ist. Dabei stammt der Begriff »Altersarmut« ja gar nicht aus einer fernen Zukunft, sondern beschreibt schon heute die Situation von immer mehr Menschen über 65, die eine gesetzliche Rente unter dem Existenzminimum bekommen.

Was jetzt als »Renten-Drama« bezeichnet wird, muss in 40 Jahren dann »Renten-Apokalypse« heißen, oder wie? Auch dass die Zahl der Rentner steigt, die noch einen Minijob machen müssen, weil die Rente sonst nicht reicht, macht deutlich, dass das Rentensystem nicht mehr auf dem richtigen Kurs ist.

Ich will niemandem seine »Lebensleistung« absprechen, geschweige denn wegnehmen. Doch die ständigen Versuche, die Zeit anzuhalten und dabei vor allem die Jugend ihrer Existenzgrundlagen zu berauben, ist außerordentlich.

Ich stelle mit meiner Kritik keineswegs die Weisheit und Erfahrung der älteren Generation infrage. Ihren Starrsinn zu hinterfragen, fühle ich mich allerdings schon genötigt. Denn wer sollte von jener beschworenen Weisheit und Erfahrung profitieren, wenn sie nicht bereit sind, eine Vision für die Zukunft zu diskutieren? Und genau die scheint zu fehlen. Aus meiner Sicht hat das Umlagesystem ausgedient oder reicht zumindest nicht mehr aus. Wie auch, wenn zu wenige Leute da sind, die den Batzen für eine große Mehrheit Rentner erarbeiten sollen? Steuergelder sollten also kein Tabu für mehr Gerechtigkeit sein. Dann sollte allerdings mit einer saftigen Steuerreform der Zapfhahn bei denen neu justiert werden, die mehr als genug vom Zaster haben.

Dass die junge Generation bloß faul und verwöhnt sei, widerlegen alle relevanten Generationsforscher. Aus meinem persönlichen Umfeld fiele mir auch kein Gegenteil ein. Aber einfach nur mitmachen, rein ins Hamsterrad und warten, bis der Käfig über uns zusammenbricht – das kann's ja wohl nicht sein. Wir haben zu wenig zu verlieren, als dass es nicht auf einen Versuch ankäme, etwas zu verändern. Und das verrostete Ding wird zusammenkrachen, wenn sich nichts ändert, so viel ist sicher. Doch die Lobby der Jungen ist viel zu klein, um den großen Umschwung allein zu schaffen. Dazu brauchen wir Mitstreiter.

Es ist nur nachvollziehbar, dass jungen Leuten der Satz »Das mache ich, wenn ich in Rente gehe« nicht mehr im Traum einfällt. Denn uns ist klar, dass wir nicht mehr als eine Grundsicherung zu erwarten haben. Wenn überhaupt. Das Mantra »Arbeiten für eine gute Rente« ist für uns obsolet.

Also können wir auch gleich das machen, was die Alten sich für den Ruhestand aufgespart haben. Wo sind sie denn, wenn man sie mal um einen Rat aus ihrem Erfahrungsschatz bittet? Alle auf Kreuzfahrt? Sitzen wir nicht alle im selben Boot?

Nach einer herzlichen Verabschiedung von Carlo, den Erntehelfern und den Kollegen bei einem Snack zwischen den Bäumen mit Rotwein, Brot und frischem, saftigem Olivenöl packe ich meine Sachen und werfe den Motor des Schrottomobils an. Ich blicke noch einmal über das Tal und fahre vom Hof.

AUFGABE

Schreiben Sie zehn Dinge auf, die Sie schon immer mal machen wollten.

Ein Instrument lernen zum Beispiel. Ein Jahr in Odessa oder Havanna leben. In Bad Segeberg oder Alaska. Ein 5-Gänge-Menü für Ihre besten Freunde kochen. Eine neue Sprache lernen. Ein Ehrenamt übernehmen. Ihre Altersvorsorge kündigen und eine Weltreise machen – oder was Ihnen sonst alles einfällt. Anschließend machen Sie einen Plan, wann und wie Sie diese Vorhaben in die Tat umsetzen, und zwar innerhalb der nächsten, sagen wir, fünf Jahre. Viel Spaß!

1. GESANGSUNTERRICHT
2. BREAKDANCEKURS
3. BUCH SCHREIBEN
4. GESCHICHTEN SCHREIBEN
5. RADIO SENDER I UNG
6. REISE MIT WOHNMOBIL
7. ALLES AUSSORTIEREN WAS ich nicht brauche
8. GANZ VON VORN ANFANGEN
9. MAL IM AUSLAND ARBEITEN / leben
10. KÜNDIGEN

VII.

WACHSTUM MACHT UNGLÜCKLICH

»Unsere Glühbirne leuchtet seit 1901.«
In der Feuerwehrwache der Stadt Shelby, USA,
brennt seit 113 Jahren ein- und dieselbe Glühbirne.

Die sizilianische Landschaft war wundervoll, die Menschen auf dem Monte dell'Ulivi strahlten eine unbekannte Schönheit aus. Und dennoch: Nachdem die Olivenernte beendet war und ich zum x-ten Male über das Tal geblickt, mir Gedanken über Gott und die Welt gemacht hatte, da beschloss ich, mich wieder den Verlockungen der Großstadt auszusetzen. Die Cafés an den Piazze, der Rhythmus des Verkehrs. Die Hektik in den Büros am Tag, der Ausgehzwang am Wochenende. Ich wollte mich und meine neue Gelassenheit auf eine harte Probe stellen.

Würde mich das absurde Treiben wieder in diese seltsame Betriebsamkeit versetzen? Oder hatte ich an Souveränität zugelegt, müsste nicht mehr in diesen nutzlosen Wettbewerb einsteigen: mich beeilen, immer neue Leute kennenlernen, schnell sein, dran sein, gut sein, passen? Oder würde mein Rhythmus von einem entspannten Weltmusik-Off-Beat schnell wieder zu einem abgezockten Techno-Sound werden? Wollte ich etwa einfach nur weg vom gemütlichen Kommunarden-Leben im christlichen Olivenhain? War die Ruhe etwa nicht mehr zu ertragen?

Nun geht es nach Palermo. Der uralte Motor des Schrottomobils brummt wieder, der Fahrtwind zischt durch das geöffnete Seitenfenster, das Radio spielt kitschiges Italo-Programm. Das fetzt!

Neben der kaum befahrenen Autostrada 19 sehe ich in einem Tal eine Herde Wildpferde. Wildpferde auf Sizilien, kann das sein? An der nächsten Bucht halte ich an, um mir dieses Naturschauspiel anzusehen.

Am Rastplatz wartet ein Jesuskreuz und eine Miniatur der heiligen Maria auf die wenigen, die hier anhalten und aussteigen. Eine skurrile, aber durchaus hübsche Angelegenheit. Viele Sizilianer sind passionierte Katholiken und legen allerorten kleine Schreine ihrer Religion an. Kapellen mit Beweisen ihres Glaubens, verzierte Talismane, Glücksbringer für die Reisenden und Rastenden, Andenken an beliebte Menschen, die gestorben sind. Kleine, informelle Tempel des Glaubens daran, dass Menschsein mehr bedeutet, als zu funktionieren.

Hätte die katholische Kirche nicht so maßlos viel Dreck am Stecken, ich könnte versucht sein, mich ihr anzuschließen mit all ihren kunstvollen Kirchen und diesen putzigen Sakramenten. Das sind doch sehr kitschig-hübsche und ehrbare Bräuche. Aber es kommt für mich nicht infrage, nicht mit dieser Organisation im Rücken. So anständig der neue Papst aus Argentinien auch zu sein scheint.

Ich blicke über das weite Tal, das hier in Zentralsizilien eher an die Landschaften Irlands oder Norwegens erinnert. Daran kann man glauben: grüne Ebenen, steile Felsen, weite Täler und das Licht der Möglichkeit. Ein lauer Wind, angenehm. Die Wildpferde haben indes ihren Galopp beendet und gesellen sich grasend zueinander. Aber sind das wirklich Wildpferde? Das kann doch kaum möglich sein? Sollten sie all die Hindernisse auf ihren Wegen über die Insel Sizilien überqueren können, um gerade hierher zu gelangen?

Sie müssen sich über Berge, Zäune, Barrieren, durch Dörfer, unter Autobahnbrücken hindurchbewegen, um von Tal zu Tal zu kommen.

Sogar ein Springpferd scheut, wenn es nicht weiß, was hinter der Mauer kommt, über die es hüpfen will. Es muss von einem Jockey geritten werden, dem es voll und ganz vertraut, an den es gewöhnt ist. Er trifft die Entscheidungen für das Pferd, das darauf trainiert ist, sie umzusetzen. Sind diese wilden Klepper, die es sich da unten im Tal so fotogen bequem machen, etwa dazu in der Lage, selbst solche waghalsigen Entscheidungen zu kalkulieren?

Ich vermute, dass Wildpferde generell nicht über Mauern springen. Sie vertrauen ihrem eigenen Gefühl, ihrer Intuition und ihrer Erfahrung, wenn sie ein Hindernis überwinden wollen, um zum Beispiel auf die andere Seite eines Flusses zu gelangen. Sie haben ein Gespür dafür, ob sie das Risiko eingehen können. Ob es sich lohnt, für den saftigen Weidegrund ans andere Ufer zu schwimmen. Aber hellsehen können sie nicht. Sie leben im freiesten aller Märkte: der Natur.

Wenn sie Angst haben, dann hat das einen Grund. Ist der Fluss reißend, könnten sie darin ertrinken. Am anderen Ufer könnte es morastig sein, sumpfig. Es könnte sich um eine Insel handeln, und das saftige Grün wäre schon bald abgegrast. Es gibt Unwägbarkeiten. Ein Risiko.

Doch es stellt auch eine große Hoffnung für eine Herde dar, wenn auf der hiesigen Seite das Weideland immer kärger wird, womöglich Fressfeinde oder Raubtiere des Leben schwer machen und nur noch die Pferde, die in der Hierarchie oben stehen, profitieren. Die Welt der Tiere ist bei näherer Betrachtung eine unerbittliche, harte Welt. Auch die so gern verniedlichten Pferde leben im totalen Markt, anscheinend mit dem einzigen Ziel, sich zu erhalten und fortzupflanzen. Und das so oft wie möglich und so gut es eben geht.

Den Alphahengsten und Alphastuten geht es gut, auch auf der dürren Seite des Flusses. Sie verteilen die Ressourcen untereinander. Die jungen und schwachen Tiere dürfen an den Rändern knabbern, dank der »Liebe« ihrer Eltern und Nachfahren. Sie erfüllen ihren Zweck in der Herde, werden ausgehalten, sind aber naturgemäß die Ersten, die draufgehen, wenn das Weideland erschöpft ist oder Raubtiere auf der Suche nach einer leckeren Mahlzeit sind. Die Alphatiere haben den größten Jagderfolg, die besten Chancen beim Sex und fressen zuerst. Der Rest muss erst einmal zuschauen.

Das ist die Natur. Das ist der freie Markt. Die Herde zieht mit, weil es eben so ist, zum Wohle der Art, der Herde. Möge sie wachsen und gedeihen. Prost, Mahlzeit!

Kein Wunder also, dass die Herde in Verzückung gerät, wenn auf der anderen Seite des Flusses ein besseres Leben mit saftigem Grün lockt. Es ist gefährlich, aber wenn es diesseits nicht mehr akzeptabel ist, ist es eine Möglichkeit, dort, auf der anderen Seite. Aber so eine Flussquerung kann auch nach hinten losgehen. Jemand muss den Anfang machen.

Es sind wohl die Pferde aus der zweiten Reihe der Hierarchie. Sie sind stark genug, um sich von der Herde zu lösen und auf die andere Seite zu schwimmen. Sie verlassen die Hierarchie, den alten Markt, und lassen sich auf der anderen Seite nieder, oder ziehen von dort aus weiter.

Gehen wir davon aus, dass sie sich für die Überquerung entscheiden, sie nicht ertrinken oder, sagen wir, von Krokodilen auf den Grund des Flusses gezogen werden, um dort zerrissen und verspeist zu werden. Nein, sie finden gutes Weideland, neue Möglichkeiten, eine Menge Platz auf der anderen Seite des Flusses. Sie pflanzen sich über Generationen fort und grasen wie die Weltmeister. Eine neue Art Wildpferde entsteht, eventuell mit etwas anderen Merkmalen.

Doch letztlich bleiben sie Wildpferde mit dem alten System von Hierarchien, Alphas, Omegas und so weiter. Und das malmende Glück wird nur so lange währen, wie es Ressourcen im Überfluss gibt. Ist das Weideland erschöpft, geht es wieder von vorne los, auf zu neuen Ufern.

Der Naturforscher Charles Darwin hat nach seiner Reise auf der HMS Beagle über die Weltmeere seine biologischen Beobachtungen veröffentlicht und später über die Entstehung der Arten durch Selektion, Variation und schließlich »geschlechtliche Zuchtwahl« geschrieben. *Survival of the Fittest*, das Gesetz der Stärksten und Schlausten, regiere die Natur.

Die neoliberalen Lobbys finden, dass diese biologistische Logik auch für Menschen so richtig prima wäre: Lernen von der ungezähmten Natur, nennen sie das! Wachstum heißt nach ihrem Verständnis: Wir ziehen immer dahin, wo das Gras grüner ist, und die Stärkeren und ihre Sprösslinge sind immer vorn. Beim fortwährenden Wachstum muss man zwar immer wieder einen Teil der Herde zurücklassen, aber das begünstigt die Evolution. Das Schwache ist für sie nichts wert, alles entsteht nur durch Stärke, Reize, Bedrohung oder neue Ressourcen. So die Neoliberalen.

Doch Menschen sind keine Wildpferde. Der Markt ist nicht die rohe Natur. Unsere Wirtschaft verfügt nicht über unbegrenzte Ressourcen. Werte sind nicht unendlich durch Spekulation reproduzierbar. Und das Zurücklassen der Schwachen darf für keinen Menschen eine Option sein, der sich weiterhin so nennen will. Ganz abgesehen davon, dass auch die Schwachen gebraucht werden, dieselbe Würde haben, dasselbe Recht und dieselben Hoffnungen und letztlich fast jeder von uns einmal zu dieser Gruppe gehörte oder mal gehören wird.

»Ich definiere Globalisierung als die Freiheit unserer Firmengruppe,
zu investieren, wo und wann sie will, zu produzieren,
was sie will, zu kaufen und zu verkaufen, wo sie will, und alle
Einschränkungen durch Arbeitsgesetze oder andere gesellschaftliche
Regulierungen so gering wie möglich zu halten.«
Percy Barnevik, bis 2002 Manager bei Asea Brown Boveri

Das ist kein einzelnes, selten dümmliches Zitat, kein Ausrutscher. Es beschreibt ungewohnt ehrlich die Logik, die der Wirtschaft zugrunde liegt. Es ist eine Logik, die über Leichen geht, sobald es keine Gegenmacht mehr gibt. Ohne einen Ausgleich durch Recht, Justiz und Menschen, die sich dieser Denkweise in den Weg stellen, agiert sie entfesselt. Die Logik der Wirtschaft und der ungezügelten Natur ist dieselbe Logik, die auch bei Angela Merkel mitschwingt, wenn sie sagt: »Wachstum ist alles.« Weil sie mit ihrer Aussage Entrüstungsstürme erntete, milderte sie sie ab und korrigierte: »Wachstum ist nicht alles, aber ohne Wachstum ist alles nichts.« Eine trickreiche Formulierung, die in der Konsequenz auf dieselbe Logik hinausläuft.

Sogar die Bundeszentrale für politische Bildung (BPB) fragt hierzu: »Wachstum ist nicht alles, aber ohne Wachstum ist alles nichts – ist dieses Ökonomen-Mantra noch zukunftsfähig? Und wenn ja, ist es auch vertretbar angesichts weltweiter ökologischer Schäden und wohlfahrtsgefährdender ökonomischer Krisen?« Die BPB empfiehlt dazu die Lektüre *Wohlstand ohne Wachstum* von Tim Jackson.

Alle fünf Sekunden verhungert ein Kind unter zehn Jahren – in einer Welt, die einen irrwitzigen Überfluss produziert und eigentlich viel mehr Menschen ernähren könnte. Für den Schweizer Soziologen Jean Ziegler ist Welthunger vor allem ein Verteilungsproblem, ein Systemfehler, eine Schande, ein Skandal, ein organisiertes Verbrechen, ein Massenmord, den es augenblicklich zu beenden gilt, und der sehr direkt mit der Mär vom Wirtschaftswachstum zusammenhänge.

Die neoliberale Theorie vom ewigen Wachstum geht davon aus, dass alles immer mehr werden müsse. Die Wirtschaft und mit ihr das Bruttoinlandsprodukt (BIP) müssen immer größer werden. Das bedeutet, dass alles, was innerhalb einer bestimmten Region der Welt (oder auch der Welt insgesamt) an Waren und Dienstleistungen verkauft wird, immer weiter zunehmen muss. Aber warum? In Deutschland gab es laut IWF 2013 ein BIP von fast 2,6 Billionen Euro. Viel zu viel. Denn hierzulande wurde ein Drittel aller Nahrungsmittel vernichtet, weil überschüssig. Ein Drittel aller verschriebenen Medikamente wurde weggeworfen oder lief ab. Und es gab so viel Geld, das sich zu riesigen »Blasen« aufstaute, dass sich die Finanzwelt verzweifelt fragte, wo der überflüssige Schotter noch angelegt werden könne.

179

Chile

Der Neoliberalismus, so wie wir den Begriff heute verwenden, geht dabei auf die sogenannten »Chicago Boys« zurück. Die Ökonomen des chilenischen Diktators Augusto Pinochet verwandelten das Land nach einem Militärputsch in ein Eldorado des freien Marktes. Ihren Namen hatten sie von ihrer Denkschule an der Universität von Chicago, wo sie die Lehren von Milton Friedman und Friedrich von Hayek ins neoliberale Extrem trieben. Sie waren von der Überlegenheit des »Survival of the Fittest« überzeugt, deregulierten die Märkte, verscheuerten Staatseigentum an Privatleute, senkten den Arbeitnehmerschutz, schafften Kündigungsschutz und Mindstlöhne ab, fuhren den Mieterschutz herunter und sorgten für ein optimales Klima für Investoren. Menschen mit viel Geld sollten sich im Land möglichst wohlfühlen und leicht Angestellte finden, die dadurch untereinander zunehmend in Konkurrenz standen.

Später griff die britische Premierministerin Margaret Thatcher den Neoliberalismus auf und versuchte ihrerseits, durch Abschaffung sozialer Regeln den Markt zu entfesseln. Ebenso gingen der amerikanische Präsident Ronald Reagan und seine Administration vor. In Deutschland hat die rot-grüne Regierung unter Schröder und Fischer Schritte in diese Richtung gemacht.

Sie alle strebten an, das Wachstum zu beschleunigen, das heißt, die Menge aller gehandelten Waren und Dienstleistungen pro Jahr zu steigern. Dafür brauchten sie Investitionen, also Geld von den weltweiten Märkten. Das Geld der internationalen Märkte bekommt man aber nur, wenn man sich als Produktionsstandort möglichst billig anbietet. Das ist Teil der Marktlogik. Durch das »frische Geld« von den globalen Märkten würde, so die neoliberale Ideologie vom Wachstum, der Lebensstandard aller gehoben. Letztlich würden auch die Ärmsten der Armen etwas davon haben. Auch wenn der Weg dahin vielleicht etwas unanständig ist oder lange dauern würde: Er sei eben »pragmatisch«, also letztlich für alle ein prima Kompromiss.

Umstritten, man müsste inzwischen eigentlich sagen *verhasst*, ist dieses Vorgehen wohl deshalb, weil es darauf basiert, dass demokratische und gesellschaftliche Errungenschaften abgebaut werden müssen, um sich für die Investoren schick zu machen. Zudem ist der volkswirtschaftliche Erfolg nicht garantiert, denn weder Chile noch Großbritannien, die USA oder Deutschland haben nach Einführung der neoliberalen Wirtschaftspolitik signifikante Erfolgszuwächse erlebt. Es ist zumindest höchst umstritten, ob der Reichtum der Menschen in den jeweiligen Ländern damit gesteigert wurde oder nur der Reichtum der Konzerne. Sicher ist jedoch, dass die Mittelschicht, die Angestellten und insbesondere die Arbeitslosen weniger Wohlstand haben als zuvor. Deren Geld ist allerdings nicht weg – es sitzt jetzt nur woanders. Es wurde »umverteilt«.

Es gibt demgegenüber einige Beispiele für Länder, die ohne neoliberale Reformen besser auf die Beine gekommen sind, wie zum Beispiel Argentinien, das sich in den Nullerjahren den Vorgaben des Internationalen Währungsfonds verweigerte und ohne die neoliberale Doktrin durch eine Wirtschafts- und Währungskrise gegangen ist. Ebenso kann man sagen, dass auch Venezuela und Bolivien nicht weniger erfolgreich sind, obwohl sie sich in der Wirtschaftspolitik, also der Art und Weise, wie die Regeln der Ökonomie gemacht werden, eher an den Menschen als an den Investoren orientieren. Und auch in Skandinavien fährt man mit ausgeprägten Sozialsystemen gut. Dort liegen die Länder mit dem besten Lebensstandard für die größte Anzahl an Menschen. Länder, in denen es den Menschen nachweislich besser geht als in Deutschland.

Auch ohne diese Länder in irgendeiner Weise zu glorifizieren, muss man in Kenntnis der Fakten doch feststellen, dass es einige Staaten gibt, die mindestens graduell ein edleres Menschenbild haben, als es derzeit in Deutschland und anderen neoliberaler geprägten Ländern propagiert wird. Die Leute sind dort zumindest gesünder, leben länger, haben eine etwas gerechtere und bessere

Bildung – und wenn man sich beispielsweise die skandinavische Pop- und Feierkultur anschaut, so scheinen sie auch mehr Spaß zu haben.

Sogar der »Glücksatlas 2013« der Deutschen Post verpasst den Nordlichtern das Gütesiegel der Glückseligkeit: Platz eins für Dänemark, Platz zwei für Schweden im europaweiten Vergleich. Die Deutschen zeigen sich darüber – gemessen am Entsetzen über die PISA-Studie – weder geschüttelt noch gerührt. Glück ist sekundär im deutschen Neoliberalismus. Glück macht träge, sagt die Marktreligion, und muss deshalb als Feind des Marktes gelten. Niemand sagt das laut, nicht einmal jetzt, wo Glück zum Modewort geworden ist. Lieber wird nach Wegen gesucht, wie noch mehr Arbeit uns »glücklicher« (sagt man), also »produktiver« (meint man) machen könnte.

Wie kann es also sein, dass die neoliberale Politik so viele Leute von sich überzeugen kann, die unter ihrer Umsetzung leiden werden? Das geht nicht ohne Feindbild, und als dieses Feindbild werden »die Arbeiter« in China und Fernost genannt, aber auch die billigen Lohnkräfte in Osteuropa. Diese, so wird behauptet, seien bereit, zu »Dumpinglöhnen« zu produzieren. Mit diesem Argument wird auf ihre »Kontrahenten am globalen Arbeitsmarkt« in Europa und Nordamerika ein extremer Druck ausgeübt, der alle Bereiche betrifft – nicht nur die Industrie, also die Produzenten von Autos oder Sexspielzeug, sondern auch die Dienstleister.

Ein Friseur oder eine Marketingassistentin können zwar ihre Dienstleistung nur dort anbieten, wo sie sich aufhalten, dennoch wurden »wegen der Konkurrenz aus China« auch deren Löhne gedrückt und ihr Arbeitnehmerschutz dereguliert. Man kann sie heute leichter kündigen, sie bekommen weniger Lohn, müssen länger arbeiten und haben kürzere oder gar keine Vertragslaufzeiten mehr, weil sie schwarz beschäftigt werden, als Dauerpraktikanten verheizt oder gleich ganz vom Arbeitsmarkt verdrängt. Angekommen in der Arbeitslosigkeit, können sie sich dann immer weniger auf die Solidarität der Gemeinschaft verlassen, sondern werden zusätzlich durch erbärmlich geringe Armengelder entwürdigt, zum Beispiel Hartz IV.

Dazu steigen die Spannungen zwischen den Bevölkerungsgruppen, weil sich in jeder dieser Gruppen die Ansicht verfestigt, dass die jeweils andere an dem Schlamassel schuld sei. Wahlweise sind es »die Ausländer«, »die Sozialschmarotzer«, »die Frauen« oder wer auch immer gerade in Konkurrenz zueinander gesetzt wird um immer weniger Beteiligung, Arbeit, Chancen, Geld.

Vielleicht sollte das nächste Klassentreffen neoliberaler Staatschefs in Kopenhagen stattfinden. Ein Anschauungsunterricht in diesen überdurchschnittlich glücklichen Ländern könnte helfen, Marktbedingungen zu erkennen, die kein Selbstzweck sind, sondern dazu dienen, die Bedürfnisse aller Menschen zu erfüllen.

»Sagen Sie nicht, wir hätten Sie nicht gewarnt!«
BILD, Die 50 größten Ohrwürmer der Welt

Die Wissenschaftsgruppe »Club of Rome« veröffentlichte bereits 1972 ihren berühmten Bericht *Die Grenzen des Wachstums*. Darin legte sie dar, wie das Streben nach ewigem Wachstum in vergleichsweise kurzer Zeit zu einem Versiegen wichtiger Rohstoffe, massiven Umweltproblemen und einem Kollaps unserer Art des Wirtschaftens führen werde: »Wenn die gegenwärtige Zunahme der Weltbevölkerung, der Industrialisierung, der Umweltverschmutzung, der Nahrungsmittelproduktion und der Ausbeutung von natürlichen Rohstoffen unverändert anhält, werden die absoluten Wachstumsgrenzen auf der Erde im Laufe der nächsten hundert Jahre erreicht.«

Im Juni 2008 untersuchte die »Commonwealth Scientific and Industrial Research Organisation« die Prognosen der Studie des »Club of Rome« und stellte fest, dass es eine große Übereinstimmung des Szenarios der 40 Jahre alten Studie mit der Realität gab. Die Prognosen waren eingetreten.

Wir müssen also begründet davon ausgehen, dass die Wachstumslogik den Planeten und damit die Menschheit bis Mitte des 21. Jahrhunderts vor unvorstellbar brutale Konsequenzen stellen wird. Konsequenzen, die irreparabel sind und ganz sicher nicht mit Geld wiedergutzumachen sein werden. Dazu zählt der Treibhauseffekt, bei dem industrielle Abgase zu einer Klimaerwärmung führen, die riesige Teile der Weltbevölkerung vom Wasserzugang abschneiden wird, wohingegen andere es zunehmend mit extremen Überschwemmungen und Sturmfluten zu tun bekommen. Effekte, die außerhalb normaler Veränderungen auf der Erdoberfläche liegen, die sonst Jahrzehntausende oder sogar Millionen von Jahren brauchen. Menschgemachte Desaster.

Wachstum macht unglücklich. Mehr noch: Es tötet. Und auch damit nicht genug: Es entzieht womöglich Abermillionen, wenn nicht Milliarden die Lebensgrundlage, den Lebensraum.

Es sieht ganz so aus, als würde die Wachstumsökonomie innerhalb weniger Generationen ab jetzt den Planeten vor die Hunde gehen lassen. In der Aktualisierung der Studie des »Club of Rome« aus dem Jahr 2004 wurden die Annahmen von 1972 bestätigt: Der Reichtum der Welt sei bei 20 Prozent der Erdbevölkerung konzentriert, während für die Mehrheit von 80 Prozent der Menschen nur der Zugang zu 15 Prozent des Wohlstands übrig bleibe. 40 Prozent der Ackerflächen des Planeten seien bereits übernutzt, 75 Prozent der Fischbestände restlos ausgebeutet und ein Ende fossiler Rohstoffe binnen weniger Jahrzehnte unausweichlich.

Bei einer Fortführung des jetzigen Wirtschaftens im Sinne der neoliberalen Wachstumslogik wird ein »overshoot and collapse« für 2030 konstatiert. Wir haben also gute Chancen, den Systemabsturz noch mitzuerleben, wenn uns nicht schon dessen Vorboten dahinraffen. So realistisch darf man sein, denn das ist leider kein unrealistisches Horrorszenario. Ein Szenario, an dem der Einzelne

184

nichts ausrichten kann, so gut gemeint es auch sein mag, sich auf Bio-Food und Fahrradfahren umzustellen. Die Prozesse sind so monströs und riesig, dass es dafür eine organisierte Anstrengung der gesamten Menschheit braucht.

Doch Angela Merkel, die meisten Top-Manager und viele andere argumentieren weiterhin so, als seien Menschen wie Tiere: programmierte Bio-Maschinen, die so oder so nur dem eigenen Erfolg dienen würden. Auch die, die sich als schwache Omega-Tiere lieber in der Nähe der starken Alphatiere aufhalten, erliegen in diesem Weltbild der Faszination der Macht. Jede Hilfsbereitschaft sei am Ende doch nur Eigennutz und nicht Selbstzweck. Das Raffinement der neoliberalen Wachstumslogik kommt immer mit seiner eigenen Verschwörungstheorie. Wer kritisiert, dem wird gesagt: »Du bist doch nur neidisch!«

Im Weltbild vom »Wachstum« ist jeder Mensch also ein kompletter Vollidiot. Total gelenkt von seinem Streben nach maximaler Selbstverwirklichung, maximaler Nachkommenschaft, maximalem Sex-Erfolg, maximaler Sicherheit, maximaler Lebensdauer, maximaler und kompromissloser Verbreitung eigener Ansichten und maximalem Erfolg.

Dieses Denkmodell geht davon aus, dass auch Solidarität, Kooperation und Liebe nur logische Konsequenzen daraus sind, dass sich Menschen letztlich doch wie Tiere benehmen. Sie wollen sich fortpflanzen und sich ausbreiten und tun deswegen manchmal nett, letztlich aber nur, weil das Vorteile bringt oder zumindest Nachteile vermeidet. Es ist ein hoffnungsloses, düsteres Menschenbild, das da vertreten wird und das seine Realität selbst erschafft. Und trotz aller Wissenschaft, zutreffender Prognosen, trotz aller Beweise und Gegenmodelle wird diese Ideologie immer weiter vertreten.

Wann wird diese erbärmlich düstere Epoche endlich zu Ende gehen? Wir haben doch auch den Glauben daran überwunden, dass der Planet eine Scheibe sei. Die Erde ist nicht flach, sie ist mehr oder weniger rund. Die katholische Kirche hat sich noch ein paar Jahrhunderte lang schwer damit getan, aber letztlich konnte niemand etwas dagegen ausrichten: rund. Die Erkenntnis hat sich durchgesetzt. Vielleicht gibt es noch Hoffnung für uns.

>>*O Wunder!*
Was gibt's für herrliche Geschöpfe hier! Wie schön der Mensch ist!
Wackre neue Welt, die solche Bürger trägt!<<
William Shakespeare

Was, wenn da auf der anderen Seite des Flusses eine andere, bessere Art zu leben wartet? Eine Welt ohne Alphastuten und Omegahengste. Ein Ort, an dem man nicht so tut, als ob jeder nur ein skrupelloser Spieler wäre, der den maximalen Erfolg sucht. Wo Fairness etwas gilt. Wo wir nicht davon ausgehen, dass wir keine Sekunde zögern würden, uns alle gegenseitig fertigzumachen, um unsere eigenen Chancen zu verbessern, sobald es kein Risiko dabei gäbe.

Was wird man über unsere Epoche sagen, wenn sie einmal vorüber ist? Wachstum macht unglücklich. Der Kapitalismus ist ein Mörder, und er basiert auf einer Ideologie, die in letzter Konsequenz durch und durch fatal ist. Wir werden von Wirtschafts-Nerds regiert, Technikern und >>Playern<<, die dieses tödliche Spiel gut finden, so lange sie gewinnen, und die wir dafür auch noch lieben.

Die Pferde stehen ganz ruhig auf der Weide. Sie tun, was sie können. Und ich muss los.

Nach den schweren Gedanken auf den sanften Hügeln über dem Tal in der Nähe von Caltanissetta drehe ich das Radio voll auf. Leider laufen gerade Nachrichten, die ich inzwischen ein bisschen besser verstehe, als es mir gerade lieb ist. Ich habe in den letzten drei Monaten von grimmigen Sizilianern Italienisch gelernt, die untereinander ihren eigenen grimmigen Akzent, fast schon eine eigene

Sprache sprechen, das Siciliano. Das klare Hochitalienisch des Nachrichtensprechers plätschert dagegen wie ein alpiner Gebirgsquell in meinen Ohren.

»Buongiorno Signore e Signori, no novità da noi«, freie Straßen, freie Bahn – so enden die Nachrichten mit den Verkehrsmeldungen. Abseits der Küstenlinie fährt man in Sizilien über endlose, fast unbefahrene Highways, die auf Stelzen Berg und Tal überwinden, vierspurig und wenig vertrauenerweckend, meistens aber doch gut befahrbar. Es macht Spaß, darauf durch diese einfache, aber sehr abwechslungsreiche, fast meditative Landschaft zu cruisen. Besonders, wenn man gar nicht schnell fahren kann, weil man in einem vergänglichen Schrottomobil unterwegs ist.

Palermo liegt lässig in der Ebene wie eine alte dicke Katze auf dem Fensterbrett. Die größte Stadt Siziliens. Eine Million Menschen leben hier in einer Agglomeration, die an drei Seiten vom Meer geküsst wird. Der Monte Pellegrino, der Stadtberg, eher ein riesiger Felsen, spannt die drei Seiten zusammen.

Als das Schrottomobil sich die Serpentinen hinaufgejockelt hat, öffnet sich vor mir eine ungeheure Weite, die den Blick übers Meer hinweg freigibt. In der Ferne, irgendwo, liegt Korsika. Noch weiter weg, abgetrennt durch viel Wasser und eine europäische Grenzarmee mit dem martialischen Namen »Frontex«, liegt Afrika.

Ich rolle den Stadtberg wieder hinunter und zuckele die Küstenstraße Foro Italico entlang. Nach einer Weile halte ich an einem Campingwagen, er ist zu einem Verkaufsstand umgebaut. Es gibt Muffolette, sizilianische Brötchen, Rundstücke mit einer fettigen, weichen Scheibe Fleisch aus den Hufen des Rinds. Und Coca-Cola. Ein afrikanisch aussehender Italiener erklärt mir, wo ich ein Internet-Café finde. Doch nach einer Tour durch die Straßen und Gassen der Stadt, die mehr oder weniger seiner Beschreibung folgt, lande ich nur am großen, öffentlichen Krankenhaus der Stadt. Kein Internet-Café. Ein freundlicher älterer Herr, der mir meine Orientierungslosigkeit wohl ansieht, steigt aus seinem Volvo und fragt in höflichem Italienisch, was ich brauche. Ich suche Internet, sage ich. Er lacht, holt sein Tablet aus einer gepflegten Ledertasche und öffnet den Browser: »Prego!«

Ich setze mich mit dem kleinen Computer auf die Stufen meines Schrottomobils und tippe auf der italienischen Tastaturanzeige eilig, was ich suche: »Palermo; centro storico; appartamento; affitarsi«, also den Mietmarkt von Wohnungen in Palermo. Der Herr verriegelt derweil sein Auto mit einer Fernbedienung und sagt, er sei in fünf Minuten wieder da. Ich solle mir Zeit lassen. Ein erstaunliches Vertrauen – wir haben uns noch nicht einmal vorgestellt.

Als er wiederkommt, habe ich mir fünf Telefonnummern von Vermietern abgeschrieben, die vielleicht infrage kommen. Der feine Herr nimmt seine Nickelbrille von der Nase und stellt sich als Luigi vor, Pharmazeut in Pension, inzwischen Verleger einer kleinen Buchreihe, wie er kurz erwähnt. Ob ich denn fündig geworden sei im Internet?

Dann gibt er mir seine eigene und noch eine weitere Telefonnummer: Sein Bekannter Enzo wohne im arabischen Viertel von Palermo, vermiete Wohnungen, aber, fügt er augenzwinkernd an, ich solle gut mit ihm verhandeln. Enzo sei geschäftstüchtig. Wenn ich gar nichts finden würde, dann hätten er selbst und seine Frau das Zimmer seiner ältesten Tochter für den Notfall frei. Kostenlos, einfach aus Gastfreundschaft. Die Tochter sei gerade in Barcelona, wo sie arbeite.

Bevor er mit seinem Wagen davonbraust, wirft er noch ein, ich hätte doch schon eine Wohnung, und zeigt lächelnd auf mein Schrottomobil. Sicher, sicher, sage ich, aber ich wolle längere Zeit in Palermo bleiben. Er schaut verdutzt, wiederholt seine Einladung, steigt ein und fährt mit einem knappen Gruß mit zwei Fingern am Lenkrad ab. Die Italiener mögen knappe Begrüßungen und Verabschiedungen. Etwas Coolness gehört immer zur italienischen Art, selbst bei größter Sympathie.

Ich bin verblüfft: Man scheint mir trotz meiner Blechbüchse und meinem, sagen wir, ziemlich freizeitmäßigen Look noch eine gewisse Vertrauenswürdigkeit zuzuschreiben. Ich bin mir aber sicher, dass das feine Männlein auch jedem anderen Stadtfremden weitergeholfen hätte, auch wenn er vermutlich einem angetrunkenen Fußballfan nicht das Zimmer seiner Tochter angeboten hätte. Und auch viele andere Menschen auf meiner langen Reise waren ganz offensichtlich kooperativ und ehrlich, ohne dass sie dabei noch andere Interessen verfolgt hätten. Einfach aus Freude daran, jemanden auf seinem Weg zu unterstützen. In die Theorie vom grenzenlosen Eigennutz passen diese Menschen nicht hinein. Denn sie haben nicht von mir profitiert.

Mit meinen fünf Telefonnummern gehe ich zu einem Münztelefon, denn mein Handy ist noch nicht wieder freigeschaltet. Ich konnte drei Monate lang die Raten nicht überweisen, das dauert jetzt seine Zeit.

Nach einem kurzen Telefonat und einer Besichtigung werde ich mit Enzo einig. Tatsächlich muss ich verhandeln, denn Enzo ist zwar ein witziger, bärtiger, sympathischer Mann, aber er möchte doch zuerst einen Touristenpreis für das Apartment. In einem fröhlichen Schlagabtausch bekomme ich die Monatsmiete von 450 Euro auf 320 Euro gesenkt. Eine Miete, die ich mir so gerade eben leisten kann, wenn ich mit dem Geld aus meiner aufgelösten Altersvorsorge auch noch wieder nach Hause kommen will.

Mein neues Apartment liegt in Kalsa, dem arabischen Altstadtviertel Palermos, direkt am Rand des historischen Zentrums und nur einen Steinwurf von der »Vuccria«, entfernt, jenem verfallenen Altstadtviertel, von dem später noch die Rede sein wird.

Ich habe eine kleine Wohnküche, ein Schlafzimmer und einen winzigen Balkon, der über einer engen Gasse liegt, von der aus man auf das Verlagsgebäude einer sizilianischen Tageszeitung blicken kann. Ein wahrer Luxus. Am Ende der Gasse ist eine Sinti-und-Roma-Siedlung, die an einem toten Ende zwischen einer Werksausfahrt und einem verfallenen und abgesperrten Hochgarten ihr Lager aufgeschlagen haben. Irgendwo muss ich mein Schrottomobil parken, und ich frage einen alten Sinto, ob das hier möglich sei. Ich biete ihm etwas Geld dafür an, dass ich vor seiner winzigen, garagenartigen Behausung ein paar Tage parke, aber er nimmt es nicht. Das sei selbstverständlich, erwidert er mit einem fast zahnlosen Lächeln.

Dass ich hier sechs Monate lang wohnen werde, weiß ich noch nicht. Ich gehe von einem, vielleicht zwei Monaten aus, um hier zu überwintern und vielleicht endlich mit dem Schreiben dieses Buches zu beginnen.

> *»Was kann an der Arbeit gut sein,*
> *wenn die Reichen sie den Armen überlassen?«*
> *Graffito in Castrop-Rauxel*

Im Altstadtviertel von Palermo, der »Vucciria«, lässt sich sehr gut beobachten, wie der Ausschluss der Armen vom Reichtum des reichen Italiens neue Formen ausbildet.

Nach herkömmlicher Lesart ist die Vucciria ein Elendsquartier, in dem Menschen ohne soziale Absicherung dicht an dicht leben. Die Häuser sind alle im Verfall begriffen, einige bereits vollständig zusammengestürzt und abgeriegelt. Die allerwenigsten hier haben ein Auto. Auch die soziale Mobilität ist gleich null. Die Vucciria gilt den Palermitanern aus der Mittel- und Oberschicht als »No-go-Area«.

Trotz der angeblichen Gefahr wohnen hier Uwe Jäntsch und Costanza Lanza di Scalea. Ein befreundeter Dokumentarfilmer hat vor einigen Jahren einen Bericht über Uwe Jäntsch gedreht. Das Feature hat mich damals sehr beeindruckt: Ein junger Österreicher lebt in diesem Armenviertel Palermos als Aktionskünstler. Sein größtes Werk war die Errichtung einer Kathedrale aus Müll in den Ruinen eines verfallenen Palazzo an der Piazza Garafello, dem zentralen Platz der Vucciria. Für einige Monate war sein »Kirchenbau« eine Attraktion im Kulturleben Europas abseits der bürgerlichen Theater und Galerien. Bis die Polizei das Bauwerk abriegelte und die »Kathedrale« niederriss. Später kandidierte Jäntsch mit blauen Haaren als Bürgermeister der Mafiastadt Riesi, weil sich dort zwei Jahre lang niemand getraut hatte, für das Amt anzutreten. Die Mafia war einfach zu stark und der Job zu gefährlich.

Ich begegne Jäntsch und di Scalea zufällig, als ich mit meinen Vermietern Enzo und Maria unterwegs bin. Jäntsch und Scalea kommen aus einem Geschäft für Lotterielose an der Via Vittorio Emmanuele und rempeln uns beinahe an. Ich habe auf diese Gelegenheit gewartet, seit ich in Palermo bin – die ganze Zeit war ich mir sicher, dass ich irgendwann schon auf die beiden treffen würde. Inzwischen bin ich schon zwei Monate in Palermo, habe ein paar Seiten geschrieben und das meiste davon verworfen.

Der alte Enzo ist nicht so begeistert, als ich seinen Monolog über Blumen unterbreche, um Jäntsch und Scalea aufzuhalten. »Wartet, wartet, aspetto!«

Die Künstler sind in Eile, aber aufgeschlossen. Wir verabreden uns für den nächsten Morgen.

Beim Frühstück am nächsten Tag erklärt mir Jäntsch: »Als meine Kathedrale abgerissen wurde, kamen die Menschen der Vucciria, um die Polizei davon abzuhalten, aber es half nichts. Dabei hat die Sache zwei Seiten. Einerseits hat der Medienrummel die Vucciria cool gemacht, andererseits ist etwas von der typischen Lebensweise hier im Viertel verloren gegangen. Die Vucciria ist an den Wochenenden inzwischen das ganze Jahr über eine Open-Air-Diskothek.«

Jäntsch lebt mit Costanza in einem besetzten Palazzo an der Piazza Garafello. Er hält dann und wann Reden von seinem Balkon, stellt auf Kunstbiennalen aus und ist ein Teil der Seele dieses skurrilen Viertels in Palermo geworden.

»Das haben die Menschen hier schon verstanden, dass, wenn sie das Geld untereinander tauschen, es zirkulieren lassen, es dann im Viertel bleibt. Jedes Geld, das nach außen geht, ist dem Kreislauf hier entzogen.« So legt er dar, wie das arme Altstadtviertel seine Betriebsamkeit organisiert. »Die Leute leben hier stärker voneinander als im übrigen Italien, sie geben weniger nach oben hin ab, haben dafür aber auch viel weniger Luxusgegenstände. Und jeder weiß, wie man Stromleitungen anzapft, oder kennt jemanden, der es weiß.«

Jäntsch blickt auf den Platz hinunter, wo gerade die prall gefüllten, bunten Marktstände eingeräumt werden: »Es wäre unmöglich, hier eine Fast-Food-Kette zu errichten. Das wird einfach nicht akzeptiert. Es würden nach und nach alle darüber herfallen und sie wieder zu ihrem Eigentum umwandeln, indem sie die Struktur allmählich aushöhlen. Unordnung ist dafür ganz wichtig, die hat ihr eigenes System!«

In einer der schmalen Gassen weist uns Costanza auf einen Bewohner hin, der oben am Haus gerade den uralten Stuck von der Fassade schlägt, um ein Stromkabel zu verlegen. Aus Sicht der Kunst sicher ein Frevel, aber an Schönheit mangelt es den Süditalienern nicht. Jäntsch winkt ab: »Die Menschen hier kriegen zwar auch alles kaputt, aber immerhin machen sie es selbst.«

Der Mythos Wachstum wird hier einfach durch das Leben ausgehebelt. Der Markt ist reich gefüllt mit den Agrarprodukten aus dem Umland. Am Wochenende kommen ein paar Touristen, doch ansonsten bleibt man unter sich. Keiner geht hier davon aus, dass alles immer mehr werden müsse. Das wurde es hier noch nie, und trotzdem hat man an der Zivilisation teilgenommen, wenn auch eher als Zuschauer. Es kommt ja doch nichts bei den Armen an, die hier leben. Warum dann mitmachen und teilnehmen am grenzenlosen Konsum?

Die Zeit mit Jäntsch und di Scalea ist höchst interessant. Denn hier kann ich ein kommunales Leben beobachten, das weniger statisch organisiert ist als in der abgeschotteten Landkommune in

Vucciria

Riesi. Ein lebendiges, lautes, flirrendes Geben und Nehmen in einem Viertel, das große Probleme hat, aber doch funktioniert, ohne dass große Unternehmen, die Regierung, die Steuereintreiber oder die Kirche irgendeine Chance hätten, auf Dauer einzugreifen und diesen »Markt« für sich nutzbar zu machen. Die Menschen der Vucciria wirken auf ihre Weise sehr lebendig und stolz. Sie haben keinen Anlass, es nicht zu sein, und im Viertel ist immer was los. Auf ihre Weise sind sie glücklich.

Ein so enges Leben miteinander in einem Viertel, das offen und doch in sich geschlossen ist, erscheint mir als eine Möglichkeit, um ein lebendiges Dasein zu organisieren und sich doch nicht von der Zivilisation abzuschneiden.

Der Handel mit der Landwirtschaft findet direkt statt. Vergnügungen werden selbst organisiert, Musik in den Straßen, Gespräche hier, ein Schnack da, grüßen und gegrüßt werden an jeder Ecke. Eine Stadt, in der man aufeinander angewiesen ist, ohne sich in religiöser Harmonie zu üben. Denn dass die Menschen in der Vucciria sich zu streiten verstehen, das bekomme ich schnell mit. Es gehört zur Lebensart. Man diskutiert, streitet, versöhnt sich. Es ist nicht einfach, aber man ist am Ende doch mehr oder weniger zusammen im Boot, ohne dass man auf die Verfassung schwören müsste. Es gibt hier kein Gesetz, nur das Gefühl der Zusammengehörigkeit – da kommt man nicht ohne Anstand aus, wenn man sich hier länger aufhalten möchte.

Der Markt mit seinen frischen Lebensmitteln, die kleinen Geschäfte, in denen es teils ein sehr spezielles, aber ausgezeichnet sortiertes Angebot gibt, ein paar sehr einfache Cafés und Imbisse, einige Handwerker, wenige Menschen, die ihr Geld außerhalb des Viertels verdienen – das reicht, um das Viertel ökonomisch über Wasser zu halten. Es gibt einen Laden nur für Knöpfe, einen Laden nur für die typische Kopfbedeckung der Sizilianer, die Coppola, eine Bar, die nur Eistee verkauft, aber auch nicht immer geöffnet ist. All das wird unaufgeregt präsentiert. Hier regiert das Chaos –

und das ausgesprochen stilbewusst, wenn man genauer hinsieht und die lässige Ordnung erkennen kann.

»Der Wille zum System ist nur ein Mangel an Rechtschaffenheit.«
Friedrich Nietzsche

Was habe ich Dinge gehortet, die mir angesichts des Treibens in der Vucciria vollkommen nutzlos erscheinen? Mit meinem Hausstand in Berlin, so bescheiden er im Verhältnis zum Wohlstand anderer auch sein mag, kann man ein Fußballfeld füllen. Ich habe in Palermo eine Liste angelegt und dabei alle Dinge aufgelistet, an die ich mich erinnerte. Es kamen über 1000 Sachen zusammen: Unzählige Mengen an Kleidung, die ich nicht mehr trage, Bücher, die ich schon gelesen habe oder nie lesen werde, viel zu viel Geschirr, das nie zum Einsatz kommt. Dann eine Menge Klimperkram, alte Postkarten, Sentimentalitäten. Ein paar Grafiken, die ich kaum noch wahrnehme und die ich nur noch bemerke, wenn mich Gäste fragen, was das sei. Dann noch die Einrichtung: Natürlich bilde ich mir ein, das alles strahle etwas von »meinem Stil« aus. Letztlich habe ich diese Dinge aber nur zusammengetragen und mir in die Wohnung gestellt. Zum Glücklichsein brauche ich sie alle nicht.

Ein Übermaß an Materiellem ersetzt kein Leben. Die erworbenen Sachen geben einem auf die Dauer auch gar nichts. Sie erfüllen einen Zweck. Und ermöglichen einem manchmal einen Status gegenüber Dritten, vielleicht, weil sie es besonders gelungen finden oder individuell, oder was auch immer man so sagt oder denkt, wenn man in den Dingen anderer Leute steht. Ist es das, wofür wir die neoliberale Wachstumslogik und die kräftezehrende, ungerechte Arbeitswelt in Gang halten?

Hier in Palermo fällt es mir wie Schuppen von den Augen: Man braucht das alles nicht. Im Gegenteil, letztlich ist es eine merkwürdige Beschäftigung, diese Dinge anzuhäufen, zu kaufen oder, seltener, sie auch wieder abzustoßen oder gleich wegzuwerfen. Ein abstruser Fetisch, der hinter der ganzen absurden Wirtschaftsweise steckt: das Begehren von Dingen.

Wer sich unter Menschen bewegt, die »es geschafft haben«, der bemerkt, dass diese oft besonders unsicher und abhängig sind. Durch Reichtum haben sie an Gegenständen zugelegt, aber nicht an Statur gewonnen. Auf Partys, Vernissagen, Umtrünken stehen sie zwischen ihrem schicken Krempel herum und wissen nichts mit sich anzufangen. Sie wirken seltsam geschrumpft in ihren hell ausgeleuchteten Mausoleen, die sie sich zu Lebzeiten zusammengesammelt haben.

Der Spediteur Klaus Zapf ist mit seinem Unternehmen reich geworden. Er hat sein Geld damit verdient, die Umzüge anderer Leute zu organisieren, die ihre Dinge von einer Wohnung in die nächste transportieren wollen. Jeder kennt die Trucks, mit denen große Hausstände durchs Land fahren und dann die Straßen in den Städten verstopfen, weil Packhelfer stundenlang Gegenstände ein- oder ausladen müssen.

Zapf selbst hatte nie einen Führerschein, trägt einen Rauschebart und verlacht als (ehemals) linker Aktivist aus dem Umkreis von Rudi Dutschke letztlich den Kult um die Gegenstände, mit dem sein Unternehmen reich geworden ist. Der Reichtum ermögliche ihm »eine eigene Meinung und eine große Fresse, aber für einen Umzugsunternehmer ist es klar, sich nicht so viel Ballast anzuschaffen«. Er verzichtet inzwischen auf ein eigenes Haus oder eine eigene Wohnung, lebt fast ohne materiellen Besitz und hat es sich stattdessen zum Hobby gemacht, Konzerne zu verklagen, die ihm nicht gefallen.

Zapf muss sich um Geld keine Sorgen machen, deswegen scheint der Besitz von Dingen für ihn keinen Reiz mehr auszustrahlen. Mit seinem Besitz scheint er sich auch seiner Angst entledigt zu haben.

Nun stellt sich die Frage, wie man ohne oder mit wenig Geld von der Angst loskommt, die uns an überflüssigen Gegenständen hält. Die uns in der Arbeit festkettet, nur um den Bestand zu wahren oder zu verbessern. Es scheint die Angst vor dem Mangel zu sein, der uns Dinge horten lässt, anstatt uns Kompetenzen anzuschaffen und unsere Souveränität daraus zu beziehen, was wir können und wissen.

Die Leute in der Vucciria tauschen Fähigkeiten und Dinge, zum Teil ohne überhaupt Geld zum Einsatz zu bringen. Die Menschen leben mit wenig, scheinen sich aber dessen, was sie haben, stärker bewusst zu sein. Auch in unseren Breiten gibt es ähnliche Ansätze: Urban Gardening, Running Dinners oder die wachsende Lust daran, Dinge selbst zu machen, gehören dazu. Sie stellen Alternativen dar zu dem Drang, immer mehr haben zu wollen und sich doch immer weniger daran erfreuen zu können. Es geht also auch anders.

AUFGABE

Tauschen und schenken lassen!

Der öffentliche Sperrmüll ist in den meisten deutschen Städten abgeschafft. Er fungierte bis in die 90er-Jahre zweimal jährlich als öffentliche Schenkbörse. Alte Sofas, unliebsam gewordene Regale, Bücher, Teppiche wurden zu einem allgemeinen Termin vor die Tür gestellt. Das waren Tage, an denen unter Studenten, armen Leuten und Trödlern eine Goldgräberstimmung aufkam. Man streifte durch die Straßen und fand, was man noch gar nicht gesucht hatte. Der tatsächliche Schrott blieb über und wurde von der Müllabfuhr abgeholt. Heute müssen die Verschenker des »Sperrmülls« Listen anlegen, einen Tag frei nehmen und dann zumeist noch dafür bezahlen, dass die teilprivatisierte Müllabfuhr die alten Gegenstände abholt.

Es wird Zeit für eine Rückeroberung!

Hier drei konkrete Taten, mit denen Sie gute alte Sachen gegen neue gute alte Sachen tauschen und beginnen können, den Überfluss selbst zu verwalten.

1. Stellen Sie vor Ihrem Haus, am besten vor Regen geschützt, ein Regal auf und basteln ein Schild, auf dem steht »Zu verschenken«. In dieses Regal legen Sie dann all das Zeug, das für andere ein gefundener Schatz sein könnte.
2. Sollten Sie in einer weniger belebten Gegend wohnen, bieten Sie Ihre Dinge im Internet an. Es gibt mittlerweile Dutzende Tausch- und Schenkbörsen, sogar virtuelle Flohmärkte. Schauen Sie selbst auch dort nach, bevor Sie etwas Neues kaufen.
3. Ein weiterer Trend auf dem Vormarsch ist das Teilen. Er folgt der Erkenntnis, dass nicht jeder eine Bohrmaschine, eine Saft-

presse, ein Auto, einen Dampfreiniger oder sonstige in der Regel hochpreisige Anschaffungen braucht, weil er sie so selten nutzt, dass sich die Investition niemals lohnen wird. Greifen Sie diesen Trend auf. Kaufen und nutzen Sie einfach mal etwas gemeinsam mit Freunden. Das spart Geld und bringt Vergnügen und Leute zusammen.

VIII.

Ohne Fleiß kein Verschleiß

»Einmal bin ich von einem Auto überfahren worden,
das einen Platten hatte und von zwei Typen geschoben wurde.«
Woody Allen über die Langsamkeit

Ich bin zurück in Deutschland. In Berlin, am Hauptbahnhof, genauer gesagt – an dem enorm schicken, zugleich aber wohl ungemütlichsten Bahnhofsneubau der Welt. Alles bewegt sich hier: die Züge auf den oberen Gleisen; die Passagiere in der unteren Wartehalle; die Rollkoffer vor meinen Füßen. Die Welt rotiert um mich herum, während ich darauf warte, dass meine Gedanken mich einholen. Sie scheinen noch in Italien zu sein. Kein Problem. Ich kann warten.

Die Menschen um mich herum können das aber nicht. Warten ist keine Stärke der Deutschen. Warten ist Müßiggang, sagt man. Aller Laster Anfang.

Entsprechend genervt reagieren die Leistungsträger in meiner Umgebung auf all die unvermeidlichen Verzögerungen im Hightech-Zug. Businessleute sind busy. Die Geschäftsreisenden sowieso. Und auch die, die unterwegs in den Urlaub sind. Die, die gerade aus dem Urlaub kommen, erst recht. Sommer in Berlin.

Ich bin im Weg. Niemand sagt das, aber ich spüre es. Ich bin genauso im Weg wie die Oma mit der viel zu großen Tasche, an der sich ein fluchender Managertyp mit Handy am Ohr gerade vorbeizwängt. Ich bin wieder da, aber niemand erkennt mich. Mir fehlen eine Uniform und eine Attitüde, um als eine von ihnen wahrgenommen zu werden: ein emsiges Arbeitsbienchen, das mal kurz in Hamburg war, um was zu drehen – und jetzt schnell zurück ins Büro.

Ich komme nicht aus Hamburg, ich komme aus Italien. Auch nicht die Welt, gar nicht besonders weit weg, aber meine eigene Reise. Ich habe dort nichts gedreht, abgesehen von meinem Weltbild. In meiner Mußezeit habe ich nichts produziert und wenig konsumiert. Und sie sehen es mir an. Ich weiß es genau. Es ist in ihrem Blick: Geh aus dem Weg, wenn du schon nichts beiträgst, hier zur Businesszeit, morgens halb zehn in Deutschland.

Ich gehe weg. Ich gehe heim. Zurück in meine Wohnung. Hier ist es gut, denn hier bin ich auch sonst, wenn ich gerade nichts zum Bruttosozialprodukt beitrage. In meiner Wohnung bin ich niemandem im Weg.

In meiner ersten Nacht im eigenen Bett seit einem Jahr träume ich von Menschen in Businesskleidung, die mich mit ihren Aktenkoffern verdreschen wollen. Sie kommen nicht dazu, denn Herr Bär, der hilfsbereite Schweizer Tankwart, schlägt sie mit einem Schraubenschlüssel und einem Kanister Benzin in die Flucht.

Als ich aufwache, muss ich grinsen. Ich bin wieder da. Und ich bin nicht allein.

Ich gehe jetzt einen Kaffee trinken.

»Talk low, talk slow and don't say too much.«
John Wayne

Hannes ist gelernter Tischler. Und in seiner Küche hat er ein Labor. Kaffeemühle, Wasserkocher, Thermometer, Edelstahl-Milchaufschäumer, Espressokocher, Waage, einen V60-Kaffeefilter und eine AeroPress. Alles ist akkurat auf einem Tresen aufgestellt, für jedes Utensil gibt es eine gefräste Vertiefung in der massiven Holzplatte.

Das Möbel war Hannes' Gesellenstück und wurde zu einer Prophezeiung. Als sein Chef ihm anbot, ihn in seiner Tischlerei zu übernehmen, lehnte Hannes ab. Trotz seiner Liebe zu diesem Handwerk konnte er dem Arbeitsalltag, der sich in den allermeisten Betrieben auf den Einbau von Fenstern und Türen beschränkte, nicht genug abgewinnen. Ohne lange darüber nachdenken zu müssen, war ihm klar, dass er das nicht wollte.

Was er stattdessen wollte, war allerdings umso unklarer. Zum Denken hatte sich Hannes ein Ritual angewöhnt: Kaffee machen! Selten für sich selbst. In seiner Küche saß immer eine Mitbewohnerin oder ein Freund. Selbst sein Vermieter kam vorbei, um einen Kaffee zu trinken. Hannes wurde ein Meister in der Zubereitung von Kaffee. Das Ritual vollführte er stets schweigend. Gespräche waren untersagt, zumindest nicht während der Prozedur. Hannes verwandelte sich dann dem Anblick nach in einen verschrobenen Alchemisten. Seine Handbewegungen waren wie aus einem Guss, ohne jede Hektik und mit größtem Bewusstsein ausgeführt. Er zelebrierte jede Entscheidung für einen neuen Schritt, indem er das nicht mehr benötigte Utensil bedächtig an seinen Platz zurückstellte. Neue Kaffee-Gäste waren stets gebannt von dieser absoluten Ruhe, mit der Hannes vor seinem Tresen hin- und herschwebte. Der fast schon hypnotische Effekt war jedoch keine Trägheit. Hannes hatte einfach größte Muße verinnerlicht. Er war davon überzeugt, dass nur diese Muße dafür sorgen konnte, dass er mit sich und seinem Kaffee-Ergebnis zufrieden sein würde. Er war tief versunken und erwachte erst wieder, wenn er seinem WG-Gast die Tasse mit dem schwarzen Gebräu überreichte. Als Dauergast und Mitbewohnerin Greta einmal wieder am Küchentisch saß und ihre Tasse wie ein Heiligtum entgegennahm, sagte sie:

»Warum machst du nicht einfach ein Café auf, Hannes?«

Sie sahen sich an. Und Hannes zog die Stirn in Falten. Die Hektik eines Cafébetriebs erschien ihm, gemessen an seinem heiligen Zeremoniell, wie ein Sakrileg.

»Und dann soll ich da in Fließbandarbeit Kaffee machen für Leute, die ich nicht kenne und vielleicht gar nicht mag?«

»Nein, bitte nicht«, rief Greta. »Du sollst da alles genauso machen wie hier. Ich bin mir sicher, die Leute werden dich dafür lieben. Und deine Art und Weise, die Dinge zu tun, wird auch nur die

Leute anziehen, die genau das suchen. Wer schnell-schnell einen Kaffee will, der mittelmäßig schmeckt, soll zu Starbucks gehen.«

Greta wusste, wie sie Hannes kriegen konnte. Nach ihrer kleinen Rede begann er aufzutauen.

»Unten bei uns im Haus ist doch dieses Ladengeschäft schon ewig leer. Weißt du, wann der Vermieter mal wieder auf einen Kaffee vorbeikommen wollte?«

»Nee, aber ich kann ihn einfach mal mit der bröckelnden Decke im Bad herlocken.«

Greta und Hannes wohnten in einer ziemlich schäbigen Straße Neuköllns. Direkt angrenzend an den S-Bahn-Ring, abseits eines Kiezes, der selbst bereits jenseitig von Berlins lebendigen Seiten lag. Zu der Zeit, als sie hergezogen waren, hatte niemand hier wohnen wollen. Ein dunkles, vergessenes Fleckchen, das zwielichtige Gestalten anzog, bis die Polizei mal wieder die Straße mit ihrem Blaulicht erleuchtete. Das war nicht mal B-Lage. Aber billig.

Die Idee war gerade mal einen zarten Tag jung, da stand Hannes schon mit dem Vermieter in dem abgeranzten Ladengeschäft im Erdgeschoss.

»Das ist der Schlüssel, mein Bester«, sagte der schlaksige Hausherr und Kettenraucher. Ein netter Typ und der perfekte Verbündete für Hannes.

»Mach hier, was du willst. Bist ja ein handwerklich begabtes Kerlchen. Und wenn der Laden läuft, können wir uns 'ne Miete ausdenken. Machste mir jetzt noch so 'n richtig feines Käffchen?«

Hannes nickte und hatte damit wohl auch zu allem anderen Ja gesagt. Das verstand er allerdings erst so richtig, als er am Abend allein in den Laden ging, sich eine Kerze anzündete und zwei Stunden lang einfach nur dasaß. Die Gewissheit, dass das nicht funktionieren musste, sondern konnte, gab ihm alle Freiheit. Muße und Gleichmut entfesselten in ihm einen Aktionismus, der nichts mit Fleiß zu tun hatte. Sein Vater, ein Alt-68er und erfolgreicher Geschäftsmann, wollte einen Businessplan sehen, als Hannes ihn nach

Geld fragte, um Material und eine »Espressomaschine mit Persönlichkeit« zu kaufen. Mit Businessplänen wollte Hannes aber nichts zu tun haben. Dann könnte er ja auch zu einer Bank gehen. Und die saugen mit ihren Fragen und Anforderungen an etwas, das es noch gar nicht gibt, jeden Tropfen Blut aus einer Idee. Am Ende verkommt alles zu einer fetten schwarzen Zahl unter der Gewinn-Verlust-Rechnung, die sich für die nächsten fünf Jahre auf einen draufsetzt und einem die Luft zum Atmen nimmt.

Hannes gab sich große Mühe, seinem alten Herrn zu erklären, dass er genau das nicht wollte, weil er daran glaube, dass Effizienz auch dynamisch funktionieren kann. Businesspläne würden die Leute nur phlegmatisch machen. Hannes wollte an das Unkalkulierbare glauben. Das schien ihm nicht nur aufregender, sondern auch konsequent. Er wollte wirklich anders wirtschaften. Blinder Aktionismus für ein Planziel, mit dem beschworenen Fleiß alter Lehren, konnte für ihn nur in alte Denkmuster zurückführen.

Sein Café sollte ein Ort sein und kein Geschäftsmodell. Seine Gäste sollten Teilhaber sein und keine Kunden. Seine Arbeitsweise sollte Muße sein und nicht Verwertung. Sein Gewinn sollte zum Leben reichen und nicht zur Erschöpfung. Doch um diesen Ort erschaffen zu können, damit er das eigene Leben nicht nur finanzieren, sondern vor allem durch die Teilhabe anderer bereichern würde, brauchte auch Hannes Geld. Der Vater verstand zwar nicht in Gänze, was sein Sohn sich da vorstellte, doch ein Teil von dessen Worten klang als Hall aus seiner eigenen Jugend nach, bevor er sich entschieden hatte, in der Geschäftswelt kräftig mitmischen zu wollen. Wäre Hannes nicht sein Sohn, hätte er so einem »Spinner« wahrscheinlich keine paar Tausend Euro überwiesen. Doch er war nun mal ein Vater, und sein Sohn hatte mit dem Geld ja etwas vor, das ihm und anderen nutzen sollte. Also überwies er ihm das Geld.

Es brauchte gut drei Monate, ehe aus dem nackten Raum ein Ort wurde. Weil Hannes möglichst wenig Geld ausgeben wollte, baute er ausschließlich den großen Tresen nach Plan. Den restlichen Innenausbau überließ er komplett dem Zufall. Vier Wochen lang fuhr er jeden Tag mit seinem Lastenfahrrad oder einem geborgten Auto in seine alte Tischlerei und in einen Holzmarkt, um den Verschnitt geschenkt oder für ein paar Euro zu bekommen. Die Reste-Bretter in allen Formen und Farben stapelte er im Hinterzimmer des zukünftigen Cafés und sortierte sie grob nach Größen.

Als der Raum picke-packe voll war, kam Kai vorbei. Ein Kumpel aus Ausbildungszeiten, der nur ein paar Monate im Betrieb blieb und dann wieder verschwand. Zwei junge Männer, zwei Akkuschrauber, fünf Kilo Schrauben, 300 Winkel und 100 Bretter ohne System. Müßiger kann ein Vorhaben nicht sein. Greta brachte eine Ladung alter Möbel vorbei. Bis heute weiß keiner, wo sie die herhatte. Hannes und Kai schraubten zwei Sofas an die Wand und so nah unter die Decke, dass man gerade noch aufrecht dort sitzen kann. Plötzlich ergab sich ein System für die kleinen Bretter, und Hannes zimmerte die Nacht durch an einer Treppenkonstruktion hinauf zu den Sofas.

Ich lerne Hannes kennen, als ich am Morgen nach meiner Rückkehr aus Italien durch meinen Kiez streife, auf der Suche nach einem guten Kaffee, wie ich ihn aus Italien gewöhnt bin. Mit meiner Flucht hatte für mich eine neue Zeitrechnung begonnen. Konnte in meinem gewohnten Umfeld einfach die Zeit stehen geblieben sein? Die ersten Straßenzüge entlang scheint es mir so. Doch in der abseitigsten Straße, in die es mich all die Jahre zuvor niemals verschlagen hatte, weil es nicht auf dem Weg zur U-Bahn, also zur Arbeit, lag, tut sich plötzlich dieser Ort auf, der sich meiner Vorstellungskraft entzog.

Oben ist hier unten. Es gibt keine Ordnung in dieser Konstruktion aus Brettern und Möbeln, und doch erfüllt alles eine Funktion, nämlich einen Platz zum Verweilen erklimmen zu können. Menschen sitzen mit baumelnden Beinen auf Stühlen, die einen Meter über dem Boden an der Wand festgeschraubt sind. Alles ist erreichbar über einen Bretterpfad, der zur Treppe wird und immer wieder abzweigt. Über eine Brücke führt er ins andere Zimmer, wo ganze Sofas unter der Decke hängen.

Es handelt sich bei diesem ungewöhnlichen Ort um ein Café, wie ich erst nach vielen Minuten des Staunens entdecke. Denn das einzige Bauelement auf dem tatsächlichen Boden dieser rund 60 Quadratmeter ist ein weißer Tresen. Dahinter steht ein schmaler junger Mann mit Brille, der mich anlächelt, als würde er schon eine Weile darauf warten, dass ich ihn entdecke. In diesem Wunderland kommt er mir erst vor wie ein fremdes Wesen.

Er heißt Hannes und macht den besten Kaffee, den ich jemals getrunken habe. Ich wollte dieser Droge, die ich mir einbildete, für einen fitten Tag zu brauchen, eigentlich abschwören. Doch in dieser verkehrten Welt des Kaffeemachers Hannes wurde dem Gift eine entscheidende Zutat beigefügt: alle Zeit der Welt. Die Langsamkeit und Ruhe, mit der Hannes diesen Kaffee zubereitet, scheint ihm jede Wirkung, abgesehen vom Geschmack, zu entziehen. Das Koffein ist natürlich immer noch drin, doch es kann gegen den Genuss nichts ausrichten, den Hannes mit seiner mußevollen Zubereitung geschaffen hat.

»Paradoxerweise muss man,
um wirklich müßig zu sein, auch effizient sein.«
Tom Hodgkinson

Der Geruch meines Zwischenmieters ist noch nicht verflogen. Jedes Mal, wenn ich die Wohnungstür aufschließe, weht mir für einen Moment dieser fremde Duft entgegen. Ich finde das angenehm. Weil ich mich als Gast in einem Leben fühle, das mal meins war. Seit ich zurück in meiner Berliner Wohnung bin, wird mir von Tag zu Tag klarer, dass meine Heimkehr in das vertraute Umfeld keine Rückkehr in ein gewohntes Leben ist. Meine Kündigung, meine Entscheidung, einfach loszufahren, ohne Ziel, ohne Verstand, ohne Ahnung, was passieren würde – das alles hat die Zwangsvorstellung, wie mein junges Leben zu laufen hatte, aufgelöst. Der Geruch eines anderen macht mir klar, dass nichts ist wie immer.

Meine Möbel stehen immer noch an der exakt gleichen Stelle, die Deckenlampe in der Küche geht immer noch nicht, die Dielen im Schlafzimmer knarzen immer noch lauter als sonst irgendwo in der Wohnung. Doch irgendwie ist trotzdem alles neu.

Ich liege auf meinem Sofa. Ein dunkelgrünes Wunder mit Samtbezug. Komplett bis zu den Zehenspitzen ausgestreckt, lümmele ich herum, und mein Körper erinnert sich, dass er hier schon oft rumlag. Vollkommen erschlagen nach einem Zehn- oder Zwölf-Stunden-Tag war er zu nichts mehr in der Lage, als sich abzulegen. Mein Geist wollte sich damals allerdings nie in diese körperliche Zwangsruhe fügen. Er ratterte immer weiter und erklärte das nutzlose Rumgeliege bald wieder für beendet. Ich konnte den Geist nur mit dumpfer Berieselung oder Überforderung bezwingen – dem TV-Programm oder einem komplexen Buch. Dann dauerte es nicht lange, und alles war in dunklem Schlaf versunken.

Jetzt – nach meiner Reise – liege ich wieder auf meinem Sofa, und beide Teile von mir, also Körper und Geist, finden das super. Sie haben keine Fragen aneinander. Menschen, die dieses Bündnis als »faul« bezeichnen, waren noch nicht da, wo ich inzwischen war.

Draußen fährt ein alter VW-Käfer vorbei. Es ist der einzige Motorenlärm, den ich hier auf dem Sofa im vierten Stock bei geöffneter Balkontür einem Wagenmodell zuordnen könnte. Dieser Knatter-Sound ist der Klang des deutschen Wirtschaftswunders. Das Auto mit dem runden Gesicht und den treuen Augen wurde schon 1938 von Hitler in Auftrag gegeben, doch seine große Zeit hatte es erst in der Nachkriegszeit. Der Käfer wurde zum Symbol des Aufschwungs.

Wirtschaftswunder – allein der Klang des Wortes hat etwas Andächtiges. Deutschland lag nach seinem glücklicherweise verlorenen Krieg in Trümmern. Doch jedes Jahr ging es mit irgendwas aufwärts. Erst konnte man sich einen Staubsauger leisten, dann einen Fernseher, später einen Käfer, mit dem man in den Urlaub an die italienische Adria juckelte. Irgendwann war sogar ein Haus mit Vorgarten und Garage für den Zweitwagen drin. Das Rezept für diesen wirtschaftlichen Aufstieg klingt bis heute nach. Aus dem Nichts zur gefeierten »Wirtschaftsmacht« aufzusteigen, konnte nur gelingen, weil die Menschen in Deutschland damals so fleißig waren. Weil jeder mit anpackte. Der Marshall-Plan der Amerikaner sowie Ludwig Erhards D-Mark und seine neue Wirtschaftsordnung der sozialen Marktwirtschaft machten das Wunder »Wohlstand für alle« perfekt. Erhard selbst gefiel die Bezeichnung »Wunder« für diese Ära der deutschen Geschichte deshalb nicht. Für ihn war der wirtschaftliche Aufstieg Deutschlands ein Ergebnis von harter Arbeit, Verzicht in den ersten Jahren – und Fleiß.

Der Dokumentarfilmer Christoph Weber hatte seine eigenen Fragen an den Mythos Wirtschaftswunder, zu dessen Zeit er selbst aufwuchs. Der Journalist ging in seinem ARD-Film *Unser Wirtschaftswunder – Die wahre Geschichte* den Überlieferungen von damals nach. In ihnen suchte er den Grund dafür, dass sich Deutschland bis heute als Vorbild für andere Länder in Krisenzeiten begreift. Seine Recherche zielte klar auf die andere Seite der Medaille: die Auswirkungen von zu viel Fleiß auf die Menschen. In den konservativen Leitmedien wurde sein Ansatz als »zugespitzte und verkürzte Argumentation« kritisiert.

Mag sein. Doch ist es nicht Aufgabe von Journalisten, alte Überlieferungen zu entstauben und von der Gefahr zu befreien, zum Mythos verklärt zu werden? Schließlich wird das deutsche Wirtschaftswunder bis heute von Politikern angeführt, wenn sie an die wirtschaftlichen Aufstiegskräfte in Krisenzeiten erinnern wollen.

Die Entlarvung des Wirtschaftswunders als »Mythos« passt da natürlich nicht ins Bild.

Webers neue Fakten zu den 50er- und 60er-Jahren zeichnen tatsächlich ein anderes Bild. Deutschland konnte deshalb wieder so schnell in die Produktion einsteigen, weil die Mehrheit der Fabriken intakt war. Die Trümmerbilder kamen überwiegend aus den Großstädten – die meisten Fabriken jedoch standen außerhalb. Dass Deutschlands Wachstum 1950 explodierte, so Weber, habe es vor allem dem Korea-Krieg zu verdanken, der Deutschland mit seinen Auftragslieferungen von Maschinen, Stahl und Panzern die Rückkehr in den Weltmarkt verschaffte. 1953 wurde Deutschland außerdem die Hälfte seiner Schulden erlassen, und die ehemaligen Kriegsgegner verzichteten auf ihre Reparationsleistungen. Die Export-Maschine konnte weiter Fahrt aufnehmen.

Der Marshall-Plan, das von den Amerikanern groß angelegte Wirtschaftswiederaufbauprogramm, sorgte dabei zwischen 1948 und 1951 gerade einmal für ein halbes Prozent des Bruttoinlandsprodukts. Die Hauptgründe für die Hilfe der USA sieht der Filmemacher nach Interviews mit Wirtschaftshistorikern in der Eindämmung des Kommunismus und der Stärkung eines Absatzmarktes für amerikanische Exporte.

So »zugespitzt und verkürzt« Webers Faktensammlung auch sein mag: Sie zeigt, dass das Wirtschaftswunder keineswegs ausschließlich dem großen Fleiß zu verdanken gewesen sein dürfte, sondern von einem Großteil anderer Faktoren beeinflusst worden war.

Erst die Suggestion an die Bevölkerung, dass allein ihr Fleiß ihnen zu dem rapiden Aufstieg aus Ruinen verholfen hätte, sorgte für den Mythos eines »Wunders«. Das wäre es tatsächlich gewesen, hätte der damalige Aufstieg allein auf Fleiß beruht.

Trotzdem wärmen Politiker heute den Mythos vom Wunder durch Fleiß immer wieder auf. Nämlich dann, wenn es darum geht, die Menschen an den Maschinen zu halten. Die Finanzkrise, die zur Staatsschuldenkrise wurde, ist ein Paradebeispiel dafür. Die Ermahnung zur alten Tugend Fleiß mutet angesichts der Verschwendungssucht der Verantwortlichen in den Banken an wie purer Zynismus. Sie demonstriert, dass man an einem Rezept zur Beschwichtigung der Menschen festzuhalten versucht, das längst seiner Grundlage entbehrt. »Wohlstand für alle« ist Vergangenheit. Die Wirtschaft ist zwar seit der Nachkriegszeit durch Krisen hinweg immer weiter gewachsen, doch ein mehr und mehr deregulierter freier Markt hat den Wohlstand in großem Stil von unten nach oben verteilt. Das Mantra »Fleiß gleich Wohlstand« hat den Großteil der Bevölkerung inzwischen einen hohen Preis gekostet.

Bevor wir resignieren: Wunder gibt es immer wieder. Und es wird Zeit für ein neues. Statt einem »Wirtschaftswunder« nachzuhängen, um ein System zu erhalten, das auf die großen Fragen meiner Generation keine ehrlichere Antwort kennt als Fleiß, brauchen wir ein »Erkenntniswunder«. Und Erkenntnis ist nur mit eigenem Denken zu erreichen. So wie der Fleiß als Triebfeder der Menschen für die Wirtschaft funktionierte und dabei das selbstständige Denken größtmöglich durch Abhängigkeiten einschränkte, so muss es für die Erkenntnis eine neue Triebfeder geben: Muße.

Hinlegen, einkehren, nachdenken, wirken lassen, weiterdenken und dabei Antworten auf die Fragen suchen, die eine neue Form des Wirtschaftens verlangen würden – wenn sie sich denn jeder stellen würde. Fragen wie: Will ich wirklich so leben? Wenn ja, warum beschwere ich mich ständig? Wenn nein, was will ich ändern? Entsprechen die Zeit und Kraft, die ich für meine Arbeit aufwende, meinem Lohn? Wenn ja, was brauche ich wirklich; und was bleibt übrig, um neuen Ideen nachzugehen? Wenn nein, was ist mir wichtiger – Geld oder Kraft und Zeit? Was habe ich von mehr Geld, abgesehen von mehr Konsum? Was bringt mir mehr Zeit und Kraft, abgesehen von weniger Geld?

Diese Fragen könnten wir uns stellen, wenn wir die Muße dazu hätten. Die Antworten könnten uns Schritt für Schritt einen Weg aus der totalen Anpassung bahnen. Denn die Anpassung an das Mantra vom Fleiß dient allein dem alten Glauben an ein vergangenes »Wirtschaftswunder«. Doch dieses Wunder wird nicht kommen. Was wirklich passiert, wenn wir weiter dem Bild des fleißigen Deutschen hinterherlaufen, ist Folgendes: Wir verschleißen, wir brennen aus – und verpassen dabei unser Leben.

Es ist keineswegs so, dass wir uns unseres Verschleißes nicht bewusst wären. Menschen finden die verschiedensten Wege, damit umzugehen – sie tun alles, nur nicht dem Mantra entsagen.

Es gibt Leute, die rennen an ihrem freien Tag ins »Day Spa«, wo sie sich dann für zwei Stunden freiwillig in einen Raum mit weißen Wänden, weißem Ruhemöbel, weißen Flauschdecken und Bildern mit weißen Blumen einsperren lassen. Sie sitzen dann da in zu großen weißen Bademänteln, in die auch der dickste Manager passen muss, und glotzen gegen Wände. 200 Euro kostet die schiere Langeweile, die sie mit »Ruhe finden« verwechseln. Aus versteckten Lautsprechern rieseln erbarmungslos »Wellness-Sounds«. Man wartet, drückt auf einer Fernbedienung rum, die den weißen Raum blau oder rot oder grün färbt, und kommt sich ansonsten eher trostlos vor. Doch bevor man überlegt, an der Tür zu trommeln und die Ruhe-Oase sich doch noch in einen Panic-Room verwandelt, pocht es an der Tür. Und ein junger Mann mit angelernten devoten Manieren, einer sonoren Stimme und fließenden Bewegungen tritt ein. Seine Behandlung ist gebucht und bezahlt. Er findet »Chakren« und drückt drauf. Der Körper als Fernbedienung. Danach weiter zum nächsten »Treatment«. Der Guru ist gestern erst frisch aus dem Ashram eingeflogen. Sein »Om« bedeutet was. Meditieren mit dem »Pro«. Zwei Stunden um. Nun schnell zurück.

Die Gestressten halten das für Erholung, für »Mußestunden« gar. Doch was sie sich da leisten, ist keine Muße, sondern nur ein teures Surrogat für etwas, das sie verlernt haben: echte innere Einkehr. Die Treatments sorgen höchstens dafür, dass man noch ein bisschen länger durchhält und sich noch mehr ausbeuten kann – mental und physisch. Muße aber lässt sich nicht erzwingen, schon gar nicht zwischen zwei Meetings. Einkehr braucht Zeit, die Bereitschaft loszulassen. Man muss sich darauf einlassen. Muße kann man nicht kaufen.

Merke: Muße steckt nicht in fremden Bademanteltaschen.

Es gibt Leute in den USA, die verkaufen ihre lästigen Alltagsarbeiten auf der Webseite taskrabbit.com an Dienstleister. Ein boomendes Geschäft. Doch die Motivation ist bizarr. So erhoffen sich die meisten nicht mehr Freizeit dadurch, dass jemand für sie den Hund Gassi führt, den Rasen mäht oder der Schwiegermutter die Zeitung vorliest, sondern mehr Zeit für andere Arbeiten.

Wenn man Arbeitsbienen etwas von Muße oder gar Faulheit erzählt, verstehen die meisten gar nicht, worauf man hinauswill. Dafür hat doch keiner Zeit. Und eigentlich will es auch keiner. Was sollen die Nachbarn denken? Wenn der Sohn des einen Nachbarn hingegen bei einem anderen Nachbarn für Geld das Laub aus dem Pool fischt, ist die Welt in Ordnung. Das ist Outsourcing im Sinne einer rastlosen Lebensplanung. Man kauft sich von den lästigen Dingen frei, um mehr Zeit für die »wichtigen Dinge« zu haben, die den Wohlstand sichern und mehren – damit man mehr Arbeiten outsourcen kann. Ein Teufelskreis. Und ein Trugschluss. Denn oft sind es genau diese Tätigkeiten – Gassi gehen, Laub fegen, Rasen mähen –, bei denen sich so etwas wie Muße einstellt. Jene Tätigkeiten, mit denen wir kein Geld verdienen, sondern die wir einfach nur für uns selbst ausüben.

Merke: Muße kann man nicht outsourcen.

Mittlerweile in eine bequeme Sitzhaltung gewechselt, blicke ich mich in meinem Wohnzimmer um und warte auf ein Bedürfnis. Ich bin seit etwa zwei Wochen zurück in Berlin. Meine Reise war zwar weniger dem Müßiggang versprochen, doch eine Zeit lang nichts Spezielles zu wollen, hat mich der Muße recht nahegebracht. Ich lernte die Dinge um ihrer selbst Willen zu tun und zu lassen und merkte, dass das eine entscheidende Voraussetzung für den Zustand ist, den man Muße nennt.

Lesen zum Beispiel ist konstruktiver Müßiggang. Vor der Reise hatte ich mein Schrottomobil mit Büchern vollgestopft, die ich in den letzten Jahren zwar gekauft, aber mehrheitlich nur bis Seite 80 gelesen hatte. Manche waren sogar noch aus meiner Schulzeit, zum Beispiel von Schiller: *Über die ästhetische Erziehung des Menschen.* Der Autor war ein Leistungsträger des deutschen Kulturguts vom Sturm und Drang bis in die Klassik. Und doch ging er davon aus, dass erst im »Spieltrieb« Glückseligkeit und Vollkommenheit zusammenkämen und dass der Mensch erst durch das »ästhetische Spiel« zum »humanen Menschen« werde. Das Spiel ist also Muße in Reinform, würde mein knuffiger Deutschlehrer Herr Bockmann jetzt hinter seinem Pult hervorgrummeln.

Doch dieses Spiel ist kniffelig. Es gibt keine Regeln, und Zwang schon gar nicht. Ohne diese gewisse Ordnung tun sich Erwachsene, die mitten im Ernst des Lebens stehen, besonders schwer. Viele wissen einfach nicht mehr, was zu tun ist, wenn nichts zu tun ist. Und sie müssen es auch nicht wissen. Denn im digitalen Zeitalter ist immer was los. Zumindest blinkt, bimmelt und ploppt immer das neuste »Update« einer App-basierten Suggestion davon auf, dass was los sein könnte. Die Reaktionsrate ist immens. Es gibt Meldungen von Managern, die kollabiert sind und nur mit Beruhigungspillen wieder zu sich kamen, weil sie ihr Smartphone verloren hatten. Die Wissenschaft spricht in solchen Extremfällen von »Nomophobie«, der Angst, ohne Mobiltelefon zu sein.

Auch Mails werden nicht nur zum Schlafengehen und Aufwachen gecheckt, weitergeleitet und beantwortet, sondern auch mitten in der Nacht, an freien Tagen und sogar im Urlaub. Nichts ist heiliger als die permanente Teilhabe. Das ist mittlerweile normal. Wer nicht mitmacht, macht sich verdächtig, nicht engagiert oder zumindest rückständig zu sein. Oder, noch schlimmer: kein aufregendes Leben zu haben.

Die Telefone und all die andere Technik, die uns eigentlich mal mit dem Versprechen von mehr Flexibilität und Zeitersparnis, also mehr Freizeit, köderten, sind nicht der Teufel. Es ist vielmehr wie mit allen anderen Drogen: Sie sind so lange kein Problem, so lange sie keine Macht über uns ergreifen.

Mich hat die Andere Volkspartei zur Einstiegsdroge gebracht. Vorher hätte ich mir so ein Smartphone gar nicht leisten können, hier bekam ich es umsonst. Ich verstand das als Privileg. Die Sucht hatte freie Bahn. Nicht einmal eine Telefonrechnung hätte mich stoppen können, ich musste sie ja nicht selbst bezahlen. Nachdem ich gekündigt hatte, hatte ich mich dem kalten Entzug nicht aussetzen wollen und mir ein eigenes Smartphone besorgt. Auf meiner Reise hätte ich diesen Batzen Kohle dann gut gebrauchen können. Aber ohne schlaues Telefon wollte ich nicht los. Ich hatte mir meinen Entschluss mit »Sicherheit« und »allein als Frau« und so weiter richtiggeredet.

Was für ein Nonsens. Unterwegs hatte es nicht lange gedauert, und die Abhängigkeitssymptome hatten nachgelassen. Ich hatte die Sucht mit dem Alltag zurückgelassen, und es war jeden Tag leichter geworden. Jede Station, jedes Erlebnis, jede Überwindung alter Mantren reduzierte meinen Drang, anderen etwas mitzuteilen. Und die digitalen Leben der anderen interessierten mich noch weniger. Irgendwann tat sich immer ein WLAN-Netz auf, und es bestätigte sich, dass ich rein gar nichts verpasst hatte. Dieser Reizverdruss gelingt nur, wenn man entweder Ersatzreize in der realen Welt sucht oder sich jeglichem Reiz komplett entzieht. Abenteuer oder Meditation. Bei mir war es wohl eine Mischung.

Mein Smartphone gibt es immer noch. Doch die Ordnung hat sich verändert. Das Gerät existiert, ich lebe. Und nicht andersherum.

In mir hat sich hingegen ein viel nützlicheres Instrument entwickelt, mit dem ich für alles, was da noch so passiert, gerüstet sein werde. Ich sage Ihnen, das ist Science-Fiction: Muße.

Ich sitze immer noch auf meinem Sofa und bin gerade mit der Frage beschäftigt, ob ich mir was zu essen machen will. Und das ist schon viel, wenn man bedenkt, dass die totale Muße, also Meditation, dem einzigen Ziel folgt, an rein gar nichts – wirklich einfach *nichts* – zu denken. Diesen Zustand habe ich wohl noch nie erreicht. Und egal, was man aus dieser Muße heraus tut, es geht dabei ebenso um – nichts. Außer um die Sache selbst. Ich habe zum Beispiel aus der Muße heraus Texte ausgespuckt, Internetseiten gebastelt, Möbel gebaut und Videocollagen geschnitten. All diese Sachen, die meisten jedenfalls, sind okay geworden. Im Gegensatz zu den meisten Sachen, die wir bei *die-andere-volkspartei.de* im Zeichen des Fleißes verzapften und die wir Arbeit nannten.

Wenn das so ist: Sollte es nicht auch bei der Arbeit um die Sache selbst gehen? Sollte es. Eigentlich fordern es auch alle. Aber alle tun nur so. Die meisten machen eine bezahlte Arbeit nicht um ihrer selbst willen, sondern für Geld. Und wundern sich dann, wenn die seelenlose Beschäftigung, der sie fleißig nachgehen, dazu führt, dass sie ausbrennen.

Burn-out ist die neue Volkskrankheit. Menschen mit dieser Diagnose haben verkümmerte Gemüter. Sie merken einfach nicht, dass ihre Körper über Monate oder sogar Jahre nur noch von einer programmierten Psyche gesteuert werden. Pflichtgefühl, Angst, Karrierewahn, falscher Ehrgeiz treten den Motor »Gehirn« immer weiter auf Highspeed. Nach außen sieht das aus wie Fleiß. Natürlich kommt es irgendwann zum großen Knall, heißer Rauch quillt unter der Haube hervor, nichts geht mehr, es bleibt nur noch die

Standspur. Verdattert und bange sitzt man dann im Wartezimmer, ehe der Fachmann einem mit seinem »Das-wird-teuer-Blick« gegenübersteht und diagnostiziert: Gemütsschaden!

»Da haben Sie wohl über sehr lange Zeit vergessen Muße-Öl nachzufüllen, was? Das geht nie gut. Da macht jedes Gemüt irgendwann die Grätsche.«

Das Auto ist der Deutschen liebstes Kind, die renommierteste Industrie des Landes, ein Wachstumsmotor. Dem würden wir so etwas nie antun. Ein Getriebeschaden, weil man vergessen hat, Motoröl nachzufüllen? Das passiert nur Vollidioten.

Dabei ist die Wartung des Gemüts eigentlich so leicht: einfach bremsen. Langsamer werden. Auf eine abgelegene Landstraße rollen. Dahin, wo kein Raser-Lärm mehr zu hören ist. Anhalten, wo es schön ist. Atmen. Oder ein Sofa suchen und der Muße auflauern.

Das Rauschen in Ihren Ohren ist kein Wahnsinn. Es ist Ihr Blut. Es fließt. Sie sind ein Mensch. Ein vollkommen abgefahrenes Geschöpf. Herzlichen Glückwunsch: Sie leben noch.

> *»Dass es so leicht ist, nichts mehr tun zu wollen.*
> *Dass es uns so schwerfällt, nichts zu tun.«*
> *Ernst Bloch*

Den meisten ist Muße suspekt, weil man sie nicht verstehen, sondern nur erfahren kann. Die Fähigkeit, uns der Zwecklosigkeit hinzugeben, ist uns abhandengekommen. Das Misstrauen ist groß. Wer keinen Zweck erfüllt, ist faul. Punkt.

Weil Wachstum immer wieder zum Staatsziel Nummer eins erklärt wird, darf niemand Zeit verlieren. Vom entfesselten globalisierten Kapitalismus der 1990er über die Agenda 2010 bis zur Finanzkrise wurde den Menschen eine Firmware installiert, die ein bloßes »Sein« nicht mehr vorsieht. Menschen sind vor allem »Humankapital«. Die Funktion »selbst Denken« ist in diesem System nicht serienmäßig. Das »Sein« wird als eine Art Störung angesehen. Ein Trojaner, ein Wurm, ein Virus, der hinterrücks versucht, sich auf unsere Festplatten zu schleichen. Anders kann ich mir die Vehemenz der Abwehrmechanismen nicht erklären, die ungläubigen Gesichter, die Fassungslosigkeit oder auch die Hilfsbereitschaft, wenn man anderen erklärt, man wolle gerade einfach mal nichts tun. Wer den tumben Fleiß ablehnt, muss mindestens mit großem Misstrauen rechnen. Wer nicht zur »Besinnung« kommt und sich wieder auf die Werkseinstellung umschaltet, also auf Fleiß, dem droht die soziale Ächtung.

Ich sitze immer noch im Schneidersitz auf meinen samtigen Polstern. Es gibt ein Entrinnen – das weiß ich jetzt. Ich bin gut gelaunt, ausgeschlafen, habe Energie und Ideen, aus denen ich schöpfen kann, und trotzdem habe ich größte Freude am Denken. Ich bin alles andere als unproduktiv in diesem Zustand.

Wenn ich früher nachgedacht habe, ging es meistens um Probleme und Alltagsbewältigung. Jeder kennt diesen Kreislauf. Irgendeine Rechnung ist zu bezahlen, keine Zeit für den Schornsteinfeger, ein Paket muss immer noch aus der Postfiliale abgeholt werden. Nervige Gedanken, die einen tagelang beschäftigen können. Wenn man sie gemeistert hat, hat einen das keinen Schritt weitergebracht. Wie auch? All das lenkt ja von der Arbeit ab, an die man eigentlich denken müsste.

Zwischen dieser getriebenen Zeit und jetzt liegt gefühlt ein Leben. Erschrecken Sie nicht vor dem Pathos. Das gehört so. Es hat lange gedauert, bis ich verstanden habe, dass Muße ein wichtiger Aspekt des Lebens ist, den wir brauchen, aber verlernt haben und uns nicht mehr zu leben trauen.

Ich schlendere jetzt in den Baumarkt. Das ist mein Ding. Jeder hat sein Ding, das die Gedanken fliegen lässt. Das Sofa ist immer ein guter Start, aber mein Ding ist der Baumarkt.

Im Baumarkt angekommen treffe ich überraschend einen alten Kollegen. Das Hallo ist groß. Zwischen Schrauben und Pinseln erzählt er, dass er vor kurzem einen neuen Job angefangen hat. Er ist jetzt Pressereferent für eine Berliner Stiftung. Total spannend, super wichtig und krass viel Arbeit sei das. Aber er habe Glück, weil er seine Arbeitszeit frei einteilen könne. Bevor es gleich an den Schreibtisch gehe, wolle er noch ein paar Regalböden kaufen. Die Unterlagen für seinen Job im Homeoffice müssen ja irgendwo untergebracht werden. Dann klingelt sein Handy, er winkt aufgeregt. Und ich verabschiede mich schnell.

Als ich durch die Gänge laufe, frage ich mich, ob das Homeoffice eine Alternative zum hektischen Büroalltag ist. Immerhin tolerieren mittlerweile einige Unternehmen das Arbeiten von zu Hause. Doch ich bezweifle, dass das etwas mit Muße oder gar Freiheit zu tun hat. So ein Angebot vom Chef soll ausschließlich bezwecken, dass die Grenzen zwischen Arbeit und Freizeit verschwimmen und im Homeoffice letztendlich mehr und zu jeder Tageszeit gearbeitet wird. Diese »Freiheit« muss man sich schließlich verdienen.

Auch wer nicht im Homeoffice arbeitet, ist zur Erreichbarkeit verdammt. Eine Studie des Branchenverbands Bitkom hat ergeben, dass etwa drei Viertel aller Berufstätigen in Deutschland außerhalb ihrer regulären Arbeitszeiten für Kollegen, Vorgesetzte oder Kunden per Handy oder E-Mail erreichbar sind: 30 Prozent jederzeit und 32 Prozent zu bestimmten Zeiten, zum Beispiel abends oder am Wochenende.

Die irrtümliche Freiheit ist also eine Falle. Der Preis für die Flexibilität ist hoch. Denn während die meisten sich starren Strukturen unterordnen müssen, wird das »Privileg«, von zu Hause aus arbeiten zu dürfen, an ausufernde Erwartungen an Fleiß und Engagement geknüpft. Der »Homeworker« darf sich an seinem Status nicht erfreuen; er muss das Misstrauen spüren. Und er spürt es. Präsenz- und Kontrollkultur sitzen tief: »Der lümmelt doch im Freibad rum« – »Die macht doch, was sie will – also nichts« – »Zwischen den Feiertagen nicht erreichbar – also am Abhängen«.

Ob ausgesprochen oder nicht, das Weltbild ist gesetzt: Komfort und Wohlbefinden dürfen nicht sein, wenn eine Arbeit wirklich nützlich sein soll. Arbeit muss anstrengend sein. Also rackert der oder die »Abwesende« wie blöd, um Gewissen und Schuldgefühl mit Eifer und Einsatz zu schlagen. Und schon wird die neue Freiheit obsolet und das Homeoffice verkommt zu einem perfiden Mittel, die Leute in noch mehr Beschäftigung zu verstricken. »Freie Zeiteinteilung« heißt de facto »immer arbeiten«. Mit Muße darf das Homeoffice nichts zu tun haben. Zu groß ist die Angst, als faul zu gelten. Muße kann man abends oder am Wochenende machen. Das Handy muss dabei natürlich anbleiben.

> *»Nichts bewahrt uns so gründlich vor Illusionen*
> *wie ein Blick in den Spiegel.«*
> *Aldous Huxley*

Um dem Wesen der Muße näherzukommen, muss man also erst mal dem Mythos von der Faulheit beikommen. Die famosesten Hüpfer auf der Wiese des Denkens haben sich durch alle Epochen hinweg mit dem Thema beschäftigt. Sie haben sich so richtig das Hirn zermartert. Aber genützt hat es nichts, die Arbeit hat sie und die westliche Gesellschaft überrannt. In großen Titelgeschichten, in Dokumentarfilmen, in heiteren Ratgebern versucht man sich der Sache anzunähern. Doch alle Ernsthaftigkeit bleibt an den Zitaten von Aristoteles, Goethe oder Schopenhauer kleben. (Hallo, Herr Bockmann!)

Muße scheint also aus einer vergangenen Epoche zu stammen. Die Menschen haben sie verlernt. Aber ernsthaft, wie konnte das passieren? Eine Antwort auf diese Frage findet man in den Romanen von Aldous Huxley und George Orwell. Durch ihre Werke *Schöne neue Welt* und *1984* sind sie beide zu gefeierten Schriftstellern geworden, die ihrer Zeit weit voraus waren. Denn in ihren Texten entwarfen sie einfallsreiche Visionen einer drohenden Zukunft – die nur wenige Jahre später wahr werden sollten.

Orwell / Huxley

Ein Brief von Aldous Huxley an seinen Kollegen George Orwell zeigt allerdings, dass die beiden Männer sehr unterschiedliche Vorstellungen davon hatten, wie die Welt sich verändern würde. Huxley schrieb ihn 1949 – in dem Jahr, als Orwells *1984* erschien. 17 Jahre nach Huxleys Roman *Schöne neue Welt* stellte Orwell hier eine albtraumhafte Vision der Zukunft vor. Bis heute prägen seine Begriffe wie »Big Brother«, »Gedankenpolizei« oder »Doppeldenk« jede Diskussion um zunehmende staatliche Kontrolle.

Huxley sah ebenso einen Drang zum totalitären Staat, doch mit anderen Mitteln. Er zeichnete eine Gesellschaft, die mit Medikamenten zufrieden gemacht wird, auf einem allgemein anerkannten eugenischen Kastensystem basiert und einer von der Regierung erzwungenen Obsession für Konsum unterworfen ist.

In seinem Brief lobt Huxley Orwells Buch im ersten Satz als »großartig und bedeutsam«. Doch schon einen Absatz später erklärt er, warum er mehr an seine eigene schaurige Vision glauben wollte als an Orwells. Huxley war der Ansicht, dass derart anstrengende Gewalt, wie sie Orwell in *1984* schildert, zwar konsequent gedacht ist, aber nicht »bis ins Unendliche fortsetzbar«.

Huxley schreibt:

»Ich glaube, innerhalb der nächsten Generation werden die Herrschenden der Welt entdecken, dass die Konditionierung der Kleinkinder und eine medikamentengestützte Hypnose effizientere Instrumente staatlicher Herrschaft sind als Schlagstöcke und Gefängnisse, und dass die Lust an der Macht sich ebenso vollständig befriedigen lässt, wenn man die Leute dazu bringt, ihre Knechtschaft zu lieben, statt sie mit Schlägen und Fußtritten zum Gehorsam zu zwingen.

Ich habe, anders gesagt, den Eindruck, dass aus dem Albtraum von *1984* unweigerlich der Albtraum einer Welt entstehen wird, die mehr Ähnlichkeit hat mit der Welt, wie ich sie in *Schöne neue Welt* porträtiert habe. Diese Entwicklung wird auf das Bedürfnis nach immer größerer Effizienz zurückzuführen sein.«

Und wo stehen wir heute?

Statt Huxleys und Orwells Geschichten als Warnung zu verstehen – so waren ihre Romane gemeint –, dienten sie offenbar als Anleitung für unsere heutige Welt.

Laut einer Studie der Universität Mainz nimmt jeder fünfte Student in Deutschland leistungssteigernde Mittel. Ritalin für mehr Konzentration, Beta-Blocker gegen Stress oder Modafinil, um Nervosität zu kontrollieren.

In einem Artikel über die »gedopten Kopfarbeiter« zitiert die *Süddeutsche Zeitung* den Psychosomatiker mit folgender Begründung für den Griff zum Aufputschmittel: »Meist fühlten sich die betroffenen Menschen schon als Kind nur über ihre Leistung wahrgenommen.« Eine mußevolle Kindheit? Nicht doch. Muße steht auf der Liste der verbannten Fähigkeiten, nach denen »später keiner fragt« oder die man »schließlich nicht essen kann«. Die Kinder der Wirtschaftswunder-Generation wurden auf Höchstleistungsfähigkeit getrimmt – und dieses Mantra blieb haften. Sie lernten sie über alles zu stellen. Und leiden bis heute darunter, wenn sie sie mal nicht erbringen können. Mit dem Ergebnis, dass sie notfalls nachhelfen. Genau wie ihre eigenen Kinder, die ohne nachgewiesene Höchstleistungsfähigkeit gar nicht erst zum Vorstellungsgespräch eingeladen werden.

Erstmals befasste sich der DAK-Gesundheitsreport 2009 unter dem Motto »Doping am Arbeitsplatz« mit dem Thema. Damaliges Ergebnis: Von 3000 befragten Arbeitnehmern gaben fünf Prozent an, Substanzen zur Verbesserung der Leistungsfähigkeit zu konsumieren. Zwei Prozent dopen sich sogar regelmäßig bei der Arbeit. Bei den heutigen Studenten sieht es noch schlimmer aus: Je nach Umfrage in Deutschland und den USA sollen es bis zu 20 Prozent sein, die zum Hirndoping greifen.

Doping statt Muße – erkennen wir das Problem tatsächlich nicht? Jedenfalls tun wir uns schwer mit dem Begriff, geschweige denn der Forderung nach Muße. Oberflächlich ist die Antwort auf die Frage nach der Muße von heute die Sehnsucht nach sogenannter »Entschleunigung«. Doch unsere beschleunigte Umwelt kann nicht allein der Grund dafür sein, dass wir nicht zur Ruhe kommen.

An der Universität Freiburg wurde Anfang 2013 der Sonderforschungsbereich »Muße. Konzepte, Räume, Figuren« für vier Jahre bewilligt. Dort heißt es, man wolle sich dem Ruf nach Freiräumen der Muße wissenschaftlich nähern. These: »Auch in beschleunigten Dynamiken können Freiräume der Muße entstehen. ›Muße‹ geht also über ›Entschleunigung‹ hinaus. Sie ist auch nicht Freizeit, die immer nur von der Arbeitszeit her bestimmt wäre. Die Muße hat vielmehr ihre eigene, offene Zeit, die zum Freiraum simultaner Möglichkeiten in Kreativität, Denken und Erfahrung wird.«

Die formulierte Vision des Forscher-Teams deutet an, dass es ihnen nicht darum geht, das Verlangen nach Muße zu zerstören, sondern dass sie der Muße mit einem wissenschaftlichen Stempel mehr Anerkennung verschaffen wollen. Nach dem Motto: Wenn es die Wissenschaft sagt, dann muss ja etwas dran sein. Dabei legen die Forscher allerdings großen Wert darauf, dass sie nicht für die Wirtschaft arbeiten – also nicht nur nach Wegen suchen, Mitarbeiter leistungsbereiter zu machen. »Unser Forschungsverbund betreibt damit weder vordergründige Kulturkritik, noch nutzt er Muße zur subtilen Erfolgsmaximierung. [...] Unsere Vision ist letztlich, aus der Universität heraus gesellschaftliche Freiräume der Muße neu zu eröffnen.«

Die Wissenschaft widmet sich also einer neuen Welt, in der Muße nicht mehr mit Faulheit verwechselt werden soll. Wird es funktionieren? Ich kann es nur hoffen. Der Verschleiß von Gehirnzellen, Gesundheit und Potenzial, den das Arbeitsleben mit sich bringt, steht in keinem Verhältnis zu Lob, Aufstieg oder Konsum. Nur der Verschleiß ist sicher. Und der steht im schlechtesten Fall (kein Lob, keine Karriere, keine Gehaltserhöhung) am Ende als einziger Posten in der persönlichen Bilanz.

»Something's, like, crossed over in me and I can't go back,
I mean I just couldn't live.«
Thelma & Louise, *Roadmovie*, 1992

Nachdem ich eine halbe Stunde lang durch die Gänge des Baumarkts gewandert bin, entscheide ich mich für ein Abflussrohr, stehe noch ewig vor der Auswahl an Messingwinkeln und lege eine Dose Goldspray und eine Lampenfassung ins Einkaufskörbchen. Die große Frage: Woher bekomme ich jetzt noch ein altes Brett? Draußen mache ich mich gemächlich auf den Heimweg. Eine Sekunde, ein Schritt. Das ist unter Durchschnitt (1,40 Meter pro Sekunde). Ich denke an die Lampeninstallation, die ich zu Hause bauen will. Aber da ist noch viel mehr Platz und Zeit in meinem Kopf, sodass ich die vorbeischleichende Umgebung genau betrachten kann und mir wie in einem Wunderland vorkomme. So eine Wahrnehmung beschreiben Menschen, die schon einmal bewusstseinserweiternde Drogen genommen haben. Gut, da verwandeln sich die Dinge um einen herum auch schon mal in hoppelnde Hasen, oder Arme werden Baggerschaufeln. Im Falle der Langsamkeit erfasst einen nur die Realität. Das reicht. Zumindest, wenn man mit einem Abflussrohr über der Schulter unterwegs ist.

In einem Baucontainer in meiner Straße, der schon Wochen da stehen muss, finde ich im Vorbeigehen ein fantastisches Holzbrett.

Ich bin davon überzeugt, dass jeder sich ein Weitwinkel-Objektiv aus seiner Warte aufstellen und das Leben in seiner ganzen Breite wahrnehmen kann. Doch dafür muss die Inszenierung von Arbeit aus dem Mantra des Fleißes heraus aufhören. Was wir stattdessen brauchen, ist ein nüchternes Verhältnis zur Lohnarbeit, um genug

Kraft für den Zauber des eigenen Lebens zu haben. Nicht weil wir faul wären, sondern weil wir unsere Mußestunden brauchen.

Mit Sozialromantik hat Muße genauso wenig zu tun, wie die auf Moral basierende Beschäftigungstherapie namens Fleiß etwas mit Wirtschaft zu tun hat. Der Ruf nach Muße gilt der Entscheidung für eine neue Maxime, die der Tugend vom Fleiß ein neues altes Selbstverständnis als Mensch entgegensetzt.

Die geltende Arbeitsmoral wird nicht von heute auf morgen abzuschaffen sein. Darauf zu warten ist kein guter Rat. Wer hält Sie davon ab, sich ab sofort mit sich selbst zu verbünden? Hören Sie auf, sich ausschließlich über Ihren Job zu definieren – damit geben Sie der Lohnarbeit zu viel Macht. Geben Sie der Muße Raum und tun Sie auch mal, was Sie wollen. Für mich ist das mittlerweile das Einzige, was ich zu wollen habe.

AUFGABE

Legen Sie das Buch beiseite!

Sollte es bereits Abend sein, warten Sie auf die Nacht. Machen Sie sich für die Zeit des Verweilens ein Getränk, das Sie mögen. Am besten Tee oder einen Cocktail mit exzellenten Zutaten. Hauptsache keinen Kaffee – es sei denn, Sie trinken ihn bei Hannes. Lauschen Sie der Stille. Alle elektronischen Geräte sind außer Reichweite.

Brechen Sie um Mitternacht auf und schlendern Sie zu Fuß in eine Gegend Ihrer Stadt, in die Sie sich noch nie bewegt haben. Wiederholen Sie diese Entscheidung an jeder Weggabelung – gehen Sie immer dorthin weiter, wo Sie noch nie oder nur sehr selten waren. Wenn Sie müde werden, suchen Sie sich einen Platz zum Rasten – eine Bank, einen Treppenabsatz, eine Motorhaube – und schauen Sie in den Nachthimmel. Machen Sie das, so lange Sie wollen.

Wenn Sie das langweilig finden, schauen Sie nicht richtig. Schauen Sie weiter. Irgendwann werden Sie nach Hause wollen. Lassen Sie sich dann nicht von Ihrer Energie drängen, zurück in die Normalität zu müssen, sondern bleiben Sie in einem gemächlichen Tempo: ein Schritt pro Sekunde.

Denken Sie beim Einschlafen an den Nachthimmel.

Machen Sie einen solchen Ausflug mindestens einmal pro Woche.

IX.

ZUSAMMEN SIND WIR WENIGER ALLEIN

»Niemand ist mehr Sklave, als der sich für frei hält,
ohne es zu sein.«
Goethe, Wahlverwandtschaften

Es ist später Abend und ich sitze allein vor meinem erleuchteten Monitor. Von draußen blinken mich die Lichter Berlins an. Ganz hinten sehe ich den Fernsehturm, die futuristische Kugel, das Wahrzeichen dieser ungelenken, großen Stadt. Die Redaktion meiner alten Zeitung, bei der ich vor der Anderen Volkspartei gearbeitet habe, ist auch dort: gleich neben dem Fernsehturm im 15. Stock.

Dort hockt nun ein alter Kollege oder eine Kollegin vom Spätdienst allein mit der Weltnachrichtenlage und hofft, dass nichts Schlimmes auf der Welt passieren möge. Als ich die Arbeitsabläufe in einer Redaktion kennenzulernen begann, konnte ich mir nicht vorstellen, dass so viel Verantwortung jemals Routine werden kann. Doch es ist so. Jeder von uns ist in der Lage, einen ganzen Haufen Verantwortung zu managen. Ob im Job oder privat, wir gewöhnen uns an vielerlei Belastungen.

Umso alarmierender sollte es daher sein, wenn immer mehr Menschen daran verzweifeln, die Flut alltäglicher Herausforderungen zu bewältigen. Die Zeitungen sprechen von einer »erschöpften Gesellschaft«, die zu wenig schläft. Doch in Wahrheit ist das kein Gemeinschaftsphänomen. Vielmehr werden die Anforderungen zur Überforderung, weil sich jeder Einzelne allein damit fühlt. Denn er oder sie ist allein. Entfremdung und Entkoppelung von Arbeit, sich selbst und dem Leben.

Ich wünsche dem Schlussredakteur, dass es ein ruhiger Abend

bleibt, ohne Erdbeben, Promi-Todesfälle, Aufstände, Seuchen oder gestürzte Bundespräsidenten. Es ist 23:30 Uhr. Wenn nichts Wildes passiert, dann kann das Blatt jetzt in den »Schub« gehen, den finalen Druck für die morgige Ausgabe. Wenn der Rechner herunterfährt, bricht die Verbindung zum Tag und seinen Nachrichten. Die Verantwortung, dass am Morgen alle eine aktuelle Zeitung zu lesen bekommen, liegt nun bei jemand anderem.

Als Volontärin bin ich einmal bei der nächtlichen Auslieferung an die Kioske mitgefahren und habe Dieter kennengelernt. Dieter beginnt seine Arbeit um halb drei. In einem präzisen halbmechanischen Verfahren stellt er in Höchstgeschwindigkeit die Bestellungen der Kioske zusammen. Neunzigmal die *Wild-Zeitung*, vierzigmal *Berliner Blatt*, achtmal *Berliner Presse*, je viermal *Südliches Feuilleton* und *Frankfurter Bürgerzeitung*, einmal die *Junge Rechte* und dann einen ganzen Haufen schwerer Zeitschriften von *Planet* über *Terra* bis zu *Fitness für Männer* und einer schier unüberschaubaren Vielzahl von Rätsel-, Senioren-, Landhaus-, Promi- und Businessheften.

Der Lieferwagen wird mit den verschnürten Paketen beladen und fährt nacheinander alle Kioske seiner Lieferzone an. Dieter fährt einen heißen Reifen, achtet nicht auf rote Ampeln oder Halteverbote und schon gar nicht auf Einbahnstraßen: »Eh kein Gegenverkehr donnerstagnachts!«

Die Tour muss extrem schnell gehen, denn Dieter ist Subunternehmer. Er wurde vor sechs Jahren outgesourced und bekommt einen Pauschalpreis für sein nächtliches Distributionsgebiet. Kalkuliert und gepreist sind drei Stunden, er braucht meist viereinhalb. Vor den Kiosken öffnet er die Metallkisten in Lichtgeschwindigkeit, weiß alle Kombinationen für die Zahlenschlösser auswendig, hat jeden Schlüssel parat und kennt seine Route buchstäblich im Schlaf: neue Zeitungen rein, Rücknahmen raus, Zettel dran, Autotür zu, Bleifuß.

Im Morgengrauen war ich allein schon vom Zuschauen vom Beifahrersitz aus völlig erschöpft. Doch Dieter sagte, dass er jetzt gleich die nächste Fuhre machen wird, denn er sei schon spät dran. »Vom Reden mit dir, aber kein Problem, schreib schön! Schreib doch mal, dass endlich was besser wird! Aber nur, wenn das dann auch stimmt!« Das war der längste Satz, den Dieter in dieser Nacht sagte.

Mit diesem Satz beschrieb er sein Leben. Und meines auch. Denn sowohl er, als Subunternehmer, der die Zeitungen auslieferte, als auch ich, die gerade lernte, wie man Zeitungen vollschreibt, erledigten entkoppelt voneinander unsere Jobs. Zumindest hatte ich Dieter nun kennengelernt und wusste, wie meine Arbeit zu den Lesern kam, die täglich auf gute Nachrichten warten.

Eine Sehnsucht nach guten Nachrichten, zumindest nach graduell besseren Nachrichten, hatte mich auch zu meinem Ausflug in die Politik zur Anderen Volkspartei angetrieben.

Aufklärung, ein Licht am Ende des Tunnels. Gute Nachrichten von Menschen, die zur Abwechslung mal wirklich was verändern wollen. Das sollte das Ziel der Politik sein. Düstere Zeiten gibt es, damit es danach wieder heller wird. Leider entpuppte sich das Licht am Ende des Tunnels als entgegenkommender Zug.

Der slowenische Pop-Philosoph Slavoj Žižek beschreibt das so: »Die größte Utopie ist heute, dass wir dieses System mit ein paar kosmetischen Änderungen aufrechterhalten können.« Keiner hat wirklich das Gefühl, eine Wahl zu haben. Es scheint nur diesen ewigen Tunnel zu geben, kein Licht, nur ab und an mal eine heftige Krise und den schleichenden Abstieg. Die Hoffnung, dass die Politik daran ernsthaft etwas ändern könnte, schwindet, je weiter man in diesen Tunnel hineinfährt.

Ich habe bei der Arbeit für die Politik nicht die Politik als solche verachten gelernt. Nein, mein Unbehagen geht tiefer. Es bezieht sich auf unser Verständnis von Arbeit insgesamt. Denn das klammert sich an das Versprechen, dass unser Leben durch Arbeit vollkommener und heller werde. Arbeit bringe Sinn, Unabhängigkeit, Teilhabe, Konsum, also Glück. Was auch immer diese Vollkommenheit für den Einzelnen ausmacht. Dass wir uns trotzdem immer um irgendeinen Part sorgen, weil er nicht dem entspricht, was Arbeit verspricht, ist bezeichnend. Denn unser Verständnis von Arbeit enthält immer auch den Traum, sich irgendwann einmal um nichts mehr sorgen zu müssen. Im Idealfall hätten wir dann sogar »ausgesorgt«. Doch diese fortwährende innere Treibjagd auf die eigenen Unzufriedenheiten macht nicht nur müde, sondern lenkt auch von allem ab, womit man eigentlich zufrieden sein könnte.

Sorgen und Unzufriedenheit sind ein Wirtschaftsfaktor. Egal, ob Magazine und Werbung einen mit Tipps rund um Figur, Beziehung oder Sex ködern, oder ob die Politik verspricht, dass mit Arbeit alles nur besser werden kann – unser Leben verkommt zum »Lifestyle«, für den geworben wird, damit wir ihn kaufen wollen. Dabei sind die Slogans dieser Werbewelt austauschbar. Es ist die Hoffnung, die uns anzieht. Zurück bleibt jedoch oft nur Enttäuschung. Die Blitzdiät, die scheitert. Oder die Arbeitsverhältnisse, die mehr Stress und soziale Abstiegsangst bringen als irgendeine Erleichterung. Stattdessen wächst das Heer der Frustrierten. Und wer lange genug Frust schiebt, meint irgendwann, dass alles vergeblich sei.

Doch es gibt eine Alternative! Wenn es uns gelingt, uns nicht mehr von den *falschen* Hoffnungen verführen zu lassen. Denn Verführung an sich ist nichts Schlechtes, solange sie nicht mit den Gefühlen anderer spielt. Das gilt in der Liebe wie auch in wirtschaftlichen Abhängigkeiten. Verführen Sie sich also selbst zu einem eigenmächtigen Leben. Und lassen Sie sich nicht mehr blindlings erzählen, welchem Lifestyle Sie nachzueifern haben. Sonst enden Sie noch als Duracell-Häschen in einem Werbespot.

Ich möchte, dass wir endlich einmal die Tür öffnen zu einem anderen Verständnis von Arbeit. Wir, die Jungen, müssen diese Tür aus eigener Kraft aufstoßen, denn wir bekommen keine Unterstützung dabei. Das wäre der erste und wichtigste Schritt heraus aus dieser ständigen Unzufriedenheit.

Arbeit ist nicht unser Leben – das ist der Titel dieses Buches. Er beschreibt, in welchem Spannungsfeld meine Generation sich bei ihrer Lebensgestaltung bewegt. Beim Thema Arbeit geht es für uns um alles und um nichts zugleich. Ein existenzieller Zweifel an den bestehenden Arbeitsverhältnissen und das Ringen um neue Wege – all das ist keine Einbildung, kein Luxusproblem, keine Egomanie. All das ist real. Es ist wichtig, darüber nachzudenken und zu sprechen, denn es geht vielen so.

Wir brauchen einen neuen Ansatz, wir brauchen Veränderungen. Aber keinen Rückfall in vormoderne Zustände, in Lethargie, Aktionismus, in alte Abhängigkeiten und scheinbare archaische Sicherheiten. Wir brauchen ein paar kluge Gedanken, aber nicht der Weisheit letzten Schluss, denn den wird es nie geben. Wir brauchen nicht mehr als einen Plan. Jeder für sich im Rahmen seiner Lebensgestaltung, gern auch im Zusammenspiel mit anderen, aber ohne die einseitige Abhängigkeit von Vater- oder Mutterfiguren in Politik und Wirtschaft, ohne die Hoffnung auf Erlösung durch den totalen Konsum.

Bevor wir neue Modelle und unsere eigenen neuen Lebens- und Arbeitsweisen entdecken, müssen wir uns zuerst darüber klar werden, was schon da ist. Welche existenziell erfüllenden Ansätze, außer der Arbeit im herkömmlichen Sinne, gibt es denn? Tatsächlich habe ich festgestellt, dass viele Bereiche des Lebens ohne Arbeit, wie sie bisher definiert wurde, auskommen.

Bei diesen Modellen wird durchaus so etwas wie »Arbeit« verrichtet, aber eben freiwillig. Niemand wird dabei gegen seinen Willen in eine Abhängigkeit gebracht, die er auch noch lieben soll. Diese Ansätze beruhen auf freiwilligen Zusammenschlüssen von Menschen, deren Absichten nicht in erster Linie an Arbeit und Geld geknüpft sind. Sie definieren Leben nicht in erster Linie als

Arbeit oder zumindest über Arbeit. Auch in ihren Lebensentwürfen gibt es Abhängigkeiten, aber sie basieren auf einer Entscheidung und nicht auf Ausweglosigkeit. Einige Beispiele:

1. *Singles, Aussteiger, Abenteurer, Einsiedler*
Auf meiner Rückfahrt aus Italien, auf der Fähre von Bari nach Dubrovnik, traf ich die 26-jährige Stanislava. Mein »Schrottomobil« hatte ich in Palermo verkauft, um Geld frei zu machen für mein Leben. Zum Ende meiner Reise war ich per Zug, Anhalter, Schiff und Mitfahrgelegenheit unterwegs.

Ich hatte eine günstige Deckpassage gebucht. Es gab kaum Sitzgelegenheiten, weswegen ich es mir sofort in einer Ausbuchtung an Deck bequem machte. Als die Fähre aus der italienischen Hafenstadt ablegte, ging über der Stadt ein minutenlanges Feuerwerk los.

Stanislava beugte sich über die Reling, um das Feuerwerk zu beobachten.

»Vielleicht macht Berlusconi eine Party«, scherzte sie auf Deutsch. »Aber ist nicht Monti inzwischen Ministerpräsident?«, fragte ich zurück.

»Ich glaube, der ist inzwischen auch schon wieder weg vom Fenster. Aber Berlusconi findet doch immer einen Grund zum Feiern, wenn nicht in Rom, dann halt in Bari.«

Wie sich herausstellte, hatte Stanislava die Schulzeit in Deutschland verbracht und war dann mit ihren Eltern zurück nach Kroatien gegangen. Inzwischen reiste sie seit vier Jahren durch die Welt. »Erst habe ich Work and Travel in Australien gemacht. Das war eigentlich perfekt, weil ich gemerkt habe, dass man tatsächlich so leben kann, wenn man jung ist. Ich habe als Helferin auf Farmen gearbeitet, als Kindermädchen, in einem Reisebüro und zum Schluss in einem Laden für Landwirtschaftsartikel.« Sie unterbrach sich: »Glaubst du, der Käpt'n unserer Fähre ist auch auf Koks?«

»Ich hoffe nicht«, erwiderte ich etwas humorlos. Stascha, wie sie sich abkürzte, spielte auf den Kapitän des Kreuzfahrtschiffes »Costa Concordia« an. Der Luxusliner war kurz zuvor von seiner partywütigen Crew auf ein Riff vor der italienischen Küste gesetzt worden, umgekippt und gesunken.

Stascha und ich plauderten weiter über das Leben als sogenannter Frequent Traveller. »Australien war für mich erst der Anfang«, berichtete sie, »und hat mich verändert. Ich hatte keine Angst mehr vor Leuten, konnte sie einfach ansprechen, direkte Fragen stellen oder mich auch mal ganz dreist einladen. Die meisten freuen sich darüber, das hätte ich vorher nie gedacht.«

Stanislava kehrte nach ihrem Jahr in Australien nicht an die Uni zurück, sondern gab ihr Medizinstudium in Zagreb auf, um sich weiter zu orientieren und andere Heilmethoden anzuschauen. »Ich war in Japan, Malaysia, Nepal, Indien und Kasachstan. Überall habe ich mit traditionellen Medizinern gesprochen. Manches von ihren Methoden scheint mir Mumpitz zu sein, aber vieles könnte uns helfen, über den Tellerrand der Schulmedizin zu blicken.«

Mich interessierte mehr, wovon sie eigentlich lebte.

»In Australien war ich noch Teil eines Programms, da hatte ich diese verschiedenen Job-Stationen, die im Voraus festgelegt wurden. Ich habe aber gemerkt, dass man das auch selbst organisieren kann. Man muss halt damit klarkommen, dass man nur sehr wenig Geld hat und davon auch noch was für die Reisekosten sparen muss.«

»Dann arbeitest du also letztlich doch sehr viel?«

»Nein, meistens arbeite ich nicht. Ich suche mir Jobs raus, bei denen man über einen begrenzten Zeitraum sehr viel tun muss, zum Beispiel zur Erntezeit oder auf Märkten. Und dann habe ich frei oder mache nur noch kleine Jobs, denn ich will ja auch Land und Leute kennenlernen oder auch einfach mal feiern.«

Stascha berichtete, wie sie sich per Couchsurfing und Air B'n'B günstige Wohnmöglichkeiten besorgt hatte. Teils hatten die Betriebe, in denen sie mitarbeitete, auch einen Tipp für sie. »Einmal habe ich auch eine Woche einfach im Dachstuhl eines Stalls geschlafen. Das war im Sommer in Ungarn.«

Und was hat Stascha mit ihrem Leben vor, wenn sie mal nicht mehr jung, beweglich und rastlos ist?

»Ich habe jetzt schon so viele Leute kennengelernt. Mit vielen von denen könnte ich mir vorstellen, auch länger zusammenzuleben. Es gibt zum Beispiel einen Hof in der französischen Schweiz, wo sie alternative Landwirtschaft betreiben. Dort gibt es auch eine Praxis für alternative Medizin. Da könnte ich mir vorstellen zu bleiben. Vielleicht sogar mit Kindern und so.«

Wir, die Reisenden, sind viele, und wir sind doch allein. Ein Zustand, der wunderbar sein kann – ich habe es auf meiner Reise erlebt, obwohl ich nicht so kompromisslos abenteuerlustig war wie Stascha. Manche Menschen machen Rastlosigkeit und Ungebundensein jedoch schnell traurig. Auf sich selbst zurückgeworfen, sehnen sie sich wieder nach dem Halt, den das soziale Umfeld bietet, nach dem gewohnten Nahverkehrsnetz, nach Geborgenheit in einem »normalen Zuhause«.

Dennoch gibt es weit mehr Menschen, die vollkommen allein leben, als man denken könnte. Einsiedler, Eremiten und »Heilige« ziehen sich seit jeher in die Berge zurück, um dort ganz allein zu sein, zu reflektieren, zu schreiben, sich Gedanken zu machen. Sie stehen durchaus in Verbindung zur Zivilisation. Sie weigern sich nur, den Rhythmus der Gemeinschaft zu übernehmen.

Was das Komikgenie Hape Kerkeling mit seinem erheiternden Gang über den Jakobsweg gelungen ist, ist derselbe Anspruch, den Tausende von Interrail-Touristen, Wanderern, Radwanderern, Trampern, Hobos und Frequent Travellers verfolgen: »Der Weg ist das Ziel!«

Was passiert eigentlich bei diesen Wanderungen? Durch die räumliche Bewegung, das monotone und absichtslose Vorwärtskommen in der Landschaft lösen sich die Verspannungen des räumlich begrenzten Alltages. Der angenehme Reiz sich langsam verändernder Umgebungen erzeugt ein Gefühl für sich und die Umwelt und verstärkt das Selbstbewusstsein in einem ganz wörtlichen Sinne: Man wird sich seiner selbst bewusster.

Viele Künstler und Unternehmer berichten davon, dass sie »in Bewegung« die besten Ideen hätten. Der Funpunker Farin Urlaub setzt sich beispielsweise auf sein Motorrad und kurvt durch die Lüneburger Heide, um sich neue Melodien und Texte auszudenken. Der Schriftsteller Haruki Murakami kann ohne seine Dauerläufe an den Landstraßen Japans keinen klaren Gedanken fassen. Der ehemalige Außenminister Joschka Fischer sprach während seines Kampfes gegen innere Unruhe und äußeren Speck sogar von einem »langen Lauf zu sich selbst«.

Wir brauchen mehr Mut zur Radikalität. Wir brauchen mehr davon als frühere Generationen. Denn viele, die sich auf die Suche nach eigenen Antworten machen, versumpfen anschließend doch wieder in den alten Gewohnheiten. Ich denke, es sind sogar fast alle, die sich auf den Weg gemacht haben. Ein Beispiel dafür sind die Hippies der 60er- und 70er-Jahre, die Generation unserer Eltern. Zu Zehntausenden machten sie sich auf den Weg an die Strände Indiens, um dort letztlich doch nur den alten Spielen um Sex, Anerkennung, Bier und Drogen nachzugehen. Kein Wunder, dass die 68er letztlich nicht viel von dem erreicht haben, was sie sich mal vorgenommen hatten.

Nun soll dies auch kein Plädoyer für den totalen Verzicht sein, denn Genuss ist etwas Wunderbares. Aber wer aussteigen und sich auf sich selbst konzentrieren möchte, der sollte sich bemühen, in einer anderen Umgebung nicht gleich wieder den alten Verführungen zu verfallen.

Mir ist auf meiner Reise beides passiert – Einkehr und Rückfall. Die neuen Erkenntnisse jedoch habe ich in Zeiten der Einsamkeit gewonnen. Ohne sie wäre meine Reise nur eine spaßige Flucht vor der Realität gewesen.

2. Nachbarschaft

Das Alleinsein schärft auch die Wahrnehmung für die unterschiedlichen Formen von Gemeinschaft. Selbst Einsiedler in dünn besiedelten Regionen der Welt treffen dann und wann auf Menschen. Ein Single wird spätestens nach einigen Wochen seine abgeschottete Wohnung verlassen müssen. Totale Isolation ist kaum möglich. Und für das, was die meisten sich wünschen – ein heiteres, sorgenfreies und soziales Leben –, ist sie auf Dauer auch nicht empfehlenswert.

Nachbarschaft kann der Beginn guter und hilfreicher Gesellschaft sein. Allerdings begegnen wir unseren Mitmenschen oft mit grundsätzlichem Misstrauen und verkörpern damit das alte Bild von den Machos mit rauchenden Colts, die »ihr« Land gegen jeden anderen Menschen »verteidigen«. Diese Verteidigungshaltung spiegelt sich auch in unserer durchzivilisierten Gesellschaft wider – in Form von Elektrozäunen, Mauern und Grenzpatrouillen.

Meine Nachbarn kann ich mir nicht aussuchen, sie sind einfach da. Wir sind ihnen ausgesetzt – besonders in den Städten, wo die meisten Singles leben. Kein Wunder, dass Nachbarschaft immer wieder Probleme mit sich bringt, im Großen wie im Kleinen. Nachbarn können über Heckenwuchs, Lärmbelästigung, Gerüche, Aussehen, Lebensstile streiten.

Menschen sind schnell voneinander genervt. In einer Zeitungsredaktion kommen immer wieder Klagen über die Vorgänge in der Nachbarschaft an. Meistens sind sie anonym. Eine ältere Dame in Berlin meldete sich in meiner alten Redaktion einmal mit einem präzise geführten Tagebuch über die Lautstärke beim nachbarlichen Sex: »29. 11. 2011 13 Uhr bis 13 Uhr 30 – drei Schreie, ein Rumpeln, sie fiept, er röhrt. Mache mir Sorgen um die Einrichtung.« Nicht ohne ein Lächeln auf den Lippen blätterte sie durch ihr Register. Sie hatte alles genau protokolliert und wollte mit dem Gang an die Öffentlichkeit entweder den Vermieter zu Schallschutzmaßnahmen bewegen oder die Nachbarn zu einem Sexleben mit weniger Dezibel.

Aber auch mit unliebsamen Menschen kann man Kompromisse schließen. Wir haben damals mehr über die alte Dame und ihr spleeniges Pimper-Logbuch berichtet als über die Nachbarn. Wenig später musste sie ihre Aufzeichnungen für 15 Tage unterbrechen – für eine Kreuzfahrt nach Spitzbergen. Danach war Ruhe. »Kein Bumsen mehr!«, berichtete sie am Telefon. Ich glaube eher, dass sie einfach ihren Frieden gemacht hatte, nachdem sie die Welt einmal aus einer anderen Perspektive betrachtet hatte.

Ein Beispiel für ein lebendiges Zusammenleben in Nachbarschaft ist das Viertel »Vucciria« in Palermo. Konflikte gibt es auch dort, aber man trägt sie untereinander aus und findet eine Lösung. Selbst die Stromversorgung für die Ärmsten wird dort über nachbarschaftliche Solidarität organisiert. Man deckt einander, man handelt miteinander, man tauscht sich aus. Ein sehr direktes kommunales Leben. Die Armut scheint die Leute zusammenzubringen und ein Gemeinschaftsgefühl zu erzeugen. Die Organisation von Solidarität, Miteinander, Spaß und Austausch ist bemerkenswert.

Die Menschen der Vucciria sind keinesfalls eine linke Kommune, eher eine zufällige und familiäre Nachbarschaft. Einige vertreten haarsträubend konservative Weltbilder, und doch ist das Zusammenleben anarchistisch und vielfältig.

Die Arbeit in der Vucciria findet in einem verlangsamten Modus statt. Das Nötige wird getan; ansonsten kann man mit einem gewissen Maß an Unordnung dort ganz gut leben. Die Bewohner haben begriffen, dass Aktionismus zu wenig führt – für wen sollte man auch fleißig sein? Der Markt, die Geschäfte, die Bars, die Werkstätten und Handwerksbetriebe funktionieren nach ihrem eigenen, beschwingten Rhythmus.

Auf der Suche nach funktionierenden Modellen von Nachbarschaft kann man sich auch in Kopenhagen umschauen. Das leer stehende Areal »Cristiania« wurde vor langer Zeit besetzt. Das Leben dort funktionierte jedoch so gut, dass sie bald von den

Stadtautoritäten anerkannt wurde. Heute ist Cristiania eine große, auf gesunde Weise fluktuierende, heterogene Nachbarschaft, die sich allein organisiert. Selbst dänische Unternehmen zeigen das Gebiet gern ihren ausländischen Geschäftspartnern, um den liberalen und innovativen Lebensstil ihrer Landsleute zu demonstrieren. Auch wenn das nicht gerade im Sinne der Erfinder ist, veranschaulicht es, dass eine gute Idee auch frühere Gegner überzeugen kann.

Wer es noch eine Nummer größer mag, der kann vielleicht in der Entstehungsgeschichte des Staates Israel einen interessanten Ansatz finden. Jahrhundertlange Judenverfolgung einerseits und die Unzufriedenheit über patriarchale Strukturen in den europäischen Dorfgemeinschaften andererseits führten zu einer demokratischen, freien, friedlichen Nachbarschaft, die sich ab 1910 »Kibbuzbewegung« nannte. Die emanzipatorische Kraft dieser Siedlungen ist bewundernswert.

In den säkularen Siedlungen der Kibbuzim kann man einen recht direkten basisdemokratischen und kommunalen Umgang miteinander beobachten. Arbeit wird möglichst sinnvoll verteilt. Für manche Interaktionen wurde der Handel mit Geld abgeschafft, und doch herrscht ein guter Lebensstandard. Die industrielle Arbeit, wie wir sie kennen, existiert dort nicht.

Mein »Kibbuz« war sozusagen die Zeit in Riesi beim Servizio. Ein Leben und Werken an einem Ort, gleichberechtigt mit anderen, wenig luxuriös. Trotzdem hat es Freude gemacht. Mein Leben könnte ich mir so nicht auf Dauer vorstellen, aber die Erfahrung einer solchen Lebensweise möchte ich nicht missen. Ich denke, dass es viel mehr solcher Orte geben sollte. Sie sind da. Wir können sie besuchen, und wir können von ihnen lernen. Jeder für sich oder gemeinsam mit Menschen, die den Wunsch nach neuen Formen des Zusammenlebens teilen.

Die neue Form der Nachbarschaft kann klein beginnen, bevor sie sich zu etwas Größerem entwickelt: Wir können gemeinsam einkaufen fahren statt allein. Mit einem Auto statt mit mehreren. Wir können im Garten gemeinsam grillen und uns besser kennenlernen. Wir können einspringen, wenn die Nachbarin einen Babysitter braucht. Der erste Schritt ist eigentlich ganz leicht: Wir müssen nur aufeinander zugehen, anstatt uns voreinander zu verstecken.

3. Freundschaft

Freundschaft lässt sich nicht erzwingen – es braucht dafür die erklärte Bereitschaft und Freude an der Beziehung von beiden Seiten. Freundschaft ist frei gewählt, kann räumliche und soziale Barrieren überwinden.

Sie ergibt wirtschaftlich keinen Sinn, denn mit Freundschaft kann man kein Geld verdienen. Eine Freundschaft ist eine langfristige Verbindung ohne Gewinninteresse. Freunde hintergehen einander nicht, tricksen einander nicht aus und ziehen einander nicht das Geld aus der Tasche. Man lässt Fairness und Solidarität walten. Eine gute Voraussetzung, um miteinander tätig zu werden.

In meinem Viertel in Berlin haben zwei Italiener aus Neapel eine Pizzeria eröffnet. Diego macht das Geschäftliche, besorgt die Waren und macht den Papierkram. Lorenzo ist der Küchenchef, hat die Einrichtung zusammengestellt und ist auch handwerklich ganz gut. Sie vertrauen einander, können wunderbar streiten und erzeugen eine dermaßen gute Stimmung, dass ein einfaches Stück Pizza gleich doppelt so gut schmeckt.

Den Laden gibt es bei Drucklegung dieses Buches erst seit zwei Jahren, aber er ist inzwischen weit über den Kiez hinaus bekannt – obwohl er eigentlich nicht so aussieht, als sei er etwas Besonderes. Es gibt auch keine Veranstaltungen oder seltenen Spezialitäten. Die beiden Neapolitaner betreiben ein solides Handwerk, aber ihre große Stärke ist ihre echte Freundschaft. In dem Laden wohnt ein guter Geist. Lebensfreude, Temperament und Humor. Die Freundschaft überträgt sich auf andere: Schon viele neue Freundschaften wurden dort geschlossen.

Nun ist eine Pizzeria sicher noch keine Revolution. Aber Diego und Lorenzo geben sich immerhin Mühe, für ihre neuen Mitarbeiter Sozialstandards einzuhalten (das ist ungewöhnlich in der Gastronomie), gute Lebensmittel zu verwenden und eine zuverlässige Adresse im Viertel zu sein. Es gibt zum Beispiel keine digitale Registrierkasse. Die Mitarbeiter haben die Möglichkeit, nach eigenem Ermessen auch mal nicht zu kassieren, »Deckel« für Stammgäste anzulegen oder einfach mal einen auszugeben. So, wie es früher vielerorts gang und gäbe war. Das erfüllt eine wichtige soziale Funktion im Viertel.

Dieses Vertrauen in die Menschen ist unersetzlich und macht sich auch bezahlt. Nicht umsonst wird man bei den großen Ketten abkassiert, bevor man auch nur eine Serviette aufs Tablett bekommt. Sie können sich scheinbar nicht darauf verlassen, so gemocht zu werden, dass die Leute ihre Rechnung begleichen. Es gibt dort eben keine Freundschaft. Bei Diego und Lorenzo schon.

4. *Partnerschaft*

Es ist gar nicht so einfach, jemanden zu finden, mit dem man sich verbünden kann. Die Liebe, diese unergründliche Empfindung, macht das zusätzlich schwierig. Zugleich ist sie genau die Kraft, die imstande ist, gesellschaftliche Normen zu überwinden und neue Wege zu gehen. Ob mit oder ohne Trauschein, entscheidend bei einer Beziehung ist doch das Vertrauen in echte Partnerschaft.

Das Verhältnis von Männern und Frauen hat sich in den letzten Jahrzehnten entspannt, aber es ist noch immer unglaublich kompliziert – für beide Seiten. Die Arbeitswelt wird dabei immer wieder zur größten Arena im Geschlechterkampf erklärt. Und ich habe immer wieder meine Schwierigkeiten damit. Es ist mir manchmal einfach nicht ganz klar, warum Feministinnen derart verbissen für ihre »Verwertung« kämpfen. Ebenso wenig ist mir klar, warum sich Männer dagegen wehren, Frauen die gleichen »Verwertungschancen« zu geben.

238

Ich behaupte, niemand in meinem Umfeld würde mich als emanzipatorisch zurückgeblieben oder gar anti-feministisch bezeichnen. Aber ich lege wiederum auch keinen Wert auf den Stempel, eine Feministin zu sein. Dabei ist mir klar, dass Frauen im Job immer noch mehr leisten müssen als Männer, um als »fähig« zu gelten. Und sie können sich weniger Fehler erlauben als Männer, um nicht als »unfähig« abgestempelt zu werden. Alles schon erlebt.

Ich finde: Der Geschlechterkampf in der Arbeitswelt muss von Liebespaaren gewonnen werden. Vor allem junge Paare können sich gegen die Zustände in der Arbeitswelt verbünden.

»Wir sind hier zusammen drin«, sagte meine Freundin Nadja einmal zu ihrem Freund Mortimer. Sie selbst hatte einen sicheren, überschaubaren Job beim Kraftfahrt-Bundesamt in Flensburg und war zufrieden damit. Mortimer, der Typ heißt wirklich so hübsch, war der kreative Part in ihrer Verbindung und arbeitete als freier Mediengestalter in Hamburg. Seine Verträge liefen nie länger als ein Jahr. Ein ziemlicher Stress, an dem besonders junge Fernbeziehungen immer wieder zerbrechen.

Doch Nadjas und Mortimers Entscheidung füreinander ging weiter als ein Beziehungsmodell. Ihre Leben sollten durch die Partnerschaft gewinnen. Das Konzept wurde auf die Probe gestellt, als Mortimer seinem Jahreslöhner-Job den Rücken kehrte, weil er einen Kurzfilm drehen wollte. Mit dem Satz »Wir sind hier zusammen drin« machte Nadja klar, dass ihre Liebe nicht nur für Schnulzen taugte. Mortimer zog zu Nadja nach Flensburg, um dort seinen Kurzfilm zu planen. Die großen Fixkosten trug Nadja mit ihrem Job, Morty verdiente mit kleinen freien Projekten noch etwas Geld für ein bisschen Luxus wie essen gehen, englisches Weingummi oder Kino dazu.

Zwei Jahre später lief Mortimers Film auf einem Festival und bekam den Publikumspreis. In Nadja wuchs derweil die Idee, in ihrem Job beim Amt in Teilzeit zu gehen, um eine Ausbildung zur Heilpraktikerin zu machen. Er gründete in Flensburg ein Kurzfilm-

Festival. Die Stadt dankte es ihm mit einer Teilzeitstelle aus öffentlichen Geldern. Ihre Liebe ermöglichte es beiden, so zu arbeiten, wie sie es sich wünschten.

5. Partnerschaft mit Kindern/Familie

Als ich aus Italien zurück war, traf ich mich mit einer Freundin, die von meiner Flucht eigentlich erst so richtig mitbekommen hatte, als ich schon fast wieder zurück war. Sie sagte zu mir: »Ich finde das irgendwie gut, wie du das gemacht hat. Die meisten, die ich kenne und die gerade eine große Veränderung brauchen, bekommen ein Kind.«

Aus meiner Sicht war das ein vollkommen widersprüchliches Ursache-Wirkungs-Prinzip: Ich bin unzufrieden mit meiner Situation, weil alles irgendwie nervt – also bekomme ich ein Kind. Und das, was ich von den wenigen gewordenen Eltern aus meinem Umfeld weiß, bestätigt das: Nach der Geburt sehen sie nämlich noch weniger Sinn in ihrer Arbeit. Jetzt, wo sie das größte Wunder der Welt erlebt haben, entwickeln sie neue Prioritäten. Paradoxerweise drängt die neue wichtigste Sache in ihrem Leben, das Kind, sie allerdings in eine noch größere Abhängigkeit von Arbeit.

Mittlerweile ist es politischer Konsens, dass beides gehen soll – Kinder und Karriere. Besonders für Männer.

Alle Freunde, die ich in der Elternzeit erlebt habe, egal, ob Mama oder Papa, waren plötzlich unfassbar gelassen mit sich, der Karriere und ihrem Kind. Einige stellten sogar gleich ihr ganzes Berufsleben infrage, andere entwickelten einfach eine sehr pragmatische Haltung zu ihrer Lohnarbeit. Familie kann durchaus eine Perspektive sein, denn sie eröffnet uns einen neuen Blick auf unser Verhältnis zu Arbeit, indem sie die Prioritäten geradezieht.

»Der deutsche Negativismus hielt das Land am Laufen.
Die Deutschen wollten denken: O Gott, die Wirtschaft krepiert,
o Gott, noch mehr Arbeitslose, damit sie im Angesicht der
eingebildeten Katastrophe dann noch verbissener,
noch mehr arbeiteten.«
Ronald Reng, Mein Leben als Engländer

Je größer und älter die Verbindungen von Menschen sind, desto mehr Freiheit und Möglichkeiten muss der einzelne Mensch darin aufgeben. Die größten »Vereine«, wie Staaten und Konzerne, neigen am stärksten dazu, ihre Macht als selbstverständlich anzusehen. Sie vergessen ihre Mitglieder zu fragen, ob sie überhaupt noch dabei mitmachen wollen. Während auf staatlicher Ebene die Demokratie zum Abziehbild verkommt, spielt sie in vielen Großunternehmen so gut wie überhaupt keine Rolle. Und das, wo uns Werte wie Freiheit und Demokratie doch so wichtig sind.

Als die Geschichte der brasilianischen Firma Semco die Runde machte, überkam viele Manager der blanke Horror. Das Maschinenbau-Unternehmen ist komplett demokratisch organisiert. Die Mitarbeiter wählen ihre Vorgesetzten, die sich bei ihnen vorstellen. Sie bestimmen ihre Arbeitszeiten und Gehälter, und es gibt keine Geschäftspläne. Alle Gewinne werden per Abstimmung aufgeteilt, die Gehälter und Geschäftsbücher sind für alle transparent.

Die Idee dahinter ist natürlich nicht Anarchie – auch bei Semco will man Geld verdienen. Vielmehr geht es darum, die Mitarbeiter als Erwachsene anzusehen. Sie müssen nicht an der Leine geführt werden, denn sie sind fähig, eigene Entscheidungen bezüglich ihrer Arbeit und ihres Lebens zu treffen.

Seit das Unternehmen von Inhaber und Geschäftsführer Ricardo Semler auf diese Philosophie umgestellt wurde, haben sich die Gewinne mehr als versechsfacht. Der Anlass für Semlers radikales Umdenken war übrigens ein heftiger Burn-out. Er wollte seine Gesundheit nie wieder einem Job unterordnen – und das auch nicht von seinen Mitarbeitern verlangen. »Wenn man es sich genauer ansieht, muss man feststellen, dass das traditionelle System nicht funktioniert. Und das ist der Anreiz, sich nach etwas anderem umzusehen«, kommentierte Semler seine revolutionäre Entscheidung.

Es gibt inzwischen gute Ansätze, die den Weg in eine andere Richtung weisen. Einer davon ist das bedingungslose Grundeinkommen. Diese Idee ist ein Paradigmenwechsel. Sie würde das Verständnis von Arbeit grundlegend ändern. Denn damit würde jeder Bürger, unabhängig von seiner wirtschaftlichen Situation, ein monatliches Grundeinkommen vom Staat bekommen, das an keinerlei Bedingungen geknüpft wäre. Der Betrag schwankt je nach Modell zwischen 650 und 1500 Euro. Ebenso variieren die Finanzierungswege. Alle bisherigen Transferleistungen, wie Arbeitslosengeld I und II, Rente, Ausbildungsförderung oder Kindergeld, von denen übrigens bereits über die Hälfte der Bevölkerung lebt, fallen zusammen in ein Grundeinkommen für jeden. Die riesigen bürokratischen Apparate jener Leistungen könnten eingespart werden, und der Rest würde – je nach Modell – entweder über eine Einkommensteuer oder über eine Konsumsteuer finanziert.

Auf der ganzen Welt werden bereits Ansätze für das bedingungslose Grundeinkommen diskutiert. Fakt ist: Das Geld wäre da, man muss es nur wollen. Doch genau das erzeugt reichlich Gegenwind. Wenn die Arbeit nämlich plötzlich nicht mehr unter dem Zwang der Existenzsicherung stünde und Menschen, die gerade mal nicht arbeiten, keinen staatlichen Repressionen und keiner Stigmatisierung mehr unterworfen wären, würde dann überhaupt noch jemand arbeiten? Wer macht dann noch die Drecksarbeit?

Götz Werner, Gründer der Drogeriekette »dm« und ein Verfechter des bedingungslosen Grundeinkommens, ist der Ansicht, dass bisher schlecht bezahlte, aber notwendige Arbeit unter diesen Umständen besser bezahlt würde. Der Müllmann, die Krankenschwester, der Paketzusteller, der Altenpfleger bekämen attraktivere Jobangebote als jemals zuvor. Das Ergebnis wäre ein tatsächlich freier Arbeitsmarkt, der im Takt von Angebot und Nachfrage tickt – und nicht nach Zwang. Keiner muss, jeder kann, wenn das Arbeitsangebot ihn überzeugt.

Ich bin überzeugt, dass es viele reizen würde, neben dem Grundeinkommen auch noch zu arbeiten. Man hätte spürbar etwas davon, wenn man arbeiten geht. Dennoch könnte man sich auch Freiräume nehmen und seine Kraft für ein Ehrenamt, hanebüchene Ideen oder mehr Bildung einsetzen.

Ich bin mir sicher: Wenn wir anerkennen, dass wir letztlich auf dem ganzen Planeten in einer großen Wohngemeinschaft wohnen, in der einige Dinge nun einmal erledigt werden müssen, dann würden sich durchaus Lösungen finden, die dem Einzelnen seine Freiheit ließen. Die Drecksarbeit wäre dann keine Arbeit mehr, sondern eine wichtige Aufgabe, die gemacht werden muss, wenn nicht alle im Müll versinken wollen. Damit würden diese Tätigkeiten aufgewertet und auch entsprechend belohnt werden.

All die Speichellecker, wie ich sie teilweise auch bei der Anderen Volkspartei erlebt habe, wären von ihrem Zwang erlöst zu lächeln, obwohl sie nicht einverstanden sind.

Der zehn Millionen Euro schwere Bankvorsitzende würde abends nicht mehr an der Zehn-Euro-Putzkraft vorbeigehen, ohne sie wahrzunehmen. Denn der Putzmann würde seinen Job mit Stolz machen – im Wissen, der Gemeinschaft einen Dienst zu erweisen und dafür anerkannt zu werden. Er könnte ihn ja auch einfach bleiben lassen.

Ein Bürgergeld wäre also noch lange keine Plan- oder Kommandowirtschaft, im Gegenteil, Angebot und Nachfrage gäbe es ja weiterhin als wichtigstes Regulativ. Neid, Unglück und Trägheit wären dagegen erheblich reduziert. Weil nämlich jede und jeder auch einfach sagen könnte: Nein, danke.

Weil man nicht darauf warten kann, dass die Wirtschaft flächendeckend eine neue Unternehmenskultur etabliert oder der Staat ein bedingungsloses Grundeinkommen einführt, hat man keine andere Wahl, als die Umstände, Zwänge und Stigmata im eigenen Leben Stück für Stück selbst aus dem Weg zu räumen. Das herrschende Mantra »Wir haben keine Wahl«, das uns bis hierher verfolgt hat und lähmt, lässt sich umkehren. Bei genauer Betrachtung haben wir nämlich gar keine andere Wahl, als die Wahl zu haben. Ob allein, mit Freunden, in einer Partnerschaft oder ihrem persönlichen Interessenverein: Entscheiden Sie sich nur dafür, eine Wahl zu haben. Selbst dann, wenn sie lautet: »Ich möchte lieber nicht!«

AUFGABE

Gegen die Arbeit vereinen!

Dieses Buch neigt sich dem Ende zu. Inzwischen haben Sie vielleicht festgestellt, dass Sie mit Ihrem Unbehagen angesichts der Arbeit in ihrer heutigen Form nicht allein sind. Trauen Sie sich darum, Grenzen zu überwinden.

Verbinden Sie sich mit freien Menschen. Aber kommen Sie nicht auf die Idee, diese bei der Arbeit zu suchen. Wahre Verbündete findet man dort sehr selten. Kollegialität – mehr ist da meist nicht zu holen. Echte Freundschaft findet normalerweise immer nur außerhalb der Arbeit statt.

Es gibt zwei Möglichkeiten, sich gegen die Arbeit zu vereinen. Zum einen eine echte Freizeit-Gemeinschaft, wir nennen sie Hobby. Oder einen einhelligen Diskurs-Klub, wir nennen ihn Verschwörung.

Beides ist absolut effektiv, wenn es darum geht, der Arbeit ihren Anspruch auf den Sinn des Lebens zu entziehen.

Die Idee des »Vereins« muss vom Spießermuff befreit werden. Gründen Sie Ihren eigenen mit Freunden oder Menschen, wenn in Ihrem Radius keine Gemeinschaft mit Vereinskultur existiert, die Ihnen gefällt. Ziel und Bilanz sind zweitrangig. Es geht darum, Solidarität zu organisieren. Und das funktioniert am besten mit einem verbindlichen Ritual. Denn »Solidarität« gilt zwar als Wertekanon fast aller Arbeitsgesellschaften, ist jedoch zu einem hohlen Begriff geworden.

Wir müssen uns also selbst an den Löffeln packen und uns auf einen freiwilligen Vertrag mit selbst gewählten Verbündeten einlassen.

Judoverein, Theaterklub, Lesezirkel, Modelleisenbahn-Treff oder Fetisch-Vereinigung – ganz egal. Wichtig ist nur, dass alle Mitglieder sich durch und durch einig sind, in diesem Kreis Mensch sein zu zu dürfen. So lässt sich ein Zusammenhalt etablieren, der größer ist als man selbst. Eine Parallelwelt, die ausreicht, um eine neue Welt zu verstehen, weil man sie nicht mehr nur denkt, sondern lebt.

Also: Treten Sie einem »Verein« bei – oder gründen Sie einen neuen!

X.

DENN WIR WISSEN, WAS WIR TUN

»Bartleby ist ein Heiliger! Eine solitäre Explosion der Liebe!«
Godfrey Laurence

Ich sitze in meiner neuen alten Redaktion, in die ich nach meinem Ausflug in die Politik und meinem Ausstieg auf Zeit zurückgekehrt bin. An diesem Morgen läuft eine Meldung über den Ticker: »Die Arbeitsmoral der jungen Generation sinkt, weil sie keine systematischen Zusammenhänge mehr erkennen kann!« Ich lege den Stift aus der Hand und klicke die Meldung auf.

Die Nachrichtenagentur beruft sich auf eine Studie der Unternehmensberatung McKinsey. Überprüft wurde die Arbeitsleistung der jungen Angestellten in mehreren europäischen Ländern. Das Ergebnis: Die jungen Leute zwischen 15 und 29 lassen es an Einsatzbereitschaft mangeln und sind zu wenig qualifiziert!

Was im Jargon der Agentur als beklagenswerte Problemmeldung rausgehauen wird, lässt mich innerlich jauchzen. »Keine systematischen Zusammenhänge mehr erkennen können«? Das scheint mir eine realistische Reaktion auf unsere Situation zu sein.

Die Quelle der Studie ist kein unabhängiges Institut, sondern die Konzernlobby McKinsey, eine von vielen Unternehmensberatungen, die Firmen und ganzen Konzernen bei der »Optimierung« helfen. Das zentrale Geschäftsmodell dieser Truppe aus Anwälten, Lobbyisten, Werbern und Zahlenspezialisten besteht darin, in Betrieben für eine Zeit die Macht zu übernehmen, um die Gewinne zu steigern. Alles soll »optimiert« werden, vor allem die Arbeit. Dafür, dass sie die Betriebe »fit machen«, werden die McKinseys dann vom jeweiligen Unternehmen bezahlt oder am Gewinn beteiligt.

Auf den ersten Blick sieht die Meldung aus wie eine gut gemeinte Empfehlung: Die jungen Leute möchten sich bittschön ein bisschen mehr anstrengen, mehr lernen, mehr arbeiten und sich ordentlich benehmen. Diese Schlussfolgerung kann ich noch so gerade eben selbst ziehen. Auch wenn ich laut Studie ja ein bisschen deppert bin, so zwischen 15 und 29.

So weit, so gut. Es war vermutlich schon immer so, dass man den jungen Leuten gesagt hat, sie sollen sich mal bitte zusammenreißen, »irgendwo reinkommen«, um die Gunst der Älteren rangeln und nett lächeln. Die Aufforderung zur Anpassung ist hier in eine »Studie« verkleidet. McKinsey ist nicht umsonst eine der erfolgreichsten Lobbyanstalten des Landes.

Ich blicke aus dem Fenster. Ein Zug fährt in den Bahnhof Alexanderplatz ein. Der wird voll mit Pendlern sein, die hier aussteigen, in die Büroblöcke gehen zum Putzen, Konzepten, Traden, Texten. Oder zum Bettenmachen ins »Park Inn«, zum Schichtwechsel in den Fast-Food-Ketten oder um Regale aufzufüllen in den Shopping Malls.

Die Kathedrale des Shoppings, das »Alexa«, liegt gleich um die Ecke. Über eine Million Menschen besuchen monatlich das riesige Einkaufszentrum am Alexanderplatz. Bei der Eröffnung im September 2007 kam es zu einem Zwischenfall. Die Filiale des Media-Markts eröffnete bereits um kurz nach Mitternacht. Das Unternehmen hatte spektakuläre Sonderangebote in begrenzter Anzahl angekündigt. 5000 Leute versammelten sich schon Stunden zuvor vor dem Eingang und fieberten dem Event entgegen. Bald ging es drunter und drüber, man rangelte um die besten Plätze. Als sich die Türen zur Geisterstunde öffneten, stürmten die Shopping-Fanatiker wie von der Tarantel gestochen in den neuen Tempel des Kaufrauschs. 15 Menschen wurden teils schwer verletzt. Chaos, Panik und Gewalt übernahmen das Regiment.

Eine Stunde später musste der Konsumtempel Alexa wieder schließen. Die Meldung ging in alle Welt. Ein britisches Schwesterblatt meiner Zeitung meldete: »Blitzkrieg! German Huns going nuts for mass consumption! 15 wounded at Grand Shopping Mall Opening in Berlin!«

Ich war damals Volontärin und hatte Spätdienst. Der zuständige Kollege vor Ort, ein gestandener Polizeireporter, war telefonisch stundenlang nicht erreichbar. Und rausholen konnten wir ihn auch nicht, weil 100 Berliner Polizisten das Desaster einzudämmen versuchten und niemanden ans Alexa heranließen.

Als wir ihn schon vermisst gemeldet hatten, kam er schließlich intakt, aber kreidebleich in die Redaktion getrottet. Er war mittendrin gewesen: »Ich habe in die hasserfüllte Fratze des Shoppings geblickt!« Einige Monate später kündigte er seinen Job. Der Polizeireporter zog sich in einen indischen Ashram bei Porpandar zurück. Der Abgang hatte vielleicht noch andere Gründe als das Shopping-Desaster, aber die Entscheidung erfüllte mich schon damals mit Respekt. Er schickte aus Indien eine einzige Postkarte in die Redaktion. Darauf abgebildet war das Konterfei des indischen Asketen und Friedensaktivisten Mahatma Gandhi. Kein Witz.

Zurück zu McKinsey. Heute ist mein erster Tag in der alten Arbeitswelt, also ran die Buletten. Ich will verstehen, was da steht. McKinsey will fitten Nachwuchs generieren. Fresh people, die sauber ranklotzen und massenhaft konsumieren. Aber warum teilen sie uns diese Nachricht in Form einer »Studie« mit?

Ich kaue auf meinem Stift und glotze dabei auf den Bahnhof, wo der nächste Zug einfährt. Irgendwann fällt mir auf: In dem »Studienergebnis« ist ganz dezent eine Ankündigung versteckt. Präzise übersetzt lautet sie: »Nicht alle von euch jungen Leuten können übernommen werden. Wir müssen euch aussieben. Tragisch, aber es wird nicht anders gehen!«

Ich klicke die Agenturmeldung weg und schaue in den Originaltext der »Studie«. Dort werden 26 Prozent aller jungen Schulabgänger, Azubis, Studenten und Jobeinsteiger als problematisch eingestuft. Das bedeutet, dass man in meiner Alterskohorte eine Chance von vier zu eins hat, den Einstieg in die Arbeit zu schaffen. Es ist wie bei Deutschland sucht den Superstar: Drei kommen in den Recall, einer fliegt raus. Zugleich wird mit der Zahl von 26 Prozent Druck auf alle anderen jungen Leute aufgebaut. Auch auf die drei, denen laut »Studie« gute Chancen aufs Weiterkommen attestiert werden, denn ihnen wird ebenso mit dem Versagen gedroht: Es gibt ja genügend andere. Die jungen Pfeifen zwischen 15 und 29 sind an ihrer Misere dann selbst schuld. Deswegen heißt es in der »Studie« auch weiter »Jugendarbeitslosigkeit ist auch ein Angebotsproblem!«. Und das soll wohl heißen: Weil die Betriebe keine guten Bewerber bekommen, bleiben die Stellen unbesetzt. Was wiederum heißt: »Weil ihr so schlecht seid, kackt die Wirtschaft ab!« Klingt paradox? Es ist paradox. Und das ist Absicht.

Den »Glücklichen« unter uns, die nicht zu den 26 Prozent Schwachmaten gehören, unterbreitet man implizit folgende Schlussfolgerung: »Weil es so wenig Jobs gibt, werdet ihr leider weniger Lohn bekommen als eure Eltern. Kürzungen werden unausweichlich sein, und letztlich seid ihr daran selbst schuld. Seid froh, dass ihr überhaupt eine Chance auf Arbeit bekommt. Um dann Dinge zu kaufen.«

Ein letzter Aspekt der »Studie« richtet sich an unsere Wissenschaftler. Es ist mehr ein subtiler Befehl von oben. Er ist ans Bildungsbürgertum aus der Mittelschicht gerichtet und hört sich so an: »Lehrer und Profs, ihr seid Weicheier! Schulen und Universitäten müssen die jungen Leute härter rannehmen! Richtet unseren Nachwuchs besser zu! Diese jungen Spinner sind einfach zu selbstbewusst, zu unkonzentriert, zu widerspenstig! Lehrer, trimmt sie fit für den Job! Wir brauchen karrieregeile Jobber! Die sollen arbeiten, Miete zahlen und shoppen!«

Das ist es, was die »Studie« wirklich aussagt. Die finale Message ist direkt an unsere Generation gerichtet. Einmal aus ihrer Verkleidung geschält, klingt sie so, als würde ein metallisch knarzender

Lautsprecher unmittelbar in unsere Gehörgänge gehalten und von dort direkt in unser Gehirn gesprochen:

>*Ihr seid frei! Unterwerft euch!*
Nicht jeder bekommt was ab, seht also zu,
dass ihr euch für uns hübsch macht! Seid billig,
bewerbt euch und strengt euch verflucht noch mal an!
Uns gehört alles! Euch gehört nichts!
Und jetzt seid dankbar für den Tipp!
Ende der Durchsage.«
Frei nach einer Studie des McKinsey Center for Government:
Getting Europe's Youth to Work

Derweil sind Dutzende andere Meldungen über den Ticker gelaufen. Berliner Flughafen braucht noch länger, um fertig zu werden, Obama will mit Merkel telefonieren, Konsumklima wird besser, wärmster Winter seit 300 Jahren.

Es scheint also nichts los zu sein. Der erste Arbeitstag beginnt ruhig, die Kaffeemaschine gurgelt. Mein Kollege hat sich hinter seine Bücherstapel und Zettelhaufen gesetzt. Mich lässt die Meldung nicht los. Kann ich daraus eine Geschichte machen? Was wäre die Zeile, die Überschrift? »Wirtschaftslobby findet Jugend zu dumm!« Das wäre doch ein Einstieg. »Studie macht klar, dass ein Viertel der unter 30-Jährigen vor dem Nichts steht.« Im Boulevard kann man oftmals viel wahrer sein als irgendwo sonst. Das ist einer der Gründe, warum ich zurückgekehrt bin an diesen Arbeitsplatz. Aber die gesamte Ideologiekritik kann man fast nirgends bringen. Es ist nicht verboten, es ist nur viel zu ungewöhnlich. Wir lieben unsere Lügen.

Es ist so ähnlich wie damals beim Pferderennspiel mit den Kugeln im Vergnügungspark. Das Rennen wird eröffnet von selbst ernannten Wirtschaftsexperten, den Jobcentern, den »Arbeitgebern«. Bitte werfen Sie eine Münze ein, tolle Gewinne, tolle Chancen, Punkte auf den Plätzen eins bis drei! Wer nicht spielt, verpasst was!

Es gibt viele andere Meldungen wie die von McKinsey, jeden Tag. Sie laufen über die Ticker der Agenturen, werden im Radio gemeldet, führen zu Fernsehfeatures und Diskussionsrunden, in denen das Für und Wider abgewogen wird. Sie werden in allen Zeitungen gedruckt, mal mehr, mal weniger unwidersprochen. Aber *da* sind sie immer. Ich schaue wieder aus dem Fenster. Am Bahnhof finden Arbeiten an der Fassade statt. Ein Werbebanner wird hochgezogen: »Just do it!«

> *»Ich möchte lieber nicht.«*
> Bartleby

»Ich möchte lieber nicht« ist der berühmteste Satz des Bartleby, einer Figur aus der Erzählung *Bartleby, der Schreiber*. Veröffentlicht hat sie der amerikanische Autor Herman Melville im Jahr 1853. Bartleby ist Kopist in einer Anwaltskanzlei. Das heißt, er ist jeden Tag damit beschäftigt, unsinnige Rechtsakte abzuschreiben und Akten anzulegen. Ein Ausdruck des Systems Arbeit, das sich immer nur noch mehr Arbeit mit sich selbst erschafft. Eine Bürokratie-Performance in endloser, entfremdeter Wiederholung. Arbeit um der Arbeit willen. Schreiben der Buchstaben halber, ohne Sinn und Verstand.

Melvilles Bartleby verwandelt sich im Verlauf der Geschichte zu einem Heiligen wider die Arbeit, einem Pazifisten, der nicht mehr bereit ist, sich den Gepflogenheiten des Systems Arbeit unterzuordnen. Stattdessen beginnt er einfach das zu tun, was ihm wichtig ist und was er kann: nämlich gar nichts. Selbst ein Geschöpf des industriellen Zeitalters, hört er einfach auf, das Rad des Wahnsinns weiterzudrehen. Immer, wenn jemand etwas von ihm will, sagt er sein weltberühmtes »I would prefer not to«, »Ich möchte lieber nicht«, oder genauer und erhabener: »Ich würde vorziehen, es nicht zu tun.«

Interessant an Bartleby ist, dass er nicht protestiert. Er lässt sich nicht zu symbolischem Widerstand hinreißen, er geht nicht auf

Demos und probt nicht den Aufstand. Er macht erst nur noch die Arbeiten, die er gerechtfertigt findet (diese aber gut). Als er auch damit nichts erreicht, geht er allmählich dazu über, immer weniger zu tun, nimmt keine Anweisungen mehr entgegen – und stellt schließlich die Arbeit ganz ein.

Die Geschichte Melvilles wirkt fast unwirklich auf uns, obwohl sie sehr verständlich und realistisch geschrieben ist – und schon über 150 Jahre alt. Sie enthält auch keine Lösung, sondern konfrontiert uns mit einem, der – mit Verlaub – stilvoll abkackt. Er ist kein reicher Oblomow und lässt sich trotzdem nieder. Und macht einfach – rein gar nichts.

Wer diese Geschichte gelesen hat, wird danach nicht glücklich sein. Aber er wird besser verstehen, was am System Arbeit, wie wir sie kennen, auf Dauer unerträglich ist. Bartleby ist eine Figur, die man in den Arm nehmen möchte, eine personifizierte Katharsis, eine Reinigung durchs Miterleben. Das Einzige, was dieser wunderbare Mensch will, ist nicht weiter mitzumachen bei den Dingen, die sinnlos sind. Ich würde am liebsten mit ihm durchbrennen.

Und eines hat er geschafft, dieser Wahnsinnige. Bartleby erfüllt eine unsterbliche Funktion in der Literatur. Bartleby lebt!

Noch immer grübele ich darüber, was ich aus der McKinsey-Meldung machen soll. Sollte ich nicht mehr schreiben können? Mein Gott, habe ich meinen Beruf verlernt? Weiß ich zu viel? Oder bin ich nach einem Jahr des Nachdenkens einfach nur verrückt geworden?

Ich bin kein unglücklicher Mensch, aber Erkenntnis kann belastend sein. Ich muss jetzt mal ranklotzen, das Vertrauen rechtfertigen. Mein Chef zählt auf mich, die Kollegen wollen heute Abend zwei Artikel von mir haben. Das erste Thema ist ein Flüchtlingsheim in Berlin-Hellersdorf, wo sich der Hass einiger Arbeitsloser genau auf die Falschen zu richten scheint. Das zweite Thema ist ein Zeltlager am Spreeufer, das Leute aufgebaut haben, die ihre Miete nicht mehr zahlen können oder wollen. Zwei wichtige Themen, die mir beide am Herzen liegen. Mein Ressortchef wollte mir zu Beginn relevante Stories ermöglichen, einen guten Wiedereinstieg. Ich kann mich jetzt nicht so lange mit einer fingierten »Studie« abgeben, das ist ineffizient. Ich will hier einen guten Job machen. Und doch klebe ich mit den Augen am Bildschirm: »I am a Personal Manager«, sagt das letzte Porträtbild in der »Studie«. Ein Teenager hält sein Skateboard fest. Wird er es womöglich bis ins Zentrum des Systems Arbeit schaffen?

Die Beauftragung solcher Lobbyanstalten wie McKinsey hat jedenfalls einen Grund: Unternehmen mit persönlichen Bindungen innerhalb der Hierarchie haben oftmals Probleme damit, »harte Einschnitte« durchzusetzen. Über die Jahre hat sich Empathie eingeschlichen, so etwas wie Nächstenliebe. Man setzt nicht so einfach Mitarbeiter, Freunde, Nachbarn oder schwangere Frauen an die Luft, wenn man sie kennt und man einander womöglich noch einmal wiedersieht im Leben. »Optimierung« fällt schwer, wenn man einander kennt. Deswegen holen sich die Eigentümer der Betriebe dafür lieber Leute von außen, die weniger Skrupel haben und dafür einen klareren, unverstellten Blick für die Zahlen. Sie werden dafür bezahlt, mal ordentlich auszumisten. Wenn der Job getan ist, sind die Unternehmen wieder »fit für die Zukunft«. Die, die noch da sind, arbeiten mehr, schneller, fanatischer. Die anderen sind draußen.

Sobald »Optimierung«, »Restrukturierung« und »fit für die Zukunft« angesagt sind, heißt das immer Lohnkürzungen, Massenentlassungen und steigende Aktienkurse. Die verbliebenen Angestellten durchlaufen Coachings zur Steigerung der Arbeitsmoral. Wo der russische Maschinenschrauber stalinistische Arbeitergesänge zu lernen hatte, da werden wir hier und heute durch Efficiency-Coachings und Self-Optimizing-Seminare geschleift. Wir sollen uns glücklich schätzen, wenn wir überhaupt in Arbeit sind. Wer nicht »in Arbeit« ist, wird vom Jobcenter in Maßnahmen geschickt: Als präventive Optimierung trimmt man alle Jobber vom Facility Manager (Hausmeister) über den Assistant Office Trainee (Sekretär im unbezahlten Praktikum) bis zum Executive Officer (Exekutions-Offizier) durch ein happy machendes Brainwashing auf die künftige Verwendung ein. Denn die Selbstverwirklichung, das Glück, der Sinn und die Liebe, die liegen in der Arbeit! Wo auch sonst?

Nein, diese verblendete »Studie« wird nicht ins Blatt kommen. Ich werde meiner journalistischen Pflicht zur Aufklärung gerecht, indem ich sie weglasse.

»Das Große kommt nicht allein durch einen Impuls zustande,
sondern es ist eine Aneinanderkettung kleiner Dinge,
die zu einem Ganzen vereint worden ist.«
Vincent van Gogh

Es gibt eine recht aktuelle Bucherscheinung mit dem vielversprechenden, aber ziemlich verlogenen Titel: *Hört auf zu arbeiten!* Im letzten Kapitel bieten sich die Autoren als Unternehmensberater für Coaching-Seminare an. Neuester Trick: Wer nicht mehr das Gefühl habe zu arbeiten, der lebe und liebe seinen Job! Übersetzt: Wer erst einmal von aller Kritik und schlechter Laune entcoacht wurde, der kann endlich ganz enthemmt das Unternehmensziel ansteuern und wird alle Maßnahmen akzeptieren. Wer an das glaubt, was er tut, der klotzt kräftig ran. Hier sollen Soldaten der Wirtschaft herangezüchtet werden, gläubige Fanatiker der heiligen Arbeit, die nicht 9 to 5 arbeiten, sondern 24/7 erfüllt sind mit Liebe für ihre Aufgabe.

Zur Ehrenrettung der Autorenkollegen möchte ich anfügen, dass in dem Schmöker durchaus ein paar gute Ansätze zu finden sind, wie man flexibler und kreativer arbeiten kann. Leider werden diese Ideen zum Schluss dann doch wieder an die alte Der-Beruf-ist-dein-Leben-Denke verkauft. Schade. Schönen Gruß!

Der Optimierungswahnsinn, der uns heute darauf trimmt, unsere Arbeit auch noch zu lieben, gehört in den Wäschekorb mit der Schmutzwäsche. Eine alte Revolutionstracht mit abgeknickten Schulterklappen, die schon viel zu lange getragen wird. Ein Job in einem angesehenen Unternehmen mag liebevoller, wärmer, schöner, netter als eine Karriere im Sowjetkader aussehen. Doch ganz knapp unter der Oberfläche, unter der hauchdünnen rosigen Haut mit schicken Computern, freundlichen Chefs und neuen Vergünstigungen für Top-Mitarbeiter, da schlummert diese alte Logik: Du bist willkommen, aber nur so lange, bis McKinsey oder ein anderer kommt, um zu schauen, ob du noch dazugehören darfst. Habe also Angst, streng dich an, sei freundlich! Arbeite dich hoch! Mehr noch: SEI deine Arbeit, LIEBE was du tust! Dein Lohn ist die Freiheit, einkaufen zu gehen. Und denk an deine Rente!

Es ist inzwischen 10:23 Uhr, das Werbebanner an der Bahnhofsfassade ist entrollt, und ich mache jetzt wieder meinen Job. Und irgendwie ist da auch eine echte Liebe zu dieser Tätigkeit, zumindest, wenn ich solche Artikel machen kann, wie die beiden, die heute auf dem Plan stehen. Ich bin nicht damit einverstanden, dass wir so gehetzt werden, dass uns fast nichts gehört, am wenigsten unsere Arbeit. Aber ich kann immerhin darüber berichten, über das Gute und das Schlechte. Aus dem Zentrum des Wirbelsturms. Für heute aber schalte ich den Computer aus.

> *»Jetzt wird wieder in die Hände gespuckt,*
> *wir steigern das Bruttosozialprodukt!«*
> *Liedtext der Band Geier Sturzflug*

Ja, ich bin zurück im Job. Es war gar nicht so schwierig. Nach meiner Italien-Reise gab es eine Menge Einfälle, noch mehr Zweifel und kein Geld mehr. Ich dachte über Selbstständigkeit nach, verkaufte ein paar Artikel, jobbte nachts in einer Metallfabrik, bekam überall lächerlich wenig Geld.

Wer bin ich denn schon als selbstständige Journalistin in Berlin?

Die Stadt ist voll davon. Man lebt von Knäckebrot, Luft und Liebe. Man bekommt Sorgenfalten, weil man seine Rechnungen gern bezahlen möchte, es aber nicht kann, oder erst verspätet. Man bekommt Lust, mit dem Rauchen anzufangen, oder sich den Frust nächtelang in den Klubs wegzutanzen. Aber auch das geht ohne Geld nicht. Ich erfand mit einem Freund eine Produktreihe, stellte Prototypen her, kontaktierte eine Manufaktur, kalkulierte die Sache durch, fand aber keine Geldgeber für die Produktion.

Nach ein paar Wochen dachte ich darüber nach, immer so zu leben, wie ich es in Italien getan hatte. Auf Reisen geht alles einfacher, eins kommt zum andern, durch kommt man immer, unendlicher Spaß und ewiger Zweifel. Ich hatte ein paar Seiten dieses Buches geschrieben und wieder verworfen.

So entschied ich mich, von der Revolution Abstand zu nehmen und dahin zurückzugehen, wo ich herkam. Nicht zurück in die Politik, die sich nichts anderes traut, nichts anderes will und letztlich nichts anderes kann, als hilflos das Bestehende zu verteidigen. Nein, danke – da ging ich lieber zurück in den Journalismus. Ich schrieb meinen alten Chefredakteur an. Ich legte ihm dar, wie ich die Politik erlebt hatte und warum das zu einem substanziellen Zweifel an allem geführt hatte. So weit, so gut, so ehrlich, vielleicht auch etwas distanzlos.

Doch dann machte ich einen weiteren Schritt. Und ich glaube, dass der ein ganz entscheidender war, zumindest für eine mutige Haltung gegenüber der Arbeit.

Ich schrieb ihm, dass ich eine Stelle suche, die ich *nicht lieben* müsse. Einen *ehrlichen* Arbeitsplatz, an dem ich wohl meinen Job *ganz gut* machen möchte, aber mit einer *innerlichen Distanz*. Eine Tätigkeit, die ich kann, aber bei der ich *mich nicht aufgeben* muss, *nicht meine Seele verkaufen*. Ich möchte *nicht für das Bild von einem Job brennen* müssen. *Kein lebenslanges Lernen, kein ewiges Hoffen, kein ständiges Bangen. Keine kreative Selbstverwirklichung, keine Top-Chancen, kein Sprungbrett, klare, faire Ansagen, keine Team-*

Illusion, wo sie Verantwortung ausbremst. Einfach eine *realistische Sache.*

Der alte Deal zwischen »Arbeitgeber« und »Arbeitnehmer«: Du gibst fünf Tage deiner Woche her. Ich schieb dir regelmäßig Kohle rüber, damit du nicht verhungerst. Und Glück ist Privatsache. Man arbeitet zusammen, möglichst lange Zeit, auch über Krisen und Krankheiten hinweg. Ein Beruf, eine Arbeit, ein Chef, kein Kitsch. Keine falschen Hoffnungen, aber eine haltbare Angelegenheit. Abhängigkeit okay, so ist nun einmal (noch) die Welt, aber Unterwerfung oder Selbstaufgabe: nein!

Erstaunlicherweise bekam ich auf meine ehrliche Anfrage, die alles andere als eine höfliche Bitte um eine Chance war, eine positive Antwort. Es werde gerade eine befristete Stelle frei wegen einer Schwangerschaft; als Redakteurin für Berlin, also in meiner alten Redaktion. Der Verlag sei zwar in finanziellen Engpässen, und die Kölner Zentrale habe bereits die »Flexibilisierungsmaschine« in Gang gesetzt. Aber noch sei da eine Möglichkeit, ganz normale Einstellungen zu machen.

Und so hatte ich einige Wochen später meinen ganz normalen Arbeitsvertrag auf dem Tisch. Ein kleines Wunder. Die Stelle war als Schwangerschaftsvertretung natürlich befristet, aber dagegen hatte ich überhaupt nichts. Denn ein Ende von Festanstellungen machte mir ganz und gar keine Angst mehr. Im Gegenteil: Mit der finanziellen Sicherheit auf Zeit leuchtete die Zukunft für neue Abenteuer nur noch heller. Ich wollte keinen Job mehr heiraten.

Einen Wermutstropfen gab es dann doch. Das neue Personalmanagement hatte an der Bezahlung herumgeschraubt, denn demnächst würden Tarifverhandlungen mit der Gewerkschaft anstehen. Die beabsichtigte Nullrunde für die Alten musste für Neu- und Wiedereinsteiger schon mal vorab durchgedrückt werden, in Form von reduzierten Bezügen. Wenn man zu lange darüber nachdenkt, kann einem das schon die Laune verderben.

Doch immerhin hatte ich keine tiefe Verbeugung machen müssen, um in die Gnade der Wiedereinstellung zu kommen. Etwas, das ich meinem Betrieb hoch anrechne. Das war – anständig.

Ich hatte also unter den Maßstäben des aktuell tobenden neoliberalen Ungeistes noch riesiges Glück gehabt: Ich musste mich nicht verbiegen, ich musste nicht lügen und ich musste nicht lieben, um meinen Beruf unter anständigen Umständen ausüben zu dürfen. Als ich meine Unterschrift unter den Vertrag setzte, war ich einerseits wieder *back to business as usual*. Eine gewohnte Arbeit mit gewöhnlichem Gehalt, gewöhnlichem Profit für die gewöhnlichen Aktionäre und die gewöhnlichen Erben. Andererseits aber doch eine ungewöhnliche Sache in einer Ökonomie, die die jungen Leute Europas bescheißt, wo sie nur kann.

Das Gefühl, nicht mehr mitmachen zu wollen, ist ein nachvollziehbares Gefühl. Aber es ist auch ein Gefühl, mit dem der Kapitalismus spielt. Aus der ständigen Unzufriedenheit aller Teilnehmer soll immer neue Innovation entstehen. Alles soll immer wieder erneuert werden, ständige Bewegung, Rastlosigkeit, Zerstörung sind die Folgen. Es gibt keine Schuldigen dafür. Das Prinzip regiert in uns allen, wenn wir den Sehnsüchten nachgeben, dem Begehren von Dingen, Status, Verbesserung, ewiger Mobilität.

Welche Nischen gibt es? Wo kann man das Rad langsamer drehen oder sogar anhalten?

Ich respektiere jeden Totalverweigerer – Leute wie unseren Polizeireporter. Jemand muss den Anfang machen. Wir brauchen ein anderes Denken, einen anderen Blick auf die Welt. Aber keiner weiß, wo diese neue Perspektive herkommen soll. Keine schlechte Entscheidung, sich bis dahin in ein Kloster, auf eine einsame Insel oder in die Einsamkeit des Waldes zurückzuziehen, nicht mehr am Konsum teilzunehmen und gleichmütig und glücklich die Jahre verstreichen zu lassen. Man erzeugt wenig bis keinen Müll mehr, übt keine Macht mehr aus, lässt sich von niemandem mehr beherrschen, außer vielleicht von einer Vorstellung von einem gütigen Gott. Man liest, betet und sucht die Weisheit.

Nun zähle auch ich nicht zu diesen bewundernswerten Totalaussteigern. Etwas hält mich hier, in dieser Art zu leben, in dieser Gesellschaft, auf diesem Kontinent. Und einer allein wird die Welt nicht retten, das müssten schon alle Menschen zusammen erledigen. Vielleicht liegt die Lösung darin, den Weg im eigenen Tempo zu gehen und nichts erzwingen zu wollen. Lösungen entstehen vielleicht erst, wenn ein Punkt der Unausweichlichkeit erreicht ist.

An meinem ersten freien Tag nach der Rückkehr in den Job schlendere ich durch die Stadt. Und begegne dabei vielen Menschen, die nicht allzu unglücklich wirken. Schüler in der Bahn machen Gags und lachen. Ein älterer Herr, der vor einem Café sitzt, streichelt seinen Hund. Ein Autofahrer winkt einen anderen durch, der sich dafür mit einer Melodie-Hupe bedankt. Im Park findet ein Fußballspiel statt. Ein Paar sitzt auf der Bank und knutscht. Eine Frau gießt ihre Blumen und ein Mann darunter bekommt ein paar Tropfen auf seine Glatze. Ein Business-Typ bleibt mit seinem Absatz an einem knödeligen Kothaufen hängen. Alles Dinge, über die man sich freuen kann. Das reale Leben.

Welche Möglichkeiten habe ich also, mich langsam, aber sicher aus der Mühle zu verabschieden? Ich habe mir eine »kombinierte Strategie« überlegt. Sie besteht aus drei Teilen: aus notwendiger Affirmation, aus Zivilcourage und aus Ausstieg.

Als notwendige Affirmation begreife ich die Anpassung an einen Job, den ich mache, den ich aber gern reduzieren oder hinter mir lassen möchte. An erster Stelle steht dafür eine Entscheidung gegen eine Karriere in den Institutionen. Wer Karriere im Business machen möchte, der muss kloppen – gegen sich, gegen andere und gegen alles, was vernünftig ist. Für die Sanftmütigen oder Nachdenklichen geht es in einem Konkurrenzsystem nun einmal nicht weit nach oben.

Zivilcourage bedeutet wörtlich »Bürger-Mut«, also eine neue Form der Bürgerlichkeit. Dabei geht es um ein Auftreten, das nicht militärisch und anti-autoritär ist, aber mutig. Es beinhaltet auch, dass man sich nicht einsortieren lässt, seine Würde bewahrt und auch für die Würde anderer eintritt. Man lässt Kollegen nicht hängen und man hört auf, sich gegeneinander ausspielen zu lassen. Grundsätzlich.

Beides bedeutet eine gewisse Anstrengung, denn unsere Art der Ökonomie begünstigt Zivilcourage und Aufrichtigkeit nicht. Trotzdem kann man Haltung bewahren, indem man sich das Spiel nicht immer weiter aufdrängen lässt. Indem man sagt: *Das* ist noch okay, aber *das* nicht mehr. Und indem man geht, wenn es auf Dauer nicht mehr akzeptabel ist.

Zum Schluss braucht es eine Perspektive für den Ausstieg. Der kleine Ausstieg ist schon ein aktives Privatleben. Etwas, das ganz sicher außerhalb des Betriebes stattfindet und auch nicht mit ihm verknüpft ist. Es dürfen sich dort keine Interessen vermischen. Privat ist privat. Der Traum ist alt, aber er lebt: Das Privatleben soll nicht mehr erschlaffte »Freizeit« sein, in der man sich gerade noch so eben erholt, um dann wieder funktionstüchtig für den Job zu sein. Das Privatleben soll jeden Tag einen kleinen Ausstieg ermöglichen.

Das wäre eine konservative, kombinierte Strategie, um dem Chaos, dem die sogenannte Generation Y gegenübersteht, etwas entgegenzusetzen. Sollte sich künftig so gar nicht mehr arbeiten lassen, sollte man in Erwägung ziehen, sich nicht mehr um reguläre Arbeit zu bemühen, sondern sich auf neue Formen der Gemeinschaft einrichten. Wenn es keine anständige Arbeit gibt, dann kann man nicht arbeiten. Wenn man sein Leben anders organisiert, kann man seinen Mindestlohn auch einfach selbst definieren. Das wäre ein erster Schritt gegen das Lohndumping. Denn einen Menschen sollte es nicht zu unanständigen Preisen zu kaufen geben.

Der aktuell für 2017 (!) diskutierte Mindestlohn ist beispielsweise eine bodenlose Unverschämtheit und eigentlich ein Betrug der Anderen Volkspartei an ihren Wählern. 8,50 Euro sind weniger als ein Taschengeld, mehr eine Geste der Verachtung. Ihn aber erst 2017 einführen zu wollen, und dann auch nur vielleicht und nicht für alle, obwohl man genau dafür gewählt wurde, das ist hämisch. Dieser Preis ist ein Preis für Schüler und Studenten, Tagelöhner, Jobber. Nicht für erwachsene Menschen.

So billig sollte sich niemand abspeisen lassen, sondern einfach das verlangen, was ihm zusteht, sich mit anderen verbinden und Druck ausüben. Eine andere Lösung gibt es nicht, sonst wird sich niemals etwas daran verändern.

Kleine, aber wichtige Anmerkung am Rande: Natürlich werden »Wirtschaftsexperten« diesen Standpunkt für vollkommen ausgeschlossen erklären und den Weltuntergang heraufbeschwören, wenn man mehr Geld für die Armen fordert – das ist und bleibt ihr Job, ihr Auftrag, eventuell auch ihre Überzeugung. Sie bekommen dafür Geld, Anerkennung und Status. Deswegen darf man sie nicht so ernst nehmen wie generell keinen professionell am Karrieresystem Beteiligten. Man muss sie ignorieren und auf seinen Forderungen bestehen, zur Not auch mit anderen zusammen für sie kämpfen. Das Kämpfen aber ist etwas, das meine Generation weitgehend verlernt hat, weil wir an die Macht der Liebe und der Fairness geglaubt haben. Das war ein Fehler. Wir müssen wieder lernen, auf Forderungen zu bestehen.

So viel zum Existenziellen. Das Ziel ist und bleibt natürlich, nicht einfach nur die Mindeststandards von »erbärmlich« auf »mickrig« anzuheben, sondern möglichst ganz aus der alten Art von Arbeit auszusteigen. Auch hier scheint mir die »kombinierte Strategie« hilfreich.

Das Ziel besteht darin, sich langfristig immer weiter aus dem Karriere- und Ausbeutungssystem zu lösen. Eine Kündigung, wie ich sie durchgezogen habe, ist ein drastischer Schnitt, der nicht für jeden infrage kommt. Dennoch sollte die Kündigung unbedingt in Betracht gezogen werden, wenn man das, was man machen soll, nicht machen möchte. Und es geht durchaus. Wenn man erst einmal gekündigt hat, fällt einem schon was ein. Und wenn nicht, dann gibt es auch einen Weg zurück »in Arbeit«, die ja nicht mehr die gleiche Arbeit sein muss. »Downshifting« ist das Stichwort für gemäßigte Karriereverweigerer. Weniger arbeiten oder gleich etwas anderes arbeiten, das einen psychisch oder körperlich nicht so fertigmacht.

Ein Freund, studierter Pädagoge, hat sich gerade gegen eine Arbeit in seinem gelernten Beruf entschieden. Er möchte ein Bildungssystem nicht mehr unterstützen, das schon Kleinkinder zu leistungswilligen Profis ausbilden will – mit Sprach- und Kognitionskursen, innerlich-totalem Leistungsprinzip und manipulativem Seelen-Coaching. Er zieht es vor, drei Tage die Woche als Arbeiter im Postversand eines Spezialteileherstellers zu arbeiten (also Pakete zu packen) und den Rest der Zeit mit seiner schönen Ehefrau Musik zu machen. Die beiden leben materiell sehr bescheiden, haben als Luxus aber ihre Musik, und darin sind sie wahnsinnig gut.

In meinem Viertel gibt es den sehr bekannten Fahrradladen »Fietsonkel«. Der Eigentümer kennt sich gut mit Rennrädern aus. Das Geschäftliche hat er sich einfach angeeignet. Sein Laden hat nicht immer geöffnet, denn er besteht auf Privatleben. Dennoch ist er eine bekannte Adresse für hervorragende gebrauchte Fahrräder und sachgerechte Reparaturen. Mein ganzer Freundeskreis kauft bei ihm ein. Seine fast schon legendäre Unfreundlichkeit genießt man geradezu. Er macht sich nicht zum Sklaven der Dienstleistungsreligion. Sondern besticht durch Fachwissen und unterhaltsame Stories aus seinem ereignisreichen Leben. Man kann bei ihm nicht per EC- oder Kreditkarte bezahlen, aber mit dem noch nicht bezahlten Fahrrad zum Bankautomaten fahren: »Wieso sollte ich davon ausgehen, dass du mich bescheißen willst?«

Ein anderer Bekannter hat einen Job bei einer renommierten Werbeagentur in Hamburg abgelehnt. Er hat Kunstgeschichte und Medienwissenschaft studiert und hat ein Talent für Worte. »Aber ich bin einfach nicht bereit, diese Magie, die in einem schönen Satz liegt, an die Schniefnasen der Konsum-Religion zu verscheuern. Selbst wenn ich dort gut verdienen würde. Mein Talent gehört mir, ich will es sinnvoll investieren.« Derzeit arbeitet er an einem Sachbuch über hoch elegante, zeitlose und haltbare Herrenkleidung. Er verdient weniger als in der Werbung, es ist nicht genau das, was er wollte, aber es ergibt einen Sinn.

Eine Kollegin aus dem Studium berichtete mir von ihrem Job als Radioansagerin bei einem großen staatlichen Sender. »Redakteurin im Studio war nur ein Schlagwort. Am Ende sollte ich einfach nur Texte aufsagen und irgendwie erahnen, was dem Intendanten und den ganzen Gremien gefällt. Das Geld war okay, aber ich will so nicht leben.« Sie arbeitet inzwischen nur noch frei für den Sender, ist nicht mehr abgesichert, hat aber mehr Spaß. Sie hat inzwischen ein Katzencafé eröffnet. Die Vierbeiner heißen bezeichnenderweise »Radio« und »Gaga«. Das Geschäftsmodell klingt haarig und ist es auch. Doch die Tierfreunde kommen, streicheln die Viecher, trinken Kaffee und essen die leckeren, selbst gemachten Kuchen. Es funktioniert.

Ein Schulfreund von mir ist Arzt geworden. In seiner Zeit als Arzt im Praktikum ging er auf dem Zahnfleisch. »So ein Krankenhaus ist ein extrem hierarchischer Betrieb. Die alten Ober- und Chefärzte sind der absolute Horror, die leben noch im 19. Jahrhundert!« Dazu kamen 60-Stunden-Wochen. Und die Bezahlung war auch nicht so, wie man das von den Halbgöttern in Weiß so annimmt. »Als dann dieser Artikel in der Ärztezeitung erschien, da habe ich beschlossen, hier einfach auszusteigen.« Der Text in dem Fachblatt bezog sich auf »Führungsseminare« für den Umgang mit jungen Ärzten: »Sie sind selbstbewusst, befolgen Anweisungen nur nach Lust und Laune, brauchen ständig Aufmerksamkeit und Feedback, übernehmen wenig Verantwortung und beweisen keine Eigenständigkeit: die Generation Y.« Wieder mal sollen die Jungen selbst an dem Schlamassel schuld sein, in die sie das fehlfinanzierte Gesundheitssystem der alten Männer und Frauen hineingebracht hat, dachte sich mein Schulfreund und beschloss zu kündigen. Er arbeitet jetzt tageweise in einer medizinischen Beratungsstelle für Jugendliche. »Fast kein Geld, aber viel mehr Sinn.« Und vor allem: mehr Zeit und Würde.

Ein Nachbarsjunge in meinem Mietshaus ist inzwischen ein Mann geworden. Ich habe ihn die letzten sieben Jahre aufwachsen sehen. Er hatte zunächst Probleme an der Schule, wechselte an eine andere, dann wurde es besser. Er schaffte einen sehr guten Hauptschulabschluss und macht jetzt eine Ausbildung zum Schuster. Er trägt inzwischen elegante Lederschuhe, die er selbst angefertigt hat. »Später will ich einen Laden für Maßschuhe aufmachen! Richtig High-End!« Könnte klappen.

Und meine beste Freundin hat sich entschieden, nach dem Studium gleich ganz an der Uni zu bleiben. Sie promoviert jetzt in Geografie. »Ich bin gar nicht die geborene Wissenschaftlerin, aber das Forschungsprojekt ergibt einen Sinn. Und ich will einfach noch nicht in diese Wirtschaft, in der ich letztlich total unfrei bin.« Sie begleitet während der Promotion eine langjährige Untersuchung über einen abschmelzenden Gletscher im Himalaja-Gebirge. Der Job ist langweilig. Er besteht im Wesentlichen aus dem Sammeln und Interpretieren von Klima- und Geo-Daten am Bildschirm, die per Satellit aus dem Himalaja übertragen werden. »Aber im Gesamtzusammenhang der Wissenschaft muss das gemacht werden. Es ist zumindest nicht nutzlos, wenn man mal an den Klimawandel denkt.« Und die Promotion? »Den Doktor-Titel nehme ich natürlich auch gern, wobei mir der nicht so viel bedeutet und ja auch noch nie wirklich was bedeutet hat. Das war ja mehr so ein Männerspiel mit den Titeln und dem ganzen Tralala.« Eine ganz gute Einstellung für eine Frau Doktor, wie ich finde.

Das sind nur einige Beispiele aus meinem Umfeld. Sie erzählen von Menschen, die beim Karrieresystem nur eingeschränkt mitmachen, sich nicht demütigen lassen und nicht immer, aber oft genug mit einem Lächeln durchs Leben gehen. Der zwanghafte »Optimierungswahn« der übergriffigen Ökonomie hat sie nicht in den Griff gekriegt. Und das ist auch gut so.

Während alle Welt nach mehr Demokratie ruft, nach Gleichberechtigung, Emanzipation, Freiheit, Transparenz und Schutz vor Manipulation, wird die Arbeitswelt immer undemokratischer. Die Wirtschaft ist quasi das Tollhaus der Antidemokratie. Das wird schön in Nadelstreifen verpackt, aber letztlich ist darin ein Schlachtfeld der Begehrlichkeiten, des Hasses, der Hierarchien und der Unfairness versteckt.

Damit lebte man als gut abgesicherter Angestellter ganz ordentlich, so lange man die Augen vor der Wahrheit verschloss und das Ganze pragmatisch sah: Letztlich lebe ich bei der Arbeit wie ein Tier im goldenen Käfig, aber dafür bekomme ich ja ganz gutes Geld, kann Miete bezahlen und mir tolle Sachen kaufen.

Aber wenn man das nicht will, nicht mehr die Möglichkeit dazu hat oder einfach mal die Nase voll von dem ganzen Quatsch hat, dann gibt es inzwischen andere Möglichkeiten. Niemand verdient unsere Liebe, der damit Geld verdient.

Ein Einstieg in den Ausstieg aus dem System der manischen Arbeit und des frenetischen Konsumierens ist möglich! Ein anderes Leben ist möglich. Man kann zumindest schon mal so tun als ob. Dann zeigt sich die Alternative von ganz alleine. Spinnen hilft. Arbeit ist nicht unser Leben.

> *»Nichts ist mächtiger als eine Idee, deren Zeit gekommen ist!«*
> *Victor Hugo*

AUFGABE

Formulieren Sie Ihre erste Idee vom Ausstieg!

_____

_____

_____

_____

_____

_____

_____

_____

_____

_____

_____

_____

_____

_____

_____

_____

EPILOG

Ich hoffe doch sehr, dass Sie jetzt ein wenig enttäuscht sind. Sie haben ein nicht eben kurzes Buch gelesen, an dessen Ende die wahre Geschichte wieder da angelangt ist, wo sie hergekommen war. Die Erzählerin ist wieder in ihre alte Arbeitswelt zurückgekehrt. Sie arbeitet wieder.

Okay, war ein blöder Job in der Politik. Okay, das bringt alles nichts. Okay, Arbeit nervt. Okay, sie hatte die Faxen dicke von der vergreisten Republik, der Verlogenheit der Ellenbogengesellschaft, dem Beschiss mit der Selbstverwirklichung. Wahrscheinlich sogar vom Kapitalismus insgesamt, die rote Socke. Keinen Bock mehr auf sich und die anderen jungen Leute mit ihren verheulten Augen, festgefahren im ewigen Praktikum oder in ihren ›Jobs mit Chancen‹.

Die Flucht war gut. Okay. Und? Jetzt arbeitet sie wieder in ihrer Boulevardzeitung. Die zwar nicht so schlimm ist wie die ›Wild-Zeitung‹, aber auch nicht gerade der heißeste Gaul im Stall der selbst ernannten Aufklärer.

Genau. Es ist ein realistisches Ende meiner Tour d'Erkenntnis. Und zugleich erst der Anfang. Denn wenn Sie das Buch wirklich gelesen haben, und nicht nur einfach zum Ende geblättert, wie ich es selbst schon oft getan habe, dann wissen Sie, dass es so nicht gewesen ist. Dann wissen Sie, dass es in diesem Buch nicht um mich geht, und dass auf dem Weg eine ganze Menge passiert ist. Weil es nicht mehr so sein kann, wie es nie war, aber wie wir alle glauben, dass es sein müsste. Weil dieser Unsinn endlich ist. Weil wir mehr können als ein Spiel zu spielen, dessen Regeln fortwährend zu unserem Nachteil verändert werden. Weil das Spiel noch nie cool war.

Karriere ist ein gebrochenes Versprechen, bevor sie überhaupt losgeht. Und die Liebe zum Job eine große, dumme Hilflosigkeit, die sich inzwischen nicht mal mehr lohnt. Das ist keine Unbescheidenheit der sogenannten Generation Y, sondern ein klarer Blick auf die Angebotslage und, weitaus wichtiger, auf die Welt, wie sie uns vererbt wird – oder besser, wie wir von ihr *ent*erbt wurden. Wir sind nicht die, die das alles ändern können. Aber wir sind die, die sich jetzt schon innerlich von dem Quatsch verabschieden können. So weit weg wie möglich, so nahe dran wie nötig. Bis zu einer großen Veränderung bleibt uns nur der Kompromiss zwischen Ausstieg und Anpassung und Mut.

Und jetzt? Schöne Worte in die Tasten hauen, aber selbst zurück »in Arbeit«?

Meine Rückkehr ist nur auf Zeit. Ich werde ein Schläfer aus einer anderen Welt sein. Ich werde nie wieder ganz da sein, wo ich vorher war, denn mein Bewusstsein hat sich geändert. Ich habe die Verhältnisse in mir zum Tanzen gebracht. Ich lasse mich nicht mehr bestimmen, sondern entscheide selbst, wann es notwendig ist, diesen Kompromiss zu machen. Nämlich dann, wenn ich sehen kann, in welchen nächsten Ausstieg es mich tragen kann. Und der wird immer ein Stück weiter hinausführen.

Das ist keine Karriere mehr, das ist ein Vertrag mit mir selbst und meiner Macht. Die Techniken kenne ich jetzt. Es ist eine Frage der Zeit, bis ich Gebrauch davon mache. Ich suche Mitstreiter, ich stelle mich neu auf, und dafür brauche ich noch eine Zeit lang die alten Strukturen.

Ich weiß nicht mehr genau, was den Moment dieses Beschlusses in mir heraufbeschwor. Der italienische Berg, auf dem ich gerade stand, oder etwas in mir, das sich endgültig und irreversibel für ein Leben nach eigenen Spielregeln entschieden hatte. Aufgerichtet und ganz aufrichtig. Minuten vergingen wie Stunden. Ein guter

Ort hier oben für gute Gedanken. Hier nahm mein Traum seine erste Form an.

Es müsste einen geistigen Ort geben. Einen Ort der Karriereverweigerer. Keine Sekte, keine Ausstiegs-Hippies, keine Urlauber. Menschen wie du und ich. Leute, die was können, die mit sich klarkommen, aber die diese Ahnung in sich haben, dass man so nicht mehr weitermachen möchte. Eine Kooperative der stilvollen Kapitulation. Wir würden uns verbinden und am Ausstieg forschen. Nicht allein an dem einen, sondern an vielen verschiedenen. Wir würden einander dabei helfen. Wir würden aus dem geistigen Ort einen physischen Ort erschaffen. Ein Versteck, eine Zentrale, aber keinen Fight Club. Wir würden wissen, dass wir Schläfer sind. Schläfer in einem System, das sich längst überlebt hat.

Und wir würden uns auf die Zeit danach vorbereiten. Keine Untergangsstimmung, sondern Lebensfreude. Wir machen unser eigenes Bezugssystem. Wir erzählen uns Geschichten, die inspirieren sollen, anstatt zu verängstigen und zu verwirren. Geschichten von einem anderen Leben – ganz konkret, und doch in seiner Vielzahl von Möglichkeiten formbar und zugänglich. Von radikal bis zaghaft. Jede Entscheidung zählt, um der Ohnmacht zu entgehen.

Als ich darüber nachdenke, fällt mir Bartleby ein. Bartleby, der Schreiber. Diese Geschichte von Melville. 150 Jahre alt, wunderschön, traurig und doch so befreiend. Man müsste ein Exempel statuieren. Ein Netzwerk der Ausstiegswilligen. Ein achtes Weltwunder der Karriereverweigerer. So bescheiden und herzlich wie ein dicker, alter Hund am Strand. Eine Verschwörung der Abweichler. Man müsste Mauern niederreißen und ein Haus bauen. Und dieses Haus nennen wir *Haus Bartleby*.

Und falls Sie noch immer auf ein Zeichen warten, hier ist es:

karriere@hausbartleby.org

DANK

Ich danke Marion Appelt, Ramona Jäger, Gerd König, Peter Unfried, David Denk, Hans-Peter Buschheuer, Karim Mahmoud, Wolfgang Gründinger, Prof. Hans-Peter Müller, Prof. Arne Heise, den Kollegen in Druck und Vertrieb und allen echten Buchhändlern, die Bücher mögen, obwohl man damit nicht das große Geld macht. Es sollte mehr Buchläden in jedem Stadtviertel geben und weniger Online-Buchbestellungen.

Helden der Inspiration waren und sind meine Eltern, Marinka, Nina, Tobi, Tanja, Franci, Niels, Monika, Uwe, Costanza, Matthias, Axel, Mira, Seyhan, Gamze und Jörg.

Mein erster Dank soll jedoch Anselm Lenz gehören. Als einmaliger Berater und Denker gebührt ihm meine höchste Anerkennung.